内部资料　妥善保存

反洗钱资金监测研究

王小平　罗扬　主编

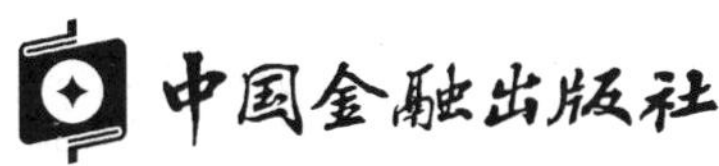

责任编辑：肖丽敏
责任校对：潘　洁
责任印制：陈晓川

图书在版编目（CIP）数据

反洗钱资金监测研究（Fanxiqian Zijin Jiance Yanjiu）/王小平，罗扬主编．—北京：中国金融出版社，2013.4
ISBN 978－7－5049－6648－3

Ⅰ．①反…　Ⅱ．①王…　Ⅲ．①洗钱罪—中国—文集
Ⅳ．①D924.334－53

中国版本图书馆CIP数据核字（2012）第247004号

出版发行　中国金融出版社
社址　北京市丰台区益泽路2号
市场开发部　（010）63266347，63805472，63439533（传真）
网上书店　http：//www.chinafph.com
（010）63286832，63365686（传真）
读者服务部　（010）66070833，62568380
邮编　100071
经销　新华书店
印刷　北京松源印刷有限公司
尺寸　169毫米×239毫米
印张　24.25
字数　323千
版次　2013年4月第1版
印次　2013年4月第1次印刷
定价　70.00元
ISBN 978－7－5049－6648－3/F.6208
如出现印装错误本社负责调换　联系电话（010）63263947

编 委 会

序　言

开展洗钱类型学研究是国际反洗钱、反恐怖融资领域一项重要的基础性工作，旨在通过总结归纳洗钱、恐怖融资活动的方式及其资金运行特点，分析和防范不同金融业务和产品的潜在洗钱风险，对实施以风险为本的反洗钱方法、提高金融情报机构（FIU）的监测分析能力具有重要意义。各国反洗钱主管部门和有关反洗钱国际组织对此高度重视。

当前我国正努力推动反洗钱工作从“规则为本”向“风险为本”转变。这是增强我国金融机构反洗钱工作有效性的迫切要求，顺应了国际反洗钱工作新趋势。风险为本反洗钱方法要求有效评估风险，包括从监管层面识别、了解和评估金融系统面临的洗钱和恐怖融资威胁以及存在的制度漏洞，从机构层面识别不同客户、产品和地域的风险程度。在此基础上，要求有效配置资源，建立风险管理策略，确保防范和降低洗钱、恐怖融资风险的措施与已识别出的风险相匹配，把反洗钱工作重点放在风险突出的领域。为适应上述要求，迫切需要通过加强洗钱类型学研究，系统认识洗钱活动规律，科学把握洗钱和恐怖融资风险分布特点、整体态势以及发展趋势。

尤其是，近年来我国各类新型支付方式和新型金融产品层出不穷，犯罪分子越来越多地倾向于利用金融交易的复杂性掩饰、隐瞒资金来源和性质，以实现犯罪收益合法化和逃避法律制裁。为应对这些金融创新领域潜在洗钱及恐怖融资的风险，更应该加强洗钱类型学研究，以不断增强反洗钱监测分析的针对性与预见性，积极有效地应对反洗钱和反恐怖融资工作面临的新挑战。

中国反洗钱监测分析中心历来注重洗钱类型学研究。收集在本书中的研究报告，体现了近年来该中心在研究传统业务领域和探索金融新业务、新领域反洗钱资金监测工作中所付出的努力和取得的积极成果。希望中国反洗钱监测分析中心从我国反洗钱资金监测和金融情报机构建设的实际需要出发，根据风险为本的要求，结合金融行动特别工作组（FATF）通过的国际新标准，参考有关反洗钱国际组织发布的研究报告，继续搞好洗钱类型学研究，充分发挥研究成果对反洗钱资金监测工作的支持作用，努力把研究成果及时转化为行之有效的工作思路、具体方法和分析模型，达到提高反洗钱工作整体成效的目的。

中国人民银行副行长

2012 年 12 月 31 日

目 录

附 录

我国腐败分子向境外转移资产的途径及监测方法研究①

第一节　概论

一、概念界定

（一）腐败分子

腐败的含义具有多样性：根据《布莱克法律词典》的解释，腐败是故意行使与公职义务或其他权利不相符的某些利益的行为，或者公职人员或受托人违背其职责或其他权利，非法地或不当地利用其职位或身份为自己或他人谋取利益的行为，兼具贪污和贿赂的含

① 本研究报告是由中国反洗钱监测分析中心立项，并与中国人民银行天津分行于2008年度联合完成的重点研究课题成果。该课题研究报告2011年获中国金融学会“第九届全国优秀金融论文及调研报告评选”一等奖。课题组成员：王燕之、吴盼文、曹秀蓉、兰埃用、李步群、柴青山、陈邦来、原永中、王凯霞、穆晓东、王东、韩光林、杨庆芳、黄海、陈婕、贾科、张旭辉、蒋锋、时志国；课题组组长：王燕之、吴盼文；课题协调人：陈邦来、原永中；报告执笔人（以姓氏笔画排序）：张旭辉、杨庆芳、陈邦来、陈婕、贾科、黄海、韩光林。编入本书时做了大幅删节。

义。根据联合国《反腐败公约》的规定，腐败是指贿赂本国公职人员、外国公职人员或者国际公共组织官员，公职人员贪污、挪用或者以其他类似方式侵犯财产，影响力交易，滥用职权，资产非法增加，私营部门内的贿赂，私营部门内的侵吞财产等故意行为；腐败分子就是从事上述行为的主体，既可以是自然人，也可以是法人，既可以是履行公共职能或提供公共服务的机构和人员，也可以是私营部门实体和人员。根据我国《刑法》的规定，贪污贿赂犯罪的主体主要为国家工作人员，即在国家机关中从事公务的人员，国有公司、企业、事业单位、人民团体中从事公务的人员和国家机关、国有公司、企业、事业单位委派到非国有公司、企业、事业单位、人民团体从事公务的人员，以及其他依照法律从事公务的人员。结合我国反腐败斗争的战略目标以及当前的工作重点，本课题中的腐败分子是指违背职责，谋取非法利益的国家机关工作人员和国有公司、企业的高管人员。

（二）资产

联合国《反腐败公约》以及《打击跨国有组织犯罪公约》都规定：财产是指各种资产，不论是物质的还是非物质的、动产还是不动产、有形的还是无形的，以及证明这种资产的产权或者权益的法律文件或者文书。联合国《制止向恐怖主义提供资助的国际公约》（以下简称《国际公约》）规定：资金是指各种资产，不论是有形或者无形资产、是动产还是不动产，不论以何种方式取得，和以任何形式，包括电子或数字形式证明这种资产的产权或权益的法律文件或证书，包括但不限于银行存款、旅行支票、银行支票、邮政汇票、股票、证券、债券、汇票和信用证。可见，资产、财产、资金可以在同等意义上使用。上述定义从资产的表现形式方面展示了其外延的宽广性和多样性。从法律性质来看，本课题所指资产，既包括非法资产，也包括腐败分子控制的合法资产。之所以特别作出这种说明，主要基于以下原因：首先，资产尤其是现金、有价票证等是种类物，将通过非法渠道获得的资产与腐败分子的合法收入相区分没有实质意义。其次，考虑到腐败分子的犯罪所得可能已被混同、转换形态或转让他人等复杂情形，《国际公约》倡导价值没收、混合没收、替代物没收等措施，以便最大限度地剥夺犯罪收益。对腐败分子向境外转移合法资产进行监测，防止其外逃，正是为了在腐败分子的非法收益难以追缴时，通过剥夺其控制的合法资产，收到惩治犯罪、挽回国家损失的效果。

（三）转移

转移包含两层含义。首先，从转移的方式来看，既包括利用非法渠道转移，也包括利用合法渠道转移。金融行动特别工作组在《中国反洗钱和反恐融资评估报告》中指出，在中国最常用的洗钱方式有四种：第一种是通过现金走私的方式；第二种是通过合法金融系统的现金交易、账户付款、海外业务、贷款和其他金融交易实现洗钱目的，有时候还采用假身份证开立银行账户或汇款的方式；第三种是以贸易为掩护的方式，即非法所得通过进出口货物或虚构/伪造进出口合同、海运单据、海关报关单和其他相关文件的方式实现洗钱目的；第四种是通过地下钱庄系统洗钱。此外，犯罪分子还设立海外空壳公司，将资金以合法贸易或投资交易方式通过银行实现转移。随着新技术和新产品的出现，腐败分子还可能借助电子货币、网上金融服务以及股票期权、远期外汇汇率合同等新的金融衍生品向境外转移资产。在实际操作中，腐败分子往往通过多种方式的组合，交错使用合法渠道和非法渠道，实现资产的跨境转移。

其次，从转移的对象看，既有将非法资产转移至境外，也有将其控制的合法资产转移至境外后加以非法占有或用做非法用途。在实际案例中，就有腐败分子将其所在的国有公司的资产以海外投资的名义转移至境外，最终划入其个人账户，实现了资产从国有到私有、从合法到非法、从境内到境外的转换和转移。

（四）境外

境外系法域而非地理概念，法域是指具有或适用独立法制体系的区域。[①] 以此来衡量，中国大陆、香港、澳门乃至台湾地区都具有独立的法制体系，虽然在宪法层面上具有派生性，即《特别行政区基本法》由全国人民代表大会来制定，但是“四地”的法制体系是完全平行的，即中国大陆、香港、澳门和台湾地区分属不同法域。此外，在IMF框架下，经常性国际交易中的跨境（cross border）指的是跨货币边境或海关关境，而非国境。在我国，大陆地区和港澳台地区分属不同的货币区，因此腐败分子向我国的港澳台地区转移资产也属于向境外转移资产。

二、腐败分子向境外转移资产的现状及危害

（一）国际现状

资金外逃（Capital Flight）又称为资本外逃、资本非法转移等，资金多由发展中国家流向发达国家。因此，经济学家托尼尔（Tonell，1992）认为资金外逃是“生产资源由贫穷国家向富裕国家的流失”[②]。导致资金外逃的原因在于经济、政治等多方面，然而，近年来贪污腐败越来越成为资金外逃研究领域备受关注的焦点，腐败分子向他国转移的财富被公认是外逃资本的重要组成部分，在整个资金外逃中的比例逐渐提高。虽然目前尚无法计算所有外逃资本中有多少是由腐败分子转移至境外的，但可以肯定的是，在新兴市场国家，贪污腐败是资本外逃的重要原因。

---

① 时延安：《中国区际刑事管辖权冲突及其解决研究》，11页，北京，中国人民公安大学出版社，2005。

② 王高明：《腐败分子资金外逃及惩治机制研究》，载《经济社会体制比较》，42－52页，2006（5）。

2007 年 12 月 17 日，世界银行与联合国毒品与犯罪问题办公室在联合国纽约总部举行了“追回被窃财产之友倡议”（Friends of the Stolen Asset Recovery Initiative）的发起仪式。仪式上公布的一组数字表明：发展中国家和转型期国家每年产生的腐败收益高达 200 亿～400 亿美元，相当于全球官方发展援助的 20%～40%，而且大部分被转移到发达国家[①]。

仪式上世界银行现任行长佐利克（Robert B. Zoellick）透露：在非洲，每年国内生产总值的 25% 都由于腐败而损失，金额高达 1480 亿美元，但这一问题并不只限于非洲。尼日利亚前总统阿巴查（Sani Abacha）在任五年贪污了 30 亿～50 亿美元，而尼日利亚联邦政府 2006 年用于健康和教育的开支还不到 50 亿美元。菲律宾的前总统马科斯（Ferdinand Marcos）贪污了 50 亿～100 亿美元，它造成的发展影响远远超过直接的财政损失，它降格了公共机构，影响了投资，损坏了微观经济环境，摧毁了金融机构的信誉。菲律宾用了 18 年的时间才追回 6.2 亿美元，而要完全从损失中恢复还需更长时间。

联合国毒品与犯罪问题办公室主任科斯塔（Antonio Maria Costa）在仪式上指出：经验表明，只有不到一半的被窃财产会停留在受害国，而大部分会被转移到国外。财产追回是一个复杂的过程，且随着金融中介机构开发新业务而变得越来越复杂。一旦被窃财产离开受害国，它们就会被巧妙地分割，藏在众多金融工具中，难以发现和获取。

目前，与贪腐资金跨境转移相伴随的还有腐败人员外逃。腐败分子外逃得逞，更增加了受害国打击犯罪和追缴资金的难度。目前国际上为数不多的成功追回外逃贪腐资金的典型案例有：尼日利亚追回了阿巴查转移到瑞士的 5 亿多美元；秘鲁在 2001—2004 年追回了前情报部门负责人蒙特西诺斯（Vladimiro Montesinos）转移到瑞士

---

① 《专题报道：联合国发起“追回被窃财产之友倡议”》，http：//www. un. org/radio/ch/story. asp？NewsID =5126，2008/2/21。

和美国等地的1.8亿美元；2007年5月，美国和瑞士协助哈萨克斯坦追回了8400万美元。但是，与实际发生外逃的资金数额相比较，追回的资金实为九牛一毛。

（二）我国现状

中国官员因经济犯罪外逃始于20世纪80年代末。近年来外逃的腐败分子及其转移至境外的资金究竟有多少，至今还没有一组公认的数字，只能根据各方报道勾画出大体状况。

根据公安部2006年5月公布的数据，我国已陆续缉捕到外逃的经济犯罪嫌疑人有320人左右，直接涉案金额近700亿元人民币。而公安机关和有关部门掌握的仍在外逃的经济犯罪嫌疑人有800人左右，潜在的经济损失和他们实际非法转移的资金数额，只有将这些人缉捕归案审查以后才能确定[①]。

另据香港刊物2004年10月的报道，当年9月20日结束的全国检察机关境外追逃工作会议披露：1988年至2004年7月底，涉嫌贪污、贿赂、侵吞、挪用公款的党、政、公安、司法、事业机构、国有企业干部和高层管理人员，外逃未遂被捕的有1267人。

近年由官方媒体曝光的腐败分子外逃或将资金转移境外的典型个案不胜枚举。

高官：原全国人大副委员长成克杰非法聚敛几千万元巨额赃款，大都转移到香港情妇的名下或存在境外银行里；十五届中央委员、正部级电力高官高严出逃后至今下落不明；此外还有河南省烟草专卖局原局长、烟草公司原经理、原党组书记蒋基芳，贵州省交通厅原厅长卢万里，厦门市原副市长蓝甫，浙江省建设厅原副厅长、曾任温州市主管城市建设的副市长杨秀珠，等等。

国有公司和金融部门的负责人：中国银行广东开平支行三位原

---

① 常雪梅、刘倩：《【特别策划】编织无国界反腐天网　腐败分子远遁天涯也枉然》，中国共产党新闻网 http：//cpc. people. com. cn/GB/64093/67206/68346/5534628. html2/22。

行长许超凡、余振东、许国俊，三人出逃携款高达4.83亿美元；还有河南豫港公司原董事长程三昌、河南省服装进出口公司原总经理董明玉、云南省旅游集团公司原董事长罗庆昌、国有控股的西安市机电设备有限公司原总经理兼汽车部经理周长青、昆明卷烟厂原厂长陈传柏，等等。

这些犯罪嫌疑人潜逃境外的目的地主要集中于北美、澳大利亚、东南亚地区。具体来说，涉案金额相对小、身份级别相对低的，大多就近逃到我国周边国家，如泰国、缅甸、马来西亚、蒙古、俄罗斯等；案值大、身份高的腐败分子大多逃往西方发达国家，如美国、加拿大、澳大利亚、荷兰等；一些无法得到直接去西方国家证件的，先龟缩在非洲、拉美、东欧的小国，伺机过渡；有相当多的外逃者通过香港中转，利用香港世界航空中心的区位以及香港人前往原英联邦所属国家可以实行“落地签证”的便利，再逃到其他国家。

（三）危害

1. 政治危害。

（1）助长贪污贿赂等犯罪的蔓延，损害党的执政基础。腐败分子向境外转移资产，助长了贪污贿赂等犯罪的蔓延，损害了党的执政基础。党的十七大报告指出，中国共产党的性质和宗旨，决定了党同各种消极腐败现象是水火不相容的。坚决惩治和有效预防腐败，关系人心向背和党的生死存亡，是党必须始终抓好的重大政治任务。若腐败分子可以轻易向境外转移资产，势必给贪污腐败分子提供退身之路，给其提供低风险获利空间，是对贪污贿赂等犯罪的刺激和引诱，将直接威胁党的廉政建设，损害党的执政基础。

（2）加大了我国的执法难度和司法成本。腐败分子向境外转移资产，加大了我国的执法难度和司法成本。由于地理、制度、文化等因素，一般来说，各国对于转移至境外的资产的监视、调查、控制和追缴等能力都比较弱。资产跨境转移掩盖了贪污贿赂等犯罪的踪迹，为司法机关及时发现犯罪、查获罪犯、追缴赃款设置了障碍，使腐败分子得以享用赃款、逃避打击。而对犯罪的惩罚不力，降低了司法威慑力，势必又会刺激更多的腐败分子铤而走险，形成恶性循环。

（3）损害我国的国际形象。腐败分子向境外转移资产，将严重损害中国的国际形象。中国作为拥有13亿人口的最大发展中国家和社会主义国家、联合国安理会常任理事国之一，正处于改革开放的关键时期，若无法遏制贪污腐败，令贪腐资金大量向国外转移，无疑是向国际社会昭示我们在制度、管理、社会风气等方面存在的问题。尤其是在现今复杂的国际政治环境中，别有用心的政治势力无时无刻不在处心积虑地收集甚至捏造中国的负面报道以诋毁我们的政治选择和民族文化。此时腐败分子对外转移资金及由此引发的一系列问题无疑将被恶意放大来丑化我国的国际形象。

2. 经济危害。

（1）造成社会财富流失，破坏经济发展成果。腐败分子向境外转移资产，会造成社会财富的流失，破坏经济发展成果。这些转移出境的资金，大部分难以发现或无法追缴，造成国民财富巨大损失。据悉，新西兰的高档汽车销售商已将来自中国的“小留学生”们排在本地成功企业家之前，列为最高端客户，因为某些在中国“有背景”的子弟有时甚至以全款同时购买多辆同款的高档汽车以炫耀实力；澳大利亚已将接收中国留学生作为教育产业的重要内容；美国也爆出了加州洛杉矶的阿凯迪亚地区及纽约的曼哈顿地区因不明背景的中国家庭的迁入而拉动民宅价格上升的消息。这些高消费者中有很多是国内官员或国企管理人员的亲属，惊人的财富在中国被非法攫取后，注入发达国家的经济循环。

（2）导致经济扭曲和不稳定、经济调控政策失灵，给经济建设带来严重负面影响。首先，转移活动会造成资金的异常流动，影响利率和汇率的正常形成，扰乱金融市场，干扰国家的宏观调控。其次，以资产转移为目的的贸易和投资活动，会使有关行业不遵循市场规律和国家产业政策而调整，造成国家经济结构的畸形发展和经济动荡。研究认为，资本外逃会加大中国融资成本，甚至还会造成中国就业机会的减少，从而会加大贫富差距[①]。资本外逃后，政府会转而向流动性低或者缺乏流动性的资本（如土地、劳动力）转移税收负担，从而会拉大收入差距，降低国内消费和就业水平。

（3）加剧金融风险，冲击金融稳定。腐败分子向境外大量转移资金，会加剧金融风险，冲击金融稳定。从国际经验来看，资本外逃严重时，可能成为导致国家破产的一股力量。更大的代价是在未来数十年中，国家的信用等级在国际社会中将大大下降。这方面的典型例子是墨西哥。国际货币基金组织的调查报告指出，1994 年爆发的墨西哥金融危机，其诱因在于墨西哥本土的投资者资金外溢，而不是市场所推测的是外国投资者因墨西哥政局不稳而争相抛售比索所致[②]。此外，金融机构内部人员巨额贪污、挪用并将资金转移也会危及该机构的持续经营和公众信心，甚至带来整个金融体系的振荡。震惊中外的中国银行广东开平案和哈尔滨高山案就给中国银行带来了很大的负面影响。

三、对腐败分子向境外转移资产进行监测的法律依据

对腐败分子向境外转移资产进行监测是利用反洗钱的手段和体系反腐败，拓展了反腐败的渠道，增强了反腐败的有效性。因此，对腐败分子向境外转移资产进行监测的法律依据应当在反洗钱的制度框架内展开。腐败分子向境外转移资产涉嫌洗钱犯罪是对其进行监测的必要前提，因为监测是反洗钱的核心手段和制度创新，只有涉嫌洗钱犯罪，才有合理依据启动监测手段。客户身份识别制度、客户身份资料和交易记录保存制度、大额交易和可疑交易报告制度、

---

① 董志勇：《资本外逃对中国宏观经济的影响》，载《经济学（季刊）》，2004（3）。

② 刘旭：《中国资本外逃负面影响不可小觑》，人民网，http：//www.people.com.cn/GB/paper1631/10056/922154.html，2008/2/25。

现金跨境转移报告制度作为反洗钱的支柱，为监测提供了必要的资料和信息准备，构成了监测工作不可或缺的环节。金融情报机构作为接收、分析、移送可疑交易的专门机构，是开展监测工作的组织中枢。基于上述分析，对腐败分子向境外转移资产进行监测的法律依据的探讨将围绕监测的启动、监测的实施、监测的组织三大方面，从国际法的梳理、外国法的借鉴、国内法的分析三个层次展开。

（一）国际法的梳理

1. 监测的必要启动——腐败分子向境外转移非法所得涉嫌洗钱犯罪。

（1）腐败犯罪是洗钱罪的上游犯罪。谋取不正当利益是腐败犯罪的动机和目的，为了避免不正当利益被暴露和没收，腐败分子总是想方设法隐瞒、掩饰、转移非法资产，使其在形式上合法化。洗钱行为是腐败行为的继续和延伸，清洗腐败资金是整个腐败犯罪过程的重要环节和有机组成部分。洗钱是腐败分子的本能需求，反腐败必须打击洗钱，因此，众多国际公约都将腐败犯罪作为洗钱罪的上游犯罪，将现有的反洗钱法律制度和工作机制纳入了反腐败框架。

联合国《反腐败公约》在序言中就开宗明义地强调缔约国应当“关注腐败同其他形式的犯罪特别是同有组织犯罪和包括洗钱在内的经济犯罪的联系”，并在第二十三条（对犯罪所得的洗钱行为）第二款第二项中规定“各缔约国均应当至少将其根据本公约确立的各类犯罪列为上游犯罪。”在本条中，“应当至少”是对缔约国的强制性要求，即缔约国应当将公约规定的贿赂本国公职人员等腐败犯罪列为洗钱罪的上游犯罪。

联合国《打击跨国有组织犯罪公约》第六条（洗钱行为的刑事定罪）第二款第二项规定：“各缔约国均应将本公约第二条所界定的所有严重犯罪和根据本公约第五条、第八条和第二十三条确立的犯罪列为上游犯罪。缔约国立法中如果明确列出上游犯罪清单，则至少应在这类清单中列出与有组织犯罪集团有关的范围广泛的各种犯罪。”在该公约中，“第八条”指的是腐败行为的刑事定罪。根据这一强制性的规定，各缔约国应当将腐败犯罪列为洗钱罪的上游犯罪。

（2）向境外转移非法所得是洗钱的重要表现形式。根据相关国际公约对洗钱罪的定义，向境外转移犯罪所得是洗钱的重要表现方式。

联合国《反腐败公约》第二十三条第一款要求各缔约国均应当根据本国法律的基本原则采取必要的立法和其他措施，将下列故意实施的行为规定为犯罪：明知财产为犯罪所得，为隐瞒或者掩饰该财产的非法来源，或者为协助任何参与实施上游犯罪者逃避其行为的法律后果而转换或者转移该财产；明知财产为犯罪所得而隐瞒或者掩饰该财产的真实性质、来源、所在地、处分、转移、所有权或者有关的权利，即各缔约国应当将故意转移犯罪所得，包括腐败犯罪所得的行为作为洗钱罪惩处。

《打击跨国有组织犯罪公约》第六条第一款也有相同的要求。

（3）对腐败分子向境外转移合法财产进行监测的必要说明。在对“资产”的定义中，我们提到了对腐败分子向境外转移合法财产进行监测的必要性，并且在监测阶段，我们没有充分的证据判断资产的合法与否，只能根据腐败分子是洗钱的高危人群这一特性对其向境外转移资产的行为进行全面监测。在监测工作的启动阶段，我们根据经验判断假设被监测对象涉嫌洗钱活动，在进展中再寻求其他证据排除可疑，这是监测工作逻辑规律使然，与司法工作中的无罪推定原则并不矛盾。

2. 监测的具体展开。

（1）监测目的。联合国《反腐败公约》在序言部分明确要“决心更加有效地预防、查出和制止非法获得的资产的国际转移，并加强资产追回方面的国际合作”。这是公约的目的之一，也是监测腐败资产跨境转移的落脚点。作为《反腐败公约》的五大法律机制之一——资产追回与返还机制是以监测犯罪所得的转移为基础的。追回被腐败分子转移到外国的资产的前提是发现资产，否则，追回资产就无从谈起。因此，监测犯罪所得的转移就成为资产追回程序乃至整体反腐败战略的重要基础性机制。

（2）监测范围。《反腐败公约》第十四条第一款第一项规定："各缔约国应当在其权限范围内，对银行和非银行金融机构，包括对办理资金或者价值转移的正规或非正规业务的自然人或者法人，并在适当情况下对特别易于涉及洗钱的其他机构，建立全面的国内管理和监督制度，以便遏制并监测各种形式的洗钱，这种制度应当着重就验证客户身份和视情况验证实际受益人身份、保持记录和报告可疑交易作出规定。"第二款规定："缔约国应当考虑实施可行的措施，监测和跟踪现金和有关流通票据跨境转移的情况，但必须有保障措施，以确保信息的正当使用而且不致以任何方式妨碍合法资本的移动。这类措施可以包括要求个人和企业报告大额现金和有关流通票据的跨境转移。"这两款对利用金融机构以及以现金、流通票据形式进行的资产跨境转移进行了全面的规定，提出了相应的监测要求，对腐败资产跨境转移进行监测是其中的应有之义。

（3）具体要求。《反腐败公约》第五十二条专门规定了"预防和监测犯罪所得的转移"。第一款促请各缔约国均应当根据本国法律采取必要的措施，以要求其管辖范围内的金融机构核实客户身份，采取合理步骤确定存入大额账户的资金的实际受益人身份，并对正在或者曾经担任重要公职的个人及其家庭成员和与其关系密切的人或者这些人的代理人所要求开立或者保持的账户进行强化审查。对这种强化审查应当作合理的设计，以监测可疑交易从而向主管机关报告，而不应当将其理解为妨碍或者禁止金融机构与任何合法客户的业务往来。第二款要求缔约国就本国管辖范围内的金融机构应当对哪类自然人或者法人的账户实行强化审查，对哪类账户和交易应当予以特别注意，以及就这类账户的开立、管理和记录应当采取哪些适当的措施，发出咨询意见；各缔约国均应当根据其本国法律和参照区域、区域间和多边组织的有关反洗钱举措，对于应当由本国管辖范围内的金融机构对其账户实行强化审查的特定自然人或者法人的身份，除这些金融机构自己可以确定的以外，还应当酌情将另一缔约国所请求的或者本国自行决定的通知这些金融机构。这两款规定是“了解你的客户”原则的具体展开，并对重要公职人员提出了强化审查的要求。第三款要求各缔约国均应当实行措施，以确保其金融机构在适当期限内保持客户的账户和交易的充分记录，记录中应当至少包括与客户身份有关的资料，并尽可能包括与实际受益人身份有关的资料。第四款规定：为预防和监测根据本公约确立的犯罪所得的转移，各缔约国均应当采取适当而有效的措施，以在监管机构的帮助下禁止设立有名无实和并不附属于受监管金融集团的银行。此外，缔约国可以考虑要求其金融机构拒绝与这类机构建立或者保持代理银行关系，并避免与外国金融机构中那些允许有名无实和并不附属于受监管金融集团的银行使用其账户的金融机构建立关系。本款从禁止的角度进一步强调了实名制和尽职调查原则必须遵守。第五款规定：各缔约国均应当考虑根据本国法律对有关公职人员确立有效的财产申报制度，并应当对不遵守制度的情形规定适当的制裁。各缔约国还应当考虑采取必要的措施，允许本国的主管机关在必要时与其他国家主管机关交换这种资料，以便对根据本公约确立的犯罪所得进行调查、主张权利并予以追回。本款规定将公职人员账户强化审查制度与财产申报制度结合起来，为监测公职人员的资产状况提供了准确、全面的基础资料，有利于及早遏制腐败分子向境外转移资产的企图。第六款规定：各缔约国均应当根据本国法律考虑采取必要的措施，要求在外国银行账户中拥有利益、对该账户拥有签名权或者其他权力的有关公职人员向有关机关报告这种关系，并保持与这种账户有关的适当记录。这种措施还应当对违反情形规定适当的制裁。本款要求公职人员对拥有或控制境外资产的情况进行申报，并保存交易记录。

金融行动特别工作组《四十项建议》第六项规定：对于政界名流，除了实施常规的尽职调查措施外，金融机构还应拥有适当的风险管理系统以确定客户是否为政治公众人物、获得高级管理层的批准方可与此类客户建立业务关系、采取合理措施确定财产和资金来源、对业务关系进行更严格的持续监视。根据释义，“政治公众人物”是指现在或曾经担任显赫公职的个人，如国家元首或政府首脑、高级政客、政府、司法或军队高级官员、国有企业高级行政人员和政党的重要官员。与政治公众人物自身存在的声誉危机类似，他们与家庭成员或关系密切的同僚之间的商业关系也存在声誉上的风险。

这些规定都强调了对重要政治人物进行强化审查和持续监测，鉴于重要政治人物是洗钱犯罪的高危人群，因此对其及其关联人员的账户进行强化审查、风险管理、持续监测是有效防范腐败分子转移资产的必要环节。

（4）人才和技术准备。联合国《反腐败公约》第六十条规定：各缔约国均应当在必要的情况下为本国负责预防和打击腐败的人员启动、制订或者改进具体培训方案。这些培训方案可以涉及防止和打击根据本公约确立的犯罪所得转移和追回这类所得、监测和冻结根据本公约确立的犯罪所得的转移、监控根据本公约确立的犯罪所得的流动情况以及这类所得转移、窝藏或者掩饰方法等方面。联合国《打击跨国有组织犯罪公约》第二十九条也规定：各缔约国应在必要时为相关人员开展侦查和监测犯罪所得、财产、设备或其他工具的去向和用于转移、隐瞒或掩饰此种犯罪所得、财产、设备或其他工具的手法，以及用于打击洗钱和其他金融犯罪的方法。这些规定从培训的角度强调了监测腐败资金跨境转移的重要性、技术性以及系统性。

3. 监测的组织保障——金融情报机构的重要职责。《反腐败公约》第十四条要求各缔约国均应当确保行政、管理、执法和专门打击洗钱的其他机关（本国法律许可时可以包括司法机关）能够根据其本国法律规定的条件，在国家和国际一级开展合作和交换信息，并应为此目的考虑建立金融情报机构，作为国家中心收集、分析和传递有关潜在的洗钱活动的信息。第五十八条还专门以“金融情报机构”为标题，规定：“缔约国应当相互合作，以预防和打击根据本公约确立的犯罪而产生的所得的转移，并推广追回这类所得的方式方法。为此，缔约国应当考虑设立金融情报机构，由其负责接收、分析和向主管机关移送可疑金融交易的报告。”《打击跨国有组织犯罪公约》也有同样的规定。

金融行动特别工作组《四十项建议》第二十六项要求：“各国应当建立金融情报中心，作为接收（经准许也可索取）、分析和移交可疑交易报告以及有关潜在的洗钱和恐怖分子筹资行为的其他信息的全国性中心。金融情报中心应能够及时地直接或间接使用所需的金融、行政和执法信息，以便能够正确地行使其包括分析可疑交易报告在内的职能。”

由此可见，金融情报机构是专门履行接收、分析大额与可疑交易报告，及时发现涉嫌犯罪线索并向执法、司法部门移交分析结果并在国际领域开展情报交流与合作的部门。金融情报机构依靠大额交易和可疑交易报告制度实现了对潜在腐败行为的全面监测，同时通过对重要政治人物的账户进行强化审查、持续监测，又突出了监测重点；金融情报机构作为“在国家和国际一级开展合作和交换信息”的平台和枢纽，可以根据国家授权同境外对等机构开展情报交流并委托协查，追查腐败分子外逃资金的去向，并且不涉及司法诉讼和刑事定罪问题，不需要国家层面上的双边条约，情报交流方便快捷、易于保密，这样就为内外合围、追踪腐败分子资金的完整流向提供了可能性。总之，金融情报机构实现了预防和惩治腐败分子向境外转移资产的系统性、及时性、主动性和预见性，是全球反腐败的一项制度创新，为有效监测腐败分子向境外转移资产提供了组织保障。

（二）外国法的借鉴

美国、加拿大是较早确立反洗钱制度，且反洗钱法律规范比较完善的国家。在外国法的借鉴部分，我们重点分析这两个国家的有关规定。

1. 美国对腐败分子向境外转移资产进行监测的有关规定。

(1) 腐败所得的跨境转移构成洗钱罪。根据《洗钱控制法》(Money Laundering Act) 第 1956 节的规定，任何人在明知所输送的金融工具或资金涉及特定不法行为时，为了开展特定不法行为或全部、部分地隐瞒其性质或逃避联邦或州规定的报告制度，从美国的某地向通过美国以外的某地输送或者企图输送资金或金融工具以及从通过美国以外的某地向美国运输或企图运输资金或金融工具的，构成犯罪所得的跨境运输罪。这是美国法律规定的洗钱犯罪的两种最基本形态之一。对于从事上述行为的人，处以 50 万美元以下罚款或者相当于运输的资金或金融工具价值两倍的罚款，或者 20 年以下有期徒刑，或者两者并罚。该罪的上游犯罪是由美国法律列举定义的“特定不法行为”，其中就包括受贿、侵占公共财产、挪用公款等腐败犯罪。据此，通过受贿等行为非法获益的腐败分子将其犯罪所得向美国境外转移的构成犯罪所得的跨国运输罪。

值得注意的是，美国法律注重打击外国腐败分子借助美国金融系统进行洗钱的行为。例如《消除国际洗钱与打击恐怖主义融资法案》第三百零二条规定：要加强措施预防美国金融系统被外国腐败分子用于清洗个人所得。第三百一十二条 (3) (B) 规定：对由外国高级政治人物或其家庭成员或近亲或代表这些人申请或持有的这些账户实施强化的监测，这种监测为侦查和报告可能涉及外国腐败所得的交易而合理设计。第三百一十五条还将外国腐败犯罪包括在洗钱犯罪内。

(2) 可疑交易报告制度和现金交易报告制度。《爱国者法案》对银行保密法进行了修正和改进，主要是完善和提高了可疑交易、现金交易报告方面的要求。根据该法第三百五十一条至第三百五十九条的规定，不仅加强了银行、证券公司、期货经纪公司等金融机构报告可疑交易的义务，也要求替代性汇款体系报告可疑交易活动。腐败分子转移资产的主要渠道是利用金融系统，但不容忽视的是有相当一部分资金是通过非金融系统、非金融交易进行转移和清洗的，该法第三百六十五条针对在非金融经营活动中的现金交易报告作出了详尽的规定："当任何参与非金融业务的人在一项交易或两项以上相关交易中收到超过 1 万美元的现金时，都应当按规定向金融犯罪执法网络报告。"此外，为了规避前述强制报告义务，腐败分子也可能借助现金走私或非法货币转移业务向境外转移资产，对此，该法第三百七十一条将走私大笔现金离开美国规定为刑事犯罪，并授权没收走私罪的所有现金或票据。第三百七十三条将故意实施、控制、管理、监督、指导或拥有全部或部分无照货币转移业务的行为规定为犯罪，如利用网络等高技术手段进行非法资金转移就构成非法资金转移罪。

（3）具体的跨境交易信息报告规定。美国金融情报机构目前并没有针对跨境交易的专门报表，但是现有的《现金或货币工具的国际流通报表》和《境外银行账户及金融账户报表》中涵盖了大量跨境交易相关的信息。

根据《境外银行账户及金额账户报表》的要求，每一个在国外银行账户、证券交易账户、金融账户占有份额、有签名权或其他权利的美国人，只要在一个年度中，他的所有银行账户总额超过 1 万美元，就必须在第二年 6 月 30 日之前向财政部提交《境外银行账户及金额账户报表》，同时解释说明其相关账户的情况。《境外银行账户及金额账户报表》收集到的信息主要是长期用于调查刑事犯罪、征收税款、定期审查或提起诉讼。在提交现金交易报表时，若不予提交、提供的有效信息不充分或编制假报表，有关执法部门可以对填报人实施民事或刑事处罚，情节严重者可处以 50 万美元的罚金，以及五年以下有期徒刑。

根据《现金或货币工具的国际流通报表》的要求，任何在从美国本地向境外任何地方输出，或者从境外的任何地方向美国境内输入的交易中，所进行实际传输、邮寄、航运或者导致实际传输、邮寄、航运、接收的现金或货币工具的累加额超过 1 万美元的人都需要提供此报表。但是通过正常的银行手续汇款，未涉及现金或货币工具实际传送的交易不需要上报。与《境外银行账户及金额账户报表》相同，《现金或货币工具的国际流通报表》信息采集也同样是为了用于调查刑事犯罪、征收税款、管理调查和提起诉讼。所收集的信息可以提供给海关和财政部的任何单位的主管和职员。联邦政府的其他部门或机构也可以根据工作需要向金融犯罪执法网络（FinCEN）索要资料。若发现所提供的所有或部分信息有误，其现金或货币工具将被查封或没收，提供错误信息的人也会被追究民事或刑事责任。情报人员可以根据上述报表监测腐败分子在境外控制金融账户或者向境外输出现金或金融工具的情况。

为了对前述可疑交易信息、现金交易信息、跨境交易信息等信息进行有效的收集、分析和处理，美国建立了国家金融情报机构——金融犯罪执法网络（FinCEN)。《爱国者法案》第三百六十一条、第三百六十二条对 FinCEN 的任务、职能、组织结构等方面作了详细的规定，为监测腐败资产向境外转移提供了组织保障。

2. 加拿大对腐败分子向境外转移资产进行监测的法律依据。

（1）向境外转移腐败资产可能构成洗钱犯罪。根据加拿大现行法律的有关规定，除了少数例外，获刑六个月以上监禁的犯罪都可能成为洗钱罪的上游犯罪。[①] 由此，将严重腐败犯罪所得向境外转移就构成洗钱罪。

（2）监测腐败资产跨境转移的具体规定。加拿大于 2000 年制定了《犯罪收益（洗钱）与恐怖融资法案》《Proceeds of Crime（Money Laundering）and Terrorist Financing Act》，其后有过多次修改。该法第三条规定，本法的目的之一是采取特定措施发现和阻止洗钱并促进对洗钱犯罪的调查和起诉，包括：为金融服务提供商以及从事容易被洗钱利用的业务、行业或活动的其他人员确立记录保存和客户识别的要求；要求报告可疑金融交易和货币的跨界移动；成立一个负责处理报告的信息和其他信息的部门。该法主要有四个部分，分

---

① 参见 2008 年 2 月 29 日 FATF《加拿大反洗钱和反恐怖融资评估报告》第二百零二条。

别规定了可疑交易报告、现金和其他金融票据出入境报告、加拿大金融交易和报告分析中心的职责、法律责任等。在此，着重介绍其现金和其他金融票据的出入境报告。根据该法第十二条的规定，任何自然人和法人在其所涉及交易中进出加拿大的现金和其他票据达到或超过 1 万加元时，应该按照规定向海关官员报告。海关官员应当将此类报告发送给金融交易和报告分析中心。当任何人携带现金或金融票据离开加拿大时，他们应该如实回答海关官员就其申报的信息提出的任何问题，并且应海关官员的要求，向其出示其随身携带、托运或在包裹和其他容器内的现金。

根据《犯罪收益（洗钱）与恐怖融资法案》，该国建立了金融情报机构——加拿大金融交易和报告分析中心。

（三）国内法的分析

我国党和政府在反腐败斗争实践中，对洗钱问题十分关注，中共中央 2005 年颁布的《建立健全教育、制度、监督并重的惩治和预防腐败体系实施纲要》指出：要“建立健全金融账户实名制、现金交易限制及反洗钱制度、征信管理制度。建立对大额资金外流的有效监控的预警机制和金融信息共享制度”。中纪委第五次全会工作报告也明确要求“进一步健全大额和可疑资金交易报告制度，加强资金监管，打击洗钱行为”。可见，反洗钱已经成为我国反腐败工作的有机组成部分，成为惩治和预防腐败的重要手段。通过反洗钱机制对腐败分子向境外转移资产进行监测主要体现在以下法律法规中。

1.《中华人民共和国刑法》（以下简称《刑法》）。

（1）洗钱罪——《中华人民共和国刑法修正案（六）》。2006 年 6 月通过的《中华人民共和国刑法修正案（六）》将《刑法》第一百九十一条第一款修改为：“明知是毒品犯罪、黑社会性质的组织犯罪、恐怖活动犯罪、走私犯罪、贪污贿赂犯罪、破坏金融管理秩序犯罪、金融诈骗犯罪的所得及其产生的收益，为掩饰、隐瞒其来源和性质，有下列行为之一的，没收实施以上犯罪的所得及其产生的收益，处五年以下有期徒刑或者拘役，并处或者单处洗钱数额百分之五以上百分之二十以下罚金；情节严重的，处五年以上十年以下有期徒刑，并处洗钱数额百分之五以上百分之二十以下罚金：（一）提供资金账户的；（二）协助将财产转换为现金、金融票据、有价证券的；（三）通过转账或者其他结算方式协助资金转移的；（四）协助将资金汇往境外的；（五）以其他方法掩饰、隐瞒犯罪所得及其收益的来源和性质的。”《中华人民共和国刑法修正案（六）》增加了贪污犯罪和金融犯罪，扩大了洗钱罪的上游犯罪范围。根据本条的规定，我们可以明确，协助腐败分子将资金汇往境外的构成洗钱罪。

（2）隐瞒境外存款罪。《刑法》第三百九十五条规定：国家工作人员在境外的存款，应当依照国家规定申报。数额较大、隐瞒不报的，处两年以下有期徒刑或者拘役。情节较轻的，由其所在单位或者上级主管机关酌情给予行政处分。

据此，国家工作人员在境外的财产，不管是合法所得还是非法或犯罪所得，都应当按照规定进行申报，隐瞒不报或者低报的，都可能构成该罪。此规定为利用刑法手段惩治腐败分子向境外转移资产提供了法律依据。

2.《中华人民共和国反洗钱法》（以下简称《反洗钱法》）。2007 年 1 月正式实施的《反洗钱法》的有关规定为我们对腐败分子向境外转移资产进行监测提供了更明确的基本法律依据。

（1）将预防腐败犯罪纳入反洗钱工作机制。《反洗钱法》第二条是反洗钱定义的规定，根据该条的规定，采取相关措施预防通过各种方式掩饰、隐瞒贪污贿赂犯罪的犯罪所得及其收益的来源和性质的洗钱活动是反洗钱的重要内容。反洗钱的目的是预防洗钱活动，反洗钱仅仅依靠《刑法》打击是不够的，基础是要建立健全金融监管措施。

（2）反洗钱基本制度。《反洗钱法》第三条规定：在中华人民共和国境内设立的金融机构和按照机构应当履行反洗钱义务的特定非金融机构，应当依法采取预防、监控措施，建立健全客户身份识别制度、客户身份资料和交易记录保存制度、大额交易和可疑交易报告制度，履行反洗钱义务。本条是关于反洗钱义务主体和反洗钱基本制度的规定。客户身份识别、报告大额交易和可疑交易、保存身份资料和交易信息是反洗钱国际标准和各国反洗钱立法确认的洗钱预防措施的三项基本制度。在这三项制度中，客户身份识别制度处于基础地位，通过客户身份识别，金融机构可以据此判断客户所需要的金融服务及其账户内的资金流动是否与客户的身份和业务性质相符，其资金来源或用途是否存在可疑之处。该法第十六条至第十八条详细规定了客户身份识别制度的具体要求，尤其是第十八条规定，金融机构进行客户身份识别，认为有必要时，可以向公安、工商行政管理等部门核实客户的有关身份信息，相关部门的匹配信息，有利于更准确地核实交易主体身份。大额交易和可疑交易报告制度是反洗钱的核心内容，交易信息的收集、分析和报告是反洗钱的基础工作，如果离开了交易报告，就不能发现涉嫌洗钱的交易信息，反洗钱就成了无源之水、无本之木。该法第二十条规定金融机构应当及时向中国反洗钱监测分析中心报告大额交易和可疑交易。根据上述规定，在实际操作中，报告主体通过对公职人员的客户身份进行识别，如果发现其交易状况与其身份明显不符，应当向中国反洗钱监测分析中心报告大额或可疑交易。中国反洗钱监测分析中心通过匹配相关信息，不排除其涉嫌腐败或洗钱嫌疑的，则向侦查机关通报。

（3）现金出入境报告制度。携带现金、有价票证出境是腐败分子向境外转移资产的重要途径，为了有效、全面监测，必须收集这方面的信息。《反洗钱法》第十二条规定：海关发现个人出入境携带的现金、无记名有价证券超过规定金额的，应当及时向反洗钱行政主管部门通报。

（4）临时冻结措施。通过监测发现腐败分子向境外转移资金时，应当采取冻结措施，才能及时挽回国家损失，这也是对腐败分子资金交易进行监测的目标。《反洗钱法》第二十六条规定：经调查仍不能排除洗钱嫌疑的，应当立即向有管辖权的侦查机关报案。客户要求将调查所涉及的账户资金转往境外的，经国务院反洗钱行政主管部门负责人批准，可以采取临时冻结措施。

（5）反洗钱国际合作。《反洗钱法》第二十八条规定，国务院反洗钱行政主管部门根据国务院授权，代表中国政府与外国政府和有关国际组织开展反洗钱合作，依法与境外反洗钱机构交换与反洗钱有关的信息和资料。腐败分子向境外转移资产，必然会在境外留下交易信息，国际情报交流为全面掌握腐败分子的跨境交易、开展有效监测提供了可能性。

（6）反洗钱信息中心。《反洗钱法》第十条规定，国务院反洗钱行政主管部门设立反洗钱信息中心，负责大额交易和可疑交易报告的接收、分析，并按照规定向国务院反洗钱行政主管部门报告分析结果，履行国务院反洗钱行政主管部门规定的其他职责。本条明确了中国反洗钱监测分析中心的定位和职责，为监测分析工作提供了组织保障。第十一条规定，国务院反洗钱行政主管部门为履行反洗钱监测职责，可以从国务院有关部门、机构获取所必需的信息，国务院有关部门、机构应当提供。国务院反洗钱行政主管部门应当向国务院有关部门、机构定期通报反洗钱工作情况。监测腐败资产的跨境转移需要多方面力量的配合，本条规定为协调各部门力量反洗钱，加强情报交流和共享提供了依据。

3. 其他法律法规。为了具体落实《反洗钱法》关于客户身份识别、客户身份资料和交易记录保存、大额交易和可疑交易报告的规定，中国人民银行单独或会同其他监管机构相继发布了《金融机构反洗钱规定》、《金融机构大额交易和可疑交易报告管理办法》、《金融机构身份识别和客户身份资料及交易记录保存管理办法》，这些规定和办法为收集、监测、分析腐败分子的大额、可疑交易情况提供了直接依据。此外，《个人存款账户实名制的规定》、《商业银行法》、《保险法》、《票据法》等法规也从不同方面为监测腐败分子向境外转移资产提供了依据。

四、课题研究意义

开展本课题研究，首先是为了对目前我国腐败分子向境外转移资产的主要渠道和行为特点进行归纳整理，努力发现其中带有规律性的东西，以帮助反洗钱监测分析人员提高识别此类可疑交易的能力。党的十七大强调："坚决惩治和有效预防腐败，关系人心向背和党的生死存亡，是党必须始终抓好的重大政治任务。"贪污受贿犯罪又是我国法律所明确规定的洗钱上游犯罪，作为反洗钱部门开展此项研究当是责无旁贷的。

本项课题的研究，更是为了探讨在我国已经建立的大额交易和可疑交易报告制度基础上，如何利用大额交易和可疑交易数据库和中国反洗钱监测分析中心的监测分析系统实现对腐败资产境外转移的监测，总结腐败资产跨境转移的特征和规律，提炼关键的监测要素，设定监测分析原则、要素、基础参数，对于建立监测模型、完善监测分析系统功能具有现实意义。因此，课题研究是中国反洗钱监测分析中心开发建设"中国反洗钱监测分析系统"的现实需要。

第二节 我国腐败分子向境外转移资产的主要途径

一、通过现金走私向境外转移资产

现金的概念有狭义和广义之分。狭义的现金指流通中的现钞，是各国中央银行依法发行的用于流通的货币现钞，包括纸币和硬币，也即通常所说的 M_0；广义的现金包括库存现金、银行存款和其他变现能力强的票证。本课题所论及的现金是指 M_0 这一部分。现金与其他支付结算手段相比较，具有交易无记录、通用性好、难以追索等特点，对监管部门而言管理难度较大，因此也常常为腐败分子所利用。

用现金走私来转移腐败资产主要有两种方式：其一是腐败分子本人夹带在行李中直接携带出境，这种方式较为简单，费用低，但此种方式可走私的数额较为有限，风险也比较大，一旦被海关或边防机关发现则是人赃并获。其二是腐败分子通过某些代理机构（主要是地下钱庄）利用一些专门跑腿的“水客”[①] 以“蚂蚁搬家”、少量多次的方式肩扛手提地在边境口岸（主要是深圳与香港、珠海与澳门海关）来回走私现金，偷运过境后再以货币兑换点（不少货币兑换点实质上就是地下钱庄在港澳地区的分支机构）的名义存入银行户头。这种方式虽然手续比较麻烦，而且还要交给地下钱庄一定的费用，但风险较小，即使偷运现金的人员被抓获也很难追查到地下钱庄，甚至即便查到了地下钱庄，由于其反侦查意识很强，定期销毁交易记录，也难以查清具体委托人及其身份。

【案例一】王杰现金走私案

1999 年 10 月 4 日，西安某酒店总经理王杰随身携带 8 万美元现金却未报关，在美国底特律机场被美国海关扣留，美方随后又从王杰及其妻吴弘在美国的银行账户上查获 12.4 万美元，其中由香港银行电汇转账 7.5 万美元。经查，王杰在担任西安某酒店总经理期间，利用职务上的便利，以指使下属虚造在职员工名单吃空饷、私费公报、用假单据冲账、吃回扣、多开发票报账等手段，侵占酒店资产 131 万余元人民币，并以恶意透支的方式诈骗银行 1 万余元人民币，累计折合约 16 万美元。王杰携带的数万美元现钞正是其职务侵占所得。

---

① 所谓“水客”，是指拥有过境通行证，频繁往返于边境口岸，以帮助别人携带有限金额钱物过境而从中牟利的人员。

【案例二】香港跨境洗钱集团案①

中银集团在重组过程中发现其下属宝生银行有内部职员涉嫌贪污，于是向香港廉政公署（以下简称香港廉署）举报。2001 年 9 月，在最高人民检察院和广东省人民检察院的协助下，香港廉署展开代号为“猫头鹰”的行动，成功破获了一个香港有史以来最庞大的跨境洗钱集团。涉案人员在相当长的时期内采用现金走私的方式清洗了巨额黑钱，已查明的洗钱总额高达 500 亿港元，涉及银行账户 1300 多个，共抓获涉案人员 43 人。

在长达 6 年的时间内，涉案人员每天都提着装有上百万港元现金的手提箱，由深圳罗湖海关偷运过境到香港，然后转到 1300 多个银行账户，将这些内地逃税或贪污受贿所得的黑钱进行清洗。这个洗钱集团活跃于广东省珠海、中山、深圳等地和福建省一些地区。他们除自己活动外，还雇用了多名跑腿。这些人除肩扛手提外，还每日 3 次将各种外国货币在内地打包，用货车、私家车经文锦渡、落马洲口岸运往香港陈仲明、叶向荣夫妇所有的货币兑换点，每天偷运出境的黑钱，最高达到 5000 万港元。在尖沙咀拥有一间货币兑换点的陈氏夫妇每日接收从内地偷运过来的巨额现金，然后以名下的杰协有限公司（该公司掌握大量个人户头）的名义转存入宝生银行尖沙咀分行，洗钱集团在宝生银行尖沙咀分行开设了账户。资金打入宝生银行账户后，洗钱工作由林耀忠等处理。自 1997 年 9 月 1 日至 2001 年 9 月 11 日，林耀忠与下属梁某共同串谋为杰协公司伪造材料，修改账户记录细节。因为杰协公司在银行的资金流转受到香港法例监管，林耀忠就将所有黑钱以一般转账而非汇兑的形式处理，以逃避检查。就这样，经过资金偷渡、隐去资金来源、最终汇集到指定账户，洗钱得以完成。洗钱路线如图 1 所示。

① 欧阳卫民：《中外洗钱案例评析》，79－80 页，北京，法律出版社，2005。

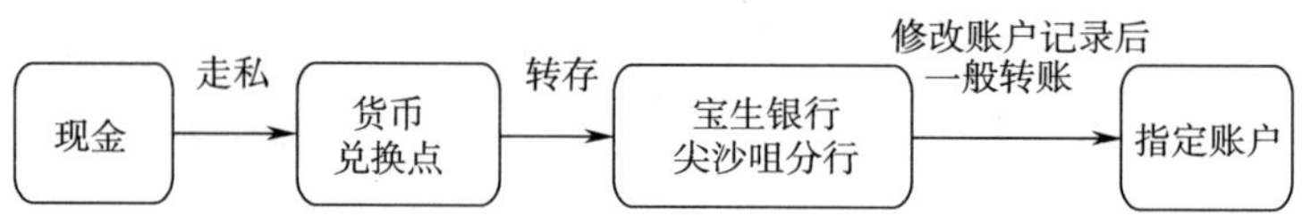

图1　跨境洗钱路线

二、利用替代性汇款体系向境外转移资产

替代性汇款体系在中国主要表现为地下钱庄。地下钱庄是为牟取非法利益，未经国家金融主管部门批准而擅自设立的非法金融机构的俗称。由于不同的地理环境和市场需求，地下钱庄在各地的“经营”形态也不同，主要有三类：一是以非法买卖外汇、跨境汇兑为主要业务的地下钱庄；二是以非法吸存、非法放贷为主要业务的地下钱庄；三是以非法典押、非法高利贷为主要业务的地下钱庄。上述的第一类地下钱庄为中国替代性汇款体系的主要形式，本课题所论及的地下钱庄即指第一类。

以人民币和外币的汇兑为例，其人民币与外汇的兑换和汇付以间接的方式进行，而不以直接汇兑的运作手法完成，人民币不必流出境外，外汇也不必流入境内，各自分别对应循环。同时，外汇资金运作由境内替代性汇款机构控制在境外循环，其外汇资金划转不经过境内而直接在境外完成操作。当境内客户在境外需要外汇资金时，替代性汇款机构先在境内收取人民币，之后指使境外代理人将外汇资金划到该客户指定的境外银行账户上；同样，当境外客户在境内需要人民币资金时，替代性汇款机构要求客户先将外汇汇入其控制的境外银行账户，然后在境内支付人民币资金。资金运作分境内、境外两方面进行，境内外各自设立网络，或互为分支网络。通过这种操作手法，境内、境外循环、对冲，人民币不必流出境外，外汇也不必流入境内，俗语称“打数”。

如果一国的境内某人欲通过替代性汇款机构汇款给境外某人，其大致的运作模式如图 2 所示（境外汇款给境内也同此理，但方向相反）。

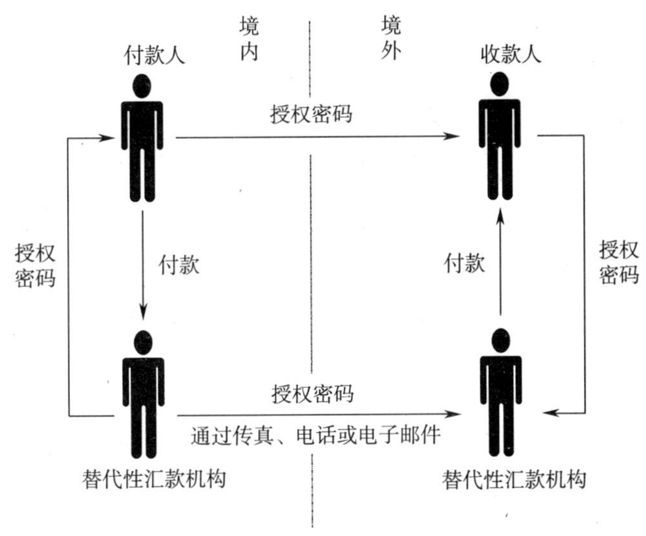

图 2　利用替代性汇款体系向境外转移资产

利用此种交易方式跨境转移资产的主体较为复杂，除了腐败分子和国企高管利用此种方式来转移其非法收入或将国有资产转移至国外侵占，还有海外劳工和留学生因为费用低廉、手续简单而以此方式汇款，甚至还有某些企业出于避税、逃税和享受外商投资优惠待遇目的而进行跨境转移其灰色资金，以及走私、贩毒等犯罪分子和恐怖分子以此方式转移其黑钱。

【案例三】李树彪挪用公款赌博案[①]

湖南省郴州市住房公积金管理中心原主任李树彪利用抵押贷款

① 欧阳卫民：《中外洗钱案例评析》，31－32 页，北京，法律出版社，2005。

和假委托贷款之名直接骗取公积金等手段挪用公款1.18亿元，不仅大肆挥霍，而且屡次通过珠海一地下钱庄兑换成港币到澳门赌博，造成了巨额资金损失。案发后，检察人员虽然尽力追回了4000余万元被挪用的公积金，但是尚有7747.5万元的资金亏空。

李树彪的赌资绝大部分是通过广东省普宁市的吴明丁、吴明光兄弟在珠海经营的地下钱庄转账至澳门。吴明丁以一个叫“讯达士多”的日杂百货店为依托，在深圳开设了多家空壳公司，利用“水客”携带资金出境。他们进出海关的主要目的，就是将商品以“蚂蚁搬家”的方式随身带过边防站，这样的商品包括化妆品、药品、手机及现金等。但按照当时的国家规定，每人一次只能带出现金8000港元，而李树彪每次出境的赌资都以数百万港元计，显然不可能完全靠“水客”。

调查表明，地下钱庄还有其他非法汇兑与带钱出境的途径，如通过自身在境外的公司可支配的资本来置换，或通过境外一些需要兑换人民币的公司进行置换。一些规模较大、运作时间较长的地下钱庄在境内外都保有巨额的人民币和港币现金，大多数时候根本不必带钱进出，每隔一段时间进行一次资金轧差以平衡账目即可。吴氏兄弟供认，其经营地下钱庄最赚钱的一项业务就是“洗码费”（地下钱庄将其在境外赌场为赌客们提供的服务称为“洗码”），其费率为千分之八。李树彪是VIP级别的“大客户”，每次到澳门，吴氏兄弟都派人专门为他“洗码”。

通常的做法是，李树彪通过化名将钱从郴州汇至吴明丁提供的账号，如深圳的金利来公司、珠海的万年华贸易公司等，均为吴明丁开设的空壳公司。表面上看是两家公司之间的正常账目往来，实际上是通过汇票从华新房地产开发公司汇到深圳金利来公司，然后，钱庄负责将这些汇款通过“水客”带到澳门。李树彪再凭钱庄提供的纸条，到澳门提款。吴明丁的地下钱庄为李树彪转移了25笔赌资，涉及的金额高达9087万元。

三、利用经常项目下的交易形式向境外转移资产

（一）进口预付货款，出口延期收汇

腐败分子利用国际贸易中进口商品预付货款、出口商品延期收款这一商业行为，实际达到将部分资金长期滞留在境外的目的。我国实行进口付汇核销和出口收汇核销制度，不法分子利用网上核销等核销程序中的薄弱环节，采取有问题核销、延期核销甚至逃避核销的手段，实现转移资金的目的。

以这种手段进行资金转移的腐败分子多是企业高管人员，通常能够同时影响国际贸易双方企业的行为，或者通过一个企业影响对方企业，或者在境外设立与境内企业具有关联关系的空壳公司。

【案例四】宋建平涉嫌贪污案①

2008年1月28日，号称山西“国企第一贪”的宋建平以贪污等罪数罪并罚，一审被判处无期徒刑，剥夺政治权利终身，没收个人全部财产。

宋建平原系山西大典商贸公司（以下简称大典商贸）的经理，大典商贸是山西省著名的进出口企业，进出口额连续多年位居全省前列。

宋建平被指控的最受关注的贪污情节之一是2004年3月至6月，宋建平将大典商贸与瑞士冶金国际资源公司焦炭出口业务中货款1798万美元（按当时汇率计算，约合1.5亿元人民币）藏匿国外。案发时，该款项没有汇入大典商贸账户，仍在该瑞士公司的账户上。

---

① 张伟：《“焦炭黑马”宋建平4亿贪案解剖》，载《中国经济周刊》，2008（9）。

【案例五】天津某国际贸易有限公司和某集团（天津）国际发展有限公司涉嫌骗汇案

天津某国际贸易公司是1996年成立的中外合资企业。该公司在1996年7月至1998年7月间，从某国有商业银行共开出24笔进口信用证，累计付汇4287万美元，其中1998年开出的3笔累计金额813.34万美元的远期信用证形成银行垫款。天津某国际发展公司是1992年成立的外商独资企业，1998年1月至6月在上述银行开出8笔进口信用证，累计付汇1770万美元，其中4笔累计金额为876万美元的远期信用证形成银行垫款。

上述两个公司法定代表人系夫妻关系。从进口合同上看，香港出口公司的签字人签字与这两个公司的签字人签字是同一人的汉字书写和汉语拼音书写。他们先通过单笔小金额的开证并履约，造成信誉良好的假象，随后单笔开证金额增大且违约，实现资金转移境外的目的。

（二）伪造佣金及其他服务贸易项目对外付汇

以虚构或虚增佣金、顾问费、技术专利费、广告宣传费等服务贸易项目对外付汇是非法转移资金的常用手段，相关部门审核此类服务贸易项目证明材料真实性的难度很大。例如佣金支出，境内机构可根据出口合同和结汇水单，伪造以任何国家或地区、任何公司或个人为收款人的佣金协议，以佣金的名义将资金汇往国外，完成资金的非法转移。

【案例六】黄宏生串谋盗窃上市公司资金、串谋欺诈上市公司案[①]

2006年7月7日，创维数码控股有限公司（香港交易所代码：

① 陈慧颖、卢彦铮：《黄宏生案香港开庭》，载《财经》，128－129页，2006（3）；陈慧颖：《黄宏生被判罪名成立》，载《财经》，94－95页，2006（14）。

0751）前董事会主席黄宏生和其胞弟、创维数码前执行董事黄培升，在香港区域法院被判串谋盗窃上市公司资金、串谋欺诈上市公司等罪名成立。

2001 年 1 月，黄宏生以“咨询费”名义，从创维数码的全资子公司创维集团有限公司账户中开具 50 万港元支票给雇员王鹏。该笔款项最后被分散转入黄宏生之母罗玉英名下，以及黄宏生与罗玉英任董事的万海发展有限公司和该公司绝对控股的中耀发展有限公司。

2000 年 11 月至 2004 年 10 月，黄宏生和其胞弟黄培升从创维数码的子公司创维光电科技有限公司，以“佣金”名义开具出一张 221 万港元支票给王鹏，并最终将这笔资金转至黄宏生兄弟直接或间接控制的银行账户。在此期间，兄弟二人还利用类似手法，先后开具九张支票向王鹏支付“佣金”，一共从创维数码的子公司创维集团有限公司支出约 4838 万港元。

王鹏仅有中学学历，曾帮助黄宏生之母罗玉英收租。2000 年创维数码上市，当年 11 月，王鹏就被创维集团有限公司聘为顾问。被雇用当月，黄宏生就签署文件授予王鹏 2500 万股创维数码期权，这是创维数码授予雇员的最大一笔期权。王鹏承认，在黄母罗玉英的授意下，王鹏签署了同创维的顾问合同，开立了本案资金转移所需要的香港、澳门的银行账户，以及香港证券经纪行的交易账户，并签下空白支票。

经调查，创维数码在澳门鲜有业务，却在澳门汇丰银行开立账户，澳门成为黄氏兄弟窃取上市公司资金的中转站。黄氏兄弟首先将资金转入创维数码在澳门的账户，进而转入王鹏在澳门的私人账户，最后通过一系列操作，转入由黄宏生、黄培升、罗玉英直接或间接控制的银行账户。

（三）通过企业之间的关联交易实现向境外转移资产的目的

境内企业向境外关联企业高价购买原料、产品或高额分派红利等，甚至与关联企业虚构商业往来，趁机将资金汇出。资金一旦出境，实际付汇中的部分甚至全部资金，便立即为腐败分子掌控占有。

使用该手段的腐败分子多为关联企业的管理人员，或与关联企业集团有特殊关系的人员，如政府监管部门工作人员、与企业有长期往来的银行员工等。震惊中外的广东开平中行案中，许超凡等人就是通过对境内外多家公司的同时控制，以公司间资金往来、虚假交易或关联交易等形式来实现大笔资金的转移。

【案例七】中国银行广东开平支行案①

中国银行广东开平支行前行长许超凡与其两位继任者余振东、许国俊等人利用职权，在9年内贪污挪用公款4.83亿美元，这是新中国成立以来我国最大的监守自盗案。被盗资金通过洗钱被转入许超凡等人在香港和加拿大的个人账户。许超凡等人的洗钱流程简述如下：许超凡将贪污挪用款项以投资的名义投入开平涤纶集团新建厂，再利用公司间资金往来的方式经该厂的银行账户转账至许超凡设立并控制的香港潭江实业有限公司，进而通过香港潭江实业有限公司将资金以公司经营所得的形式转至香港或海外的其他账户（见图3）。其中，香港潭江实业有限公司和开平涤纶集团是资金转移的关键点。

早在1991年11月，余振东、许超凡等人就在香港成立潭江实业有限公司，公司为许日成、黄雪梅夫妻所有，许日成为许超凡堂兄。潭江实业有限公司主要经营物业、外汇、股票、期货指数买卖，同时也为余振东、许超凡和许国俊提供赌资。身为银行最下层分支机构的负责人，许超凡等无权将资金划至境外，然而，有了开平涤纶集团的“鼎力相助”，就有了出境的绿色通道。开平涤纶集团资产规模位居全国五百强之列，拥有开平唯一的上市公司——开平春晖（股票代码：000976），是当地最具影响力的支柱企业，有着广泛的国际业务往来。从1993年开始，中国银行开平支行就向涤纶集团等

① 陆磊：《开平教训：从集体腐败到集团腐败》，载《财经》，67－70页，2005（17）。

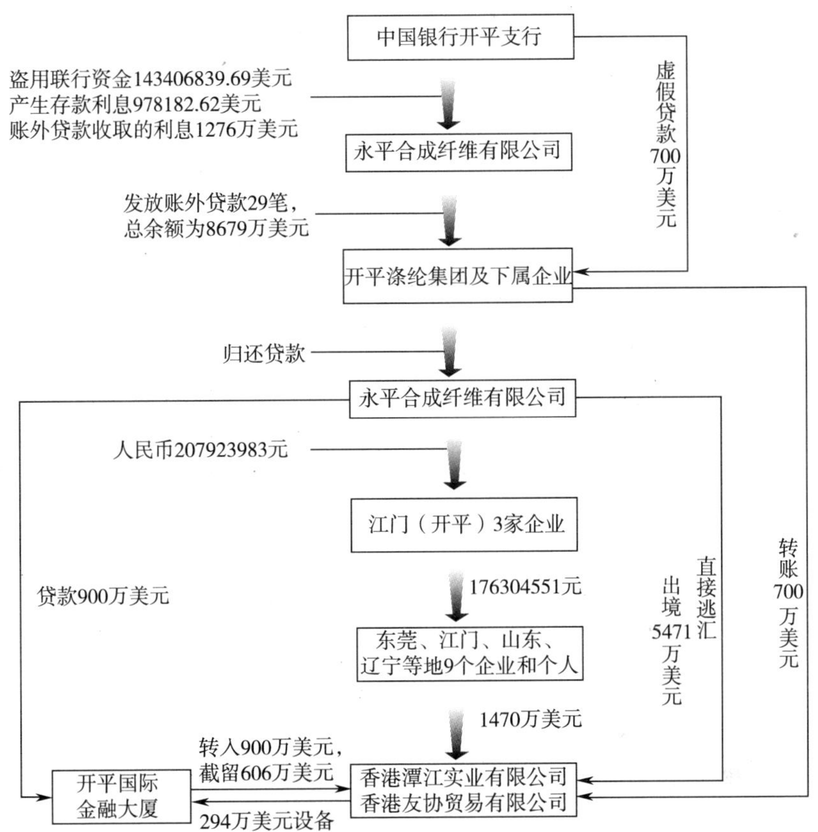

图3　中国银行开平支行被贪污现金流向

企业发放账外贷款，并利用涤纶厂开立账外经营账户。银行获得账外收入，企业获得资金，银行与企业之间形成了账外经营的利益共同体，并成为银行胁迫或激励企业与之共谋洗钱的第一步。之后，余振东、许国俊向华士达制布企业有限公司等八家企业的负责人提出配合办理贷款的要求。在八家企业同意的情况下，余振东与许超凡指使下属工作人员，以上述八家企业的名义办理虚假贷款15笔，合计金额人民币2.7932亿元。当然，更多的虚假贷款，均是通过与中国银行开平支行关系更为密切的涤纶集团进行的。

自1998年3月起，许超凡等人主要将盗窃资金划入开平涤纶旗下的两家新建工厂账户，再经两厂的银行账户，通过虚假交易，转账出境至香港潭江实业有限公司。盗窃资金进而从潭江实业有限公司转至许超凡等人在香港或海外的私人账户，其间还通过澳门渠道洗掉资金的来源。据中国银行申请的冻结令所称，1998 年后的两年间，这一路径共汇出资金 16 笔，总计 7500 万美元。

（四）利用假的进口合同骗取外汇管理部门核准外汇汇出境外

腐败分子利用本企业或有特定关系的企业，伪造没有实际商品买卖的进口合同，骗取核准汇出外汇，以表面上合法的手续转移贪腐收入。采用此方法转移资金的腐败分子多数可便利地支配以进出口贸易为经常业务的企业，他们或是这些企业的管理人员，或者与这些企业关系密切。

【案例八】戴成文受贿、挪用公款案

2007 年 4 月，天津渤海化工原董事长兼总经理戴成文因受贿 215 万元人民币、挪用公款 508 万美元，被唐山市中级人民法院判处有期徒刑十一年。

戴成文 1995 年至 1999 年曾任天津渤海化工集团公司董事长、总经理和天津渤海化工（集团）股份有限公司董事长、总经理，享受副部级待遇。

1997 年，临近退休的戴成文未经渤海化工领导集体同意，以渤海化工的名义与荷兰欧加华公司控制人宋宝贵在香港注册成立了香港渤华公司。根据当地法律，注册成立公司无资本金限制，渤华公司实为“空壳公司”，但戴成文、宋宝贵等人还是签订协议：戴成文拥有渤华公司股份的 60%，宋宝贵占股 20%，宋宝贵之妻占股 20%。戴成文承认，成立渤华公司是为其日后退休安排“退路”。成立当年，因宋宝贵反映渤华公司缺运营资金无法经营，戴成文便擅自将渤海化工 508 万美元公款挪用给渤华公司。戴成文本拟将该款项以渤海化工境外投资的名义汇至香港，但由于外汇管理部门对资本项下资金转移的严格审查而未获成功。戴成文遂与宋宝贵密谋，签订渤海化工进口工业原料色酚的虚假贸易合同，以贸易的名义通过工商银行塘沽分行将款项转至境外。后经查实，该款项马上被宋宝贵从香港转至其在美国的个人账户挥霍使用。

【案例九】成克杰案

广西壮族自治区政府原主席、全国人大常委会原副委员长成克杰因受贿罪被执行死刑，这是新中国历史上因经济犯罪被处以极刑的职位最高的领导干部。

为了掩盖其非法收入，成克杰通过张静海等不法分子，采用非常隐蔽的手法来清洗黑钱，其洗钱途径简述如下：成克杰将受贿所得4109万元交给香港商人张静海，张静海利用香港公司的名义，将款项转入成克杰以其情妇李平的名义在香港注册的一家空壳公司。该公司虽然没有业务，但为掩人耳目，还是伪造经营活动，请会计师做虚假账目，缴纳企业所得税、个人所得税等，以此为代价将资金洗白，并转入成克杰指定的银行账户。

成克杰案的案发，源于香港某银行发现该贸易公司在本行的账户经常收到从广西转入的大宗款项，金额动辄近千万元。但银行留存的该公司客户身份资料显示，公司规模与此巨额交易量不符。银行遂将这些资金转入作为可疑交易报告香港联合财富情报组(JFIU)。后经两地警方侦查，发现该公司是专门为成克杰清洗受贿所得而设立的。成克杰将收受的巨额贿赂以贸易为名转入该公司，谎称正当营业收入，并缴纳税款，以清洗赃款。

【案例十】中国银行广东开平支行案所涉及的虚假合同

开平案中许超凡等人共谋通过非法贷款的形式，将资金转移至香港，但其前提是先在香港设立壳公司。于是，许超凡等人利用与银行高层的关系，在没有合法文件的条件下，在香港成立了谭江实业有限公司和友协贸易有限公司，由许日成（许超凡堂兄）等人担任董事，并且根据许超凡的指示，这两家公司对外均声称为中国银行拥有的投资公司。

此后，许超凡等人先后利用虚假资料从开平支行发放贷款给内地一家公司 Polyester Enterprises Group（该公司由潭江实业有限公司股东梁树湘经营），以与潭江实业有限公司有业务来往（购买原材料）为由，违规发放贷款，再由该公司将资金转移至潭江实业有限公司账户；或者，直接向潭江实业有限公司发放贷款，或者通过地下钱庄将资金转移至潭江实业有限公司，再转往美国等地的赌场。

事实上，除了上述“业务”，潭江实业有限公司几乎没有任何业务。根据控方聘请的会计专家 Michael Grimsdick 的证词，潭江实业有限公司在涉案期间的现金收入远远超过其声称的业务收入。以1998年为例，该公司全年资金收入为14亿港元，但与业务有关的只占不足7%。

（五）少报出口，多报进口

很多有进出口业务的企业以“高报进口，低报出口”的伎俩瞒天过海：在进口时，高报进口设备或原材料的价格，然后从国外供货商手中索取回扣，分赃款，并将非法所得留存在国外；在出口时，则大肆压低出口商品的价格，或采用发票金额远远低于实际交易额的花招，将货款差额由国外进口商存入出口商在国外的账户，有的腐败分子在境外银行直接开设有个人账户。

四、利用投资形式向境外转移资产

此类资金转移的特点是资金向境外转移在形式上基本合法，通常以企业正常海外投资的形式转往国外。资金性质的改变发生在境外，在境外被腐败分子非法占有或挪作他用。采用此种手法转移资金的多为大型企业高管人员或某项具体业务的负责人员。案例表明，发案企业大都具有制度的严重缺陷，个别领导者或工作人员的权限得不到有效的监督。腐败分子利用境内公司总部对外投资资金监管的“鞭长莫及”，滥用权限调动、侵占国有或集体财产。

【案例十一】李化学贪污受贿案

北京城乡建设集团有限公司原副总经理、恒万实业有限公司原董事长李化学（副局级），在担任北京城乡建设集团有限公司澳大利亚房地产开发负责人及恒万实业有限公司董事长期间，贪污1145万元，受贿68万元，挪用公款50万元。2003年4月3日，李化学被北京市高级人民法院终审判处无期徒刑，剥夺政治权利终身。

1995年7月，北京城乡建设集团有限公司向海外拓展业务，由李化学负责在澳大利亚经营房地产项目。但当北京城乡建设集团有限公司的2700万元一转到澳洲，就完全被李化学和其兄李化民（澳大利亚籍）操控。在澳大利亚期间，任何资金的动用，李化学均不向国内报告，即使国内询问，他也编造各种理由进行欺骗，巨款事实上已处于失控状态。为了掩人耳目，李化学先是用其中的部分款项，以李化民空壳公司的名义在悉尼购买了地皮开发房地产，又以这些地皮和房子作抵押，在澳大利亚的银行申请贷款继续开发。而另一部分巨款则被他兑换成103万美元，分两次转入其在新西兰的个人账户。

1999年9月，北京城乡建设集团有限公司与李化学之兄在澳大利亚的别墅合作项目完工后，李化学竟将别墅产权登记在其名下。本应属于北京城乡建设集团有限公司、价值800多万元人民币的房产被李化学设套侵吞。1998年12月，李化学将北京城乡建设集团有限公司在澳大利亚的工程投资款，一次抽出25万元转入情妇高某某在新西兰的个人账户。他还谎称为在新西兰的工作人员解决住房，以16万余新西兰元购买了一栋住宅，然而公司员工只住用了几天后，住宅就变成他和情妇的家。2000年2月13日，出逃后的李化学将该处房产变卖为17万新西兰元后，转入其情妇个人账户。2000年8月，李化学被引渡回国。

【案例十二】梁福钊贪污、受贿、挪用公款案①

2006年9月18日，佛山市禅城区原区委副书记、常务副区长梁福钊因犯贪污罪、受贿罪、挪用公款罪，数罪并罚，被判处有期徒刑十五年。

梁福钊挪用公款的犯罪行为，多在香港发生。当地国有公司在香港的投资实体，成了梁福钊挪用公款的"中转站"。1997—2002年，梁福钊多次前往香港和澳门赌场进行赌博活动，并欠下巨额赌债。梁福钊利用其担任南海市副市长，并兼任中国南海发展有限公司董事长、南海市中南发展集团有限公司总经理等职务的便利，多次从上述公司及其下属公司挪用巨额公款，用于归还赌债。

南海市中南发展集团有限公司为国有独资公司，其下属公司包括南海市中南经济发展有限公司以及在香港的中国南海发展有限公司（以下简称香港中南公司）。1998年5月，梁福钊为归还欠澳门赌场"叠马仔"的100万港元赌债，指令香港中南公司划款100万港元到"叠马仔"在香港银行的私人账户，以公款归还赌债。1998年10月，为归还在澳门赌场所欠100万港元赌债，梁福钊先通过香港华殷国际公司划款100万港元代其归还债主，后又指令香港中南公司划款100万港元归还香港华殷国际公司。1998年12月，梁福钊因欠赌债无力偿还，便找到时任南海平洲镇委书记的莫某，以"帮助香港中南公司解决资金"为由向莫某借款140万港元。莫某指令香港鸿晖公司（系平洲镇属广东鸿晖集团公司驻港的办事机构）划款140万港元到梁福钊提供的香港顺创公司的账户。梁福钊用该款偿还赌博欠款后，指示中南经济公司划款161.65万元人民币（折合140万港元）归还广东鸿晖集团公司。2002年7月，梁福钊为偿还欠澳门赌场的90万港元赌债，指使中南经济公司划款1000万元人民币到谢某在东莞的收款账户，通过谢某兑换港币给香港中南公司

① 广东省佛山市中级人民法院刑事判决书（2006）佛刑二初字第37号。

使用。同时，梁福钊指使谢某将其中的100万元人民币截留下来，并兑换成90多万港元，由谢某从香港携现金到澳门交给梁福钊。梁福钊将此90多万港元用于偿还赌债。

【案例十三】姜剑英贪污、挪用公款案①

姜剑英曾任897单位派驻香港某公司董事长，该驻港公司属于国有公司，姜剑英系国家工作人员。1993年至1998年，姜剑英利用职务便利，多次贪污、挪用公款。

1996年2月26日，姜剑英将其女儿黄伟焘的留学签证咨询费10750美元（折合人民币83151元）在本公司（897单位驻港公司，下同）报销。姜剑英为给其女儿黄伟焘办理出国手续，在本公司虚设黄伟焘的工资账户。1996年6月7日，姜剑英以为黄伟焘支付工资为名，侵吞本公司的公款2.2万港元（折合人民币23648元）。897单位驻港公司分别于1995年2月、1996年3月垫付了姜剑英的个人所得税6万余港元。1997年3月30日，姜剑英以公司董事应酬较多，部分费用无法报销为由，指使本公司财务人员将公司为其垫付的个人所得税款，作为交通费、应酬费平账，从而侵吞公司公款65617港元（折合人民币70679元）。

2001年3月1日，姜剑英因贪污罪和挪用公款罪并罚，被执行有期徒刑十六年。

管理人员利用本企业或政府部门在境外及港澳台地区设立的分支机构或派驻机构转移资金或贪污受贿的案例还有：云南玉溪红塔烟草（集团）有限责任公司原董事长、总裁褚时健贪污案；佛山市中宝企业集团公司原董事长、总经理，曾任中国建设银行佛山市分行汾江支行行长、党组书记，兼任香港讯华发展有限公司董事长陈柏灵贪污案；中国银行顺德支行原行长何联升贪污、受贿案；珠海市卫生检疫局原局长陈伟南贪污、受贿案。

---

① 北京市第一中级人民法院刑事判决书（2001）一中刑初字第6号。

五、利用信用卡工具向境外转移资产

腐败分子或其特定关系人通过在境外使用信用卡大额消费或提现来实现资金向境外转移。目前，我国对此类经常项下的个人支付没有严格的外汇管制或限制。而对于各发卡机构来说，只要持卡人单次消费或提现是在信用额度内且按时还款即可，并不作累计消费或提现的限制（目前绝大多数发卡银行不对境外信用卡消费收取手续费，对境外提现虽收取一定的手续费，但并不能对洗钱分子构成实际障碍）。这就为腐败分子利用信用卡进行资金境外转移提供了可乘之机：一方面在境外大量消费或提现，另一方面在国内贪污受贿并以此还款。由于多数信用卡可以实现币种即时转换，所以还款人甚至无须兑换外币而直接以人民币还款即可。同时，由于近来我国国内个人信用卡市场呈井喷式发展，各银行为拓展信用卡业务，采取各种手段加大发卡量，甚至将信用卡发放业务外包。银行对于信用卡申办和使用的管理尤其是申请人身份的识别工作严重滞后于发卡数量的膨胀，更为腐败分子提供了方便。

2004 年 9 月，澳门正式开办内地银联卡业务，200 余家澳门商户接受内地游客使用银联卡付款，持卡人也可在澳门 125 台 ATM 上提取现钞。目前，银联卡在澳门的市场已具较大规模。截至 2007 年 3 月末，银联的合作商户达 2170 家，POS 终端 2999 台，ATM 207 台。2007 年第一季度的总交易笔数达 44 万笔，清算总金额高达 44.4 亿澳元①。银联卡在为境内人员赴澳门观光、旅游等消费提供方便的同时，也为境内腐败人员跨境转移资金提供了便利条件。

比如，江苏省海门"豪赌镇长"张健利用职务便利谋取巨额赌资，2003 年 7 月至 2005 年 8 月，先后 48 次到澳门赌博，一共输掉

① 李宇：《银联网络年底扩至 30 个境外地区，计划实现银联卡的全球受理》，载《中国证券报》，2007－06－19。

1800多万元人民币。张健通常用随身携带的一张银行卡透支消费，用于在澳门赌博，而张健回到境内后，再挪用公款填补银行卡透支额度。再如，广东中山某公司女出纳在澳门狂赌，此人利用管理公司银行账户的巨额资金的便利，多次携带银行卡赴澳门赌博，前后共赌输了100多万元，其中有95万元是挪用的公款。

【案例十四】金某使用信用卡境外挥霍贪腐资金案①

尚在侦办中的某市贪腐大案中，已查实其中一涉案人金某在2001年到2005年，利用信用卡多次在境外赌博和奢侈消费，将在国内的几千万元人民币的不法收入挥霍一空。金某在国内申办了多张信用卡，将巨资存入卡中，携卡到马来西亚和澳门等地赌场赌博。这些赌场能够投其所好，接受刷信用卡购买赌博筹码，为资金转移提供了方便。另外，调查中还发现，金某还利用这些国家和地区的监管漏洞，在一些典当行和奢侈品买卖场所以购买商品的名义套现，完成资金境外转移。

六、利用离岸金融中心向境外转移资产

离岸金融中心，也叫“离岸中心”，是指以外币为交易（存贷）标的、以非居民为交易对象从事金融业务的市场。它与经营居民之间以及居民与非居民之间金融业务的在岸金融市场相对。有些离岸中心如伦敦、纽约、香港、新加坡等法制健全、监管严格，不容易为犯罪分子利用。这里所关注的主要是那些监管制度极其宽松和低透明，也被称为“避税天堂”和“洗钱天堂”的离岸金融中心，如英属维尔京群岛、开曼群岛、萨摩亚、百慕大等加勒比海和太平洋所属的众多全球著名的离岸中心。这些地方没有相关税收和资本管制，宽松的金融监管对建立金融机构基本没有限制，对于设立空壳

① 本案例中金某系化名。

公司、信箱公司等不具名公司也敞开大门。洗钱分子能够在这些地方进行匿名存储、设立匿名公司，使犯罪收益难以被发现。

离岸金融中心常被我国腐败分子利用，转移、侵吞国有资产。这些人多为上市公司或国有企业的高管人员，主要采用以下步骤：

第一步，转移企业资产。企业管理层与境外公司通过“高进低出”或者“应收账款”等方式，将国内企业的资产掏空。以前，这类境外公司一般都是与企业管理层合谋的外商所设立，如今，很多内地企业或企业管理层都已经拥有自己的境外“皮包公司”（离岸公司）。“高进低出”，就是企业以远远高于市场价格的价钱向离岸公司购买原料、设备，而以远远低于市场价格的价钱向这个离岸公司出售货物。通过这种方式，把国内企业的资产通过貌似正常的交易转移到境外。“应收账款”方式转移资产，就是国内出口企业将货物卖给离岸公司，但不收货款，只在账面上借记“应收账款”。此举可以达到规避外汇管制、侵吞企业资产的目的。此外，因为素有“避税天堂”之称的离岸金融中心基本不对注册企业征税且监管极松，所以，腐败分子们通过设立的离岸公司尽可以坐享这些不义的高额利润。

第二步，销毁证据，漂白身份。腐败分子通过第一步将公司或国有资产转移至境外后，比较容易被监管部门或企业的下一任管理层发觉。为此，他们实施第二步：故意将企业做亏、做垮，然后用少量资金收购。因为通过境内企业进行并购颇为显眼且易于被调查监管，而用外企的身份尤其是离岸公司来购买，就很容易掩人耳目，而且离岸公司的实际控制人往往因离岸中心的保密制度而处于匿名状态。所以，一个离岸公司粉墨登场，它既可能是之前“大发横财”的公司，也可能是另注册的公司，堂而皇之地吃掉了受害企业的最后残骸，同时将第一步中的“偷盗”行径彻底抹净。

【案例十五】中川国际案①

2006年6月，成都市中级人民法院以合同诈骗罪、职务侵占罪、挪用资金罪，判处中国四川国际合作股份有限公司原董事长丛钢无期徒刑，并处没收个人全部财产，判处原总经理安国胜、原财务总监漆零春有期徒刑二十年，并处没收个人全部财产。

中国四川国际合作股份有限公司的前身是中国四川国际经济技术合作公司，当时为国有独资公司，是1980年经国务院批准成立的全国第一家省级对外经济技术合作公司，1993年改制成为中国四川国际合作股份有限公司。1994年公司公开发行2000万新股并在上交所上市交易，成为外经贸系统国内第一批上市公司，在股市被简称为“中川国际”。

1999年5月，经过前期数年的资本运作，丛钢、安国胜、漆零春以某公司的名义成为中川国际公司控股股东（持股51.12%），分别担任公司副董事长、董事总经理、董事财务总监，掌握了中川国际公司的决策权和经营管理权，并开始了侵占公司财产的活动。

（一）以剥离“不良资产”为由侵占资金

为达到非法侵占中川国际公司资金的目的，丛钢、安国胜、漆零春共谋利用职务便利，以剥离“不良资产”为由将资金侵占。被丛钢等人视为“不良资产”的是中川国际公司持有的香港汇康有限公司股权和中川国际的子公司香港冠瑞发展有限公司。早在1993年1月，中川国际公司出资6500万港元购买了香港汇康公司50%的股权，后又获得了4329万余元人民币债权。2001年9月至11月，丛钢等人安排中川国际公司和四川外经实业股份有限公司等签订协议，让四川外经公司替中川国际公司偿还银行2亿余元债务，同时中川国际公司将持有的汇康公司4329万余元人民币债权转让给四川外经

① 谷萍：《仨高管掏空上市大公司——揭开中川国际公司重组骗局》，载《检察日报》，2006-06-10。

公司。香港冠瑞发展有限公司则是中川国际公司在香港的全资子公司，至1999年年末中川国际公司对该子公司累计投入3700万港元。

2000年3月，中川国际公司召开第三届董事会第8次会议。会上，丛钢、安国胜、漆零春以剥离“不良资产”为由，提议将公司持有的香港汇康有限公司50%股份和香港冠瑞发展有限公司的全部权益以1.02亿港元的价格转让给全球信息科技有限公司，并获得通过。而这个所谓全球信息科技有限公司（英文缩写为GITL公司）是一家在英属维尔京群岛注册的空壳公司，该公司登记的负责人虽然不是丛钢，但实际上是由其控制。

2000年6月至2001年6月，在GITL公司根本没有购买资金的情况下，丛钢、安国胜、漆零春操纵中川国际公司下属公司从银行获取贷款，代GITL公司向中川国际公司支付了上述转让款，接着又在转款当天采取虚构事实，制作虚假“长期投资”、“应收款”账目，将全部款项转回中川国际公司下属公司用于归还银行贷款。这样三人顺利地以其控制的GITL公司将中川国际公司价值1.02亿港元的资产占有。2002年，升任中川国际公司董事长的丛钢以公司受GITL公司和四川外经公司委托之名，向汇康公司行使50%的股权和4329万余元人民币的债权，收回了大量资产，后设法占为已有。

（二）采取股权转让方式大肆腾挪资金

2001年12月至2003年6月，丛钢、安国胜、漆零春在未经公司董事会决定、授权的情况下，为掩人耳目，以保障公司资金安全为由，共同数次将1865万美元转至原系中川国际公司控股的香港盈锋公司的账户。之后，丛钢、安国胜、漆零春采取多次股权转让的方式，使中川国际公司丧失了对盈锋公司股份的持有，将该公司实际变成三人个人操控的账户。而后，他们又将这些资金转入其利用盈锋公司名义分别在两家银行开设的“离岸账户”，并以此为三人实际控制的其他公司办理承兑汇票提供质押担保，造成1350万美元的损失。

七、海外直接收受

海外直接收受是指腐败分子并不从国内向境外转移资金，而是在境外直接完成贪污、受贿等过程。例如，发案单位在国外进行采购时，有实际控制权的腐败分子可以通过暗箱操作得到巨额回扣。这些回扣不转到中国，而是直接存入腐败分子在境外银行的账户，或转换成境外的房屋等不动产。更隐蔽的做法是不涉及现金，而以安排子女留学等方式作为交易。以这种方式进行的贪污腐败活动虽然在表面上没有资金的外逃行为，但实际仍是钱权交易，交易的背后一定有权力的滥用，以牺牲国家或集体利益为代价。采取此种方式收受贿赂和贪污资产的多为有一定级别的国家公务人员或大型国有企业的管理人员。他们手中拥有赖以“寻租”的权力，但由于法律法规和企业规章的严格限制，通常不能或不屑于以现金携带、地下钱庄、开办境外公司等方式转移资金。

【案例十六】马向东贪污、受贿、挪用公款、巨额财产来源不明案①

2001 年 10 月 10 日，沈阳市原副市长马向东因犯贪污罪、受贿罪、挪用公款罪、巨额财产来源不明罪，被判死刑，剥夺政治权利终身，并处没收个人全部财产。同案犯辽宁省沈阳市城乡建设委员会原主任宁先杰、辽宁省沈阳市财政局原局长李经芳也分别受到法律严厉制裁。马向东等人贪污、受贿、挪用公款，均有在内地以外（香港）发生的情节。

（一）关于贪污的事实

1998 年年末，沈阳市政府决定用 900 万元人民币奖励对沈阳市招商引资有贡献的港商何耀焜和刘松灿，并将此款兑换成 100 万美元汇至香港。1999 年春节前，马向东、宁先杰、李经芳受市政府委

① 江苏省南京市中级人民法院刑事判决书（2001）宁刑初字第 110 号。

派赴港发放奖金。到港后，马向东将上述100万美元中的48万美元发给两位获奖人士。此后，马向东将余款中的12万美元私分给宁先杰、李经芳各4万美元，马向东自己占有4万美元。

（二）关于受贿的事实

1997年，马向东、宁先杰经常到港澳等地赌博。为此，两人共谋向私营企业“借”一笔钱汇到香港。同年7月，马向东、宁先杰分别利用职务之便，为私营企业华阳物业（沈阳）集团有限公司华阳大厦工程减、免、缓电贴费和联建费等1200余万元人民币。后马向东指使宁先杰向该公司总经理高万峰索取50万美元，并由宁先杰安排高万峰将钱汇往香港罗晓明（宁先杰的朋友）的账户。该款最终被马、宁二人赌博挥霍。

（三）关于挪用公款的事实

1998年12月，马向东指使宁先杰、李经芳和香港居民尤雅雪在香港注册成立定志有限公司，李经芳为董事长，宁先杰、尤雅雪为董事，尤雅雪并任经理。1999年1月，马向东代表沈阳市政府在香港向港商何耀焜、刘松灿发奖金后，指令随行的李经芳通知有关单位将发放奖金剩余的40万美元打入定志有限公司账户。至案发时，已有部分资金被用于支付尤雅雪工资及马向东、宁先杰、李经芳的赌资。

【案例十七】霍津义贪污、受贿案①

2007年10月10日，天津北方国际信托投资股份有限公司（以下简称北方信托）原董事长、总经理霍津义因犯贪污罪、受贿罪，被判无期徒刑，并处没收个人全部财产。

霍津义的受贿事实，有一项在香港完成。2002年四五月间，同案另一被告人王文胜以重庆康维斯商贸公司的名义，欲收购北方信

---

① 天津市第二中级人民法院刑事判决书（2006）二中刑初字第138号；国家外汇管理局天津市分局调查材料。

托所持有的易方达基金股权。王文胜经人介绍与霍津义相识，通过协商，霍津义同意以每股1.5元的价格将北方信托持有的易方达基金2000万股股权转让给王文胜。在此期间，王文胜许诺每股另加0.1元给霍津义个人。2002年6月，王文胜在香港渣打银行个人账户支取190万港元，并在香港霍津义居住的酒店内交给霍津义。而后，霍津义将该款投入香港股市进行个人投资。

该笔受贿款所购的股票于2003年被霍津义转至香港英杰公司的股票账户，而英杰公司正是霍津义2002—2003年指使手下职员以职员个人名义在香港购买或注册的若干家公司之一。这些公司在香港为北方信托甚至霍津义本人进行股票投资，购买和注册的费用都以咨询费和差旅费等形式在北方信托报销。

【案例十八】张恩照受贿案①

2006年11月3日，中国建设银行原行长张恩照受贿案一审判决，法院认定张恩照2000—2004年在建设银行任职期间，非法收受他人给予的款物共计419万元人民币，因此以受贿罪判处其有期徒刑十五年。然而，中国法院审理过程只认定了张恩照受贿的“中国部分”，实际上张恩照的受贿情节可能不止如此。

张恩照案的发案，源于其本人在美国一家法院遭到起诉，涉嫌收受100万美元贿赂。大量证据显示，张恩照收受美国Fidelity全国金融公司（FNF）及其旗下子公司Fidelity信息服务公司（FIS）大量贿赂，进而促成中国建设银行决定采购FIS提供的高级信贷解决方案服务管理系统（the Advanced Lending Solution Servicing Manager），交易总额达1.76亿美元。

张恩照的境外受贿主要为接受对方提供的高额消费，根据当地

① 李昕、郭琼、王丰、赵逸获：《张恩照案新回合》，载《财经》，60－62页，2006（6）；王丰、凌华薇、吴小亮、曹海丽、康理诚、卢静娴：《张恩照美国被诉》，载《财经》，20－30页，2005（5）；吴立国：《2006腐败案件精评（下）》，载《中国经济导刊》，49－50页，2007（2）。

法律，属于涉嫌受贿。这些消费包括：张恩照卵石滩高尔夫球之旅（FIS 支付张恩照包车、打球、住宿费用共近 5000 美元），张恩照与其妻张俭到伦敦探望儿子的住宿、张俭由香港飞往上海的机票，张恩照之子与三名友人在美国洛杉矶和拉斯维加斯旅行三天的费用，以及张恩照之子在香港和上海间多次往返机票、与同伴在浙江舟山庆祝 2004 年新年的部分花销等。其中，2002 年 5 月，张恩照受 FNF 前身 AIS 邀请，携带两名友人前往加州卵石滩高尔夫球场打球。卵石滩（Pebble Beach）是世界上最昂贵的高尔夫球场，美国司法曾有判例，请政府官员到 Pebble Beach 打高尔夫球会被判定贿赂。正是在这次加州高尔夫之旅中，张恩照与当时陪同的 AIS 国际部总裁吉姆·威尔逊共同商定，签署了建设银行与 AIS 之间的新合同。

2002 年 5 月，张恩照夫妇要去伦敦，要求 FIS 为其预订旅馆。FIS 的亚太业务执行董事约翰·黑利指示该公司伦敦雇员："……张行长是中国第五大银行（编者注：原文如此）建设银行行长，我们要跟他建立关系，安排一下旅行事宜。"结果，FIS 为张恩照夫妇安排了每天超过 185 英镑的房间。起诉书称，此次"帮忙"见效明显，当年 5 月 15 日黑利即接到北京雇员通知，建设银行已经决定再次开始接触 FIS。2004 年中国国庆节期间，应张恩照要求，FIS 安排他和随行人员到美国佛罗里达州游玩。威尔逊在给 FIS 董事长的电子邮件中强调了此行的重要性："在过去的 18 个月里面，建设银行付给我们 1100 万美元，我们相信今后的 12 个月或者 18 个月中也会得到类似的收益……行长就快到美国度假，我希望能用公司的喷气式专用机把他从旧金山送到杰克逊维尔（FIS 总部所在地，位于美国佛罗里达州）。"证据显示，FIS 公司最终照单全付：公司专机接送张恩照一行横穿美国、乘坐加长轿车观光、在豪华海滨餐馆就餐，等等。除了价值十多万美元的报销，控方认为 FIS 向张恩照直接行贿 105 万美元。据称，AIS 向张恩照本人支付了 100 万美元，这笔费用以咨询费的形式付出，通过张恩照的关系人、香港居民鲍比叶（Bobby Yip，叶向平）控制的一家设在开曼群岛的公司 Prosten 支付。

八、通过在境外的特定关系人转移资金

近年破获的贪腐大案显示，通过在海外的特定关系人转移资金成为贪污腐败分子转移资金的新趋势。最高人民法院和最高人民检察院对特定关系人的司法解释是“与国家工作人员有近亲属、情妇（夫）以及其他共同利益关系的人”。此类参与转移资金的特定关系人在他国均已取得合法身份，或者是留学，或者是他国居民或公民。境内的腐败分子一方面可以通过其特定关系人以合法手续携带或汇出资金；另一方面，这些特定关系人利用其国外身份在当地注册企业后，以投资形式在中国开设机构，然后以关联交易等形式更堂而皇之地转移资金。

【案例十九】毕玉玺受贿案①

2005 年 3 月 16 日，北京市交通局原副局长毕玉玺因涉嫌受贿、私分国有资产，被北京市第一中级人民法院判处死刑，缓期执行。毕玉玺之妻王学英和其子毕波也分别以受贿罪和转移赃物罪被判处有期徒刑十年和有期徒刑三年缓刑三年。

在英国留学的儿子毕波，是毕玉玺敛财的最大动力和转移资金的重要渠道。毕玉玺夫妇逢人就夸自己的儿子好。一次，某建筑公司老板张桂军和毕玉玺吃饭，听说毕波要出国，就从自己的存折上提了 5 万美元送给毕玉玺。

毕波出国后，2003 年 8 月，张桂军和毕玉玺夫妇吃饭，王学英仍不住口地夸儿子聪明，只是“在国外很苦，需要花钱的地方多”。第二天，张桂军把自己的存折、密码和身份证一起送给了王学英，里面共有 18 万美元。可是不久，王学英又把钱给退了回来，原来是

---

① 曹海丽：《毕玉玺一审被判死缓》，载《大陆桥视野》，74－75 页，2005（5）；人民网海南视窗，http：//hi. people. com. cn/2005/10/27/196361. html，2008/4/1。

毕玉玺觉得数额太大怕有风险。然而张桂军并没有放弃，他又往存折里存了5万美元，再次送给了毕玉玺。这次王学英没有再退回，而是一次性把这笔钱转到了儿子的账上。此举让张桂军又从“老毕”手里赢得了6个工程。

平时，王学英经常故意在公开场合表示，儿子毕波留学费用高昂，暗示他人“送钱”。按照毕玉玺的指点，行贿人总是把钱通过花旗银行汇入毕波在英国开设的账户，让毕波需要时随时提取。2000年，毕玉玺将他所在的首发公司购买的“路桥建设”原始股中的200万股转给某投资管理公司余某。在随后的3年时间里，余某分3次送给毕玉玺共计17万美元，由毕玉玺委托港商苏某存入香港花旗银行其个人账户，再汇至毕波在英国伦敦的学生账户。2004年4月，毕波明知其存入汇丰银行借记卡中的30万美元是某公司代理人为谋取利益送给父亲的贿赂，却仍在毕玉玺夫妇的授意下，将这张借记卡转移至该公司保存。案发后，在司法机关的要求下，毕波通过电子网络将这笔赃款划入侦查机关指定的账户，上缴国库。

【案例二十】徐放鸣受贿案①

2006年11月10日，因收受巨额贿赂，财政部金融司原司长徐放鸣在北京市高级法院被判处有期徒刑十三年。

1999年至2001年，徐放鸣利用其先后担任财政部国债金融司副司长、金融司司长的职务便利，接受某知名外企雇员刘敏的请托，为其所在企业谋取利益。据刘敏的证言，大约在20世纪90年代末，徐放鸣向刘敏暗示自己的薪酬较低，刘敏提出可以给予徐放鸣钱款。于是，1999年6月、8月及2000年8月，刘敏以为徐放鸣之子提供出国费用的名义，先后三次将共计12.8万美元（折合人民币105万余元）转入徐放鸣指定的境外账户。

① 罗昌平：《徐放鸣案背后》，载《财经》，130－131页，2007（11）。

第三节　资产境外转移中的人员行为特征

一、资产境外转移与人员外逃并非同时、同向

腐败分子外逃，可以视做腐败分子向境外转移资产（跨境洗钱）兼人员外逃这两个密不可分的伴生过程。一方面，腐败分子需要通过跨境洗钱活动将侵吞的国有或集体资产转移到对其相对安全的境外；另一方面，为能够更安全地享受侵吞的物质财富，腐败分子最终要逃往境外。整个过程利用了不同法域之间的法律制度差异，实质是意欲逃避本国法律的惩罚。

从时间上看，资产转移过程与人员外逃过程往往是分开的，并非同时进行，资产转移在先，人员外逃在后。因为只有居于特定的职位方有机会和权力贪污受贿，加之各国均存在出入境时携带现金和财物数额的限制，难以直接携带巨款外逃，所以往往需要事前通过特定的金融交易或商业活动，将非法所得有预谋地陆续转移到境外安全的地方（如高山在出逃前的多年内通过地下钱庄，数十次将客户的存款转移到其在加拿大的银行账户），在资产转移完成之后，才开始实施人员外逃计划。这就为反洗钱资金监测部门在腐败分子外逃之前发现可疑资金交易活动并及时向有关方面提供案件线索以制止腐败分子成功外逃提供了可能。

从空间上看，资产转移与人员外逃往往不是同向的。这是由于在金融全球化时代，资金可以通过现代金融交易系统或商务活动迅速直接转移到境外任何地方，而人员外逃在目的地选择方面受到诸多的限制。表现为腐败分子将资产转移到最终目的地之后，本人往往并非直接前往资产所在地，而是先前往第三国、第四国，待时机成熟才最后到达真正的资金所在地（即移民地）。当然，也存在腐败

分子为逃避追踪刻意掩饰本人出逃方向的因素。

二、具体行为特征

通过分析腐败分子外逃案例，可以发现一些预谋外逃的行为特征。

（一）家属（情人）先行

多数腐败分子在出逃前会先将其家属或情人移居境外，并购置如不动产、汽车等海外资产，部分腐败分子家属在海外的奢华生活在当地造成恶劣的影响。为了令其家属融入当地社会，腐败分子往往令其家属尤其是子女在当地留学或求职，或在当地为其家属开立公司。

【案例二十一】

河南省服装进出口公司原总经理董明玉在出逃前，利用公司业务关系在美国为自己建立了生意关系，令其妻儿打理美国的生意并获得美国绿卡；成克杰将其情妇安排在香港定居，将巨额赃款都转移到香港情妇名下；河南烟草专卖局原局长蒋基芳在外逃之前就已安排其子女和妻子定居美国。

（二）准备有关出入境证件

为了顺利出入国境，外逃腐败分子往往先准备有关出入境证件，尤其是用假身份证办理真护照，这样海关难以真实记录其出入境活动，而且在海外，外逃腐败分子也可以相对安全地易名藏匿。

【案例二十二】

杨秀珠早就拥有美国绿卡，但卡上姓名非她真名，杨本人及其全家出境时，所用证件全部身份不明；胡长清全家均使用化名身份证及因私出国护照；前中国工商银行重庆九龙坡支行的陈新携带逾4000万元的公款辗转潜逃于境外多个国家，68天的逃亡途中，一共换了29个假身份证；胡星私自办理了因私护照并隐蔽出境（作为厅级领导干部，按照有关规定，其因公出国护照应放在省外办集中保管）。

（三）在海外设立特定机构，本人频繁往返于国内外

一些腐败分子在出逃前利用国有机构在海外设立的特定分支机构（如办事处或分公司），本人以办理业务的名义，利用其合法身份频繁出境，长期游移于境内外，一旦感觉执法部门将对其采取行动，便选择不再回国，直接外逃。

【案例二十三】

高山曾经18次以出国考察的名义利用公务身份赴加拿大，实际上是为其外逃作准备；中国银行广东省开平支行前行长余振东，在长达8年的时间内通过在香港开设公司来转移资金，长期往返于香港和内地；河南省政府设在香港的河南豫港公司原董事长程三昌，多年在境外开设办事处或分公司，并暗地转移资产，自己长期游移于境内外，最后携巨款和情妇定居新西兰。

（四）境外赌博

从20世纪80年代末开始，博彩业在世界范围内迅速发展，至2002年，世界各国博彩业毛收入已达9000多亿美元，按“总产值”计算，博彩业已成为世界第四大产业。目前，中国内地周边正形成一个从澳门地区、菲律宾、马来西亚、泰国、缅甸到朝鲜、俄罗斯并一直延伸到澳大利亚及欧美的庞大境外“赌博网”。许多境外赌场近几年来将我国的政府官员和国有企业负责人锁定为重要客户来源，这些官员和国企高管往往是用公款进行赌博，因此更有一掷千金的气概。过去几年中，已有数十名内地官员和国企高管因在海外豪赌

而落马，较为典型的案例如沈阳市原副市长马向东、沈阳市财政局原局长李经方和沈阳市建委原主任宁先杰3人，浙江省供销社原主任朱承岭、杭州市原副市长叶德范、西安市机电设备股份有限公司原总经理周长青、湖北省驻港宜丰公司原总经理金鉴培等。

部分腐败分子和国企高管也通过境外赌博的形式来实现资产的跨境转移（例如将资金兑换为筹码，再将筹码兑换为资金，之后将资金转移到个人在境外的银行账户，这样腐败所得就成为境外表面上的合法收入），为其出逃做准备。

腐败分子们之所以能携带大量公款顺利出境并进行豪赌，和境内特定人员——专门跑腿的“水客”密切相关，通过“水客”的活动，如出境前资金转移、人员流动、赌博安排等，境内腐败分子和境外赌博集团可以密切接应，腐败分子可以顺利地将资金转移到境外，实现跨境洗钱。

【案例二十四】

吉林延边州交通运输管理处原处长蔡豪文挪用巨额公款和企业资金，仅在2003年11月到2004年11月一年间就先后30次赴朝鲜赌博，挥霍公款逾350万元，之后畏罪潜逃；从1997年到2004年，佛山市禅城区原区委副书记、常务副区长梁福钊通过地下钱庄以及向“水客”借筹码、挪用公款偿还赌债等多种方式赴境外赌博，在案发前，梁福钊早已为自己外逃做好准备，悄悄地将自己所获得的非法资金通过地下钱庄秘密转移到了国外。

（五）私下变卖国内财产

心存出逃意愿的腐败分子，往往会悄然变卖国内的财产，如私人不动产、贵重物品等，甚至悄然变卖公有资产，据为己有，转移出境，为自己的出逃做好准备。

（六）不计后果地攫取物质利益

侵吞了国有资产，且心存出逃意愿的腐败分子，已不再关注其本职工作，而是关注如何为其日后的海外奢华生活获取更多的物质利益，所以心存出逃意愿的腐败分子往往会不计后果地攫取物质利益，达到腐败收益最大化。

【案例二十五】

河南省服装进出口公司原总经理董明玉1995年案发出逃时，带走了公司的不少财物；高山在出逃前就频繁请假，甚至十多次出国，通过地下钱庄将客户的存款转移到其在加拿大的银行账户，在办好了加拿大永久居住权后，还潜入境内转移走最后一笔资金。

（七）原因不明地突然离职出境

腐败分子在精心策划好上述系列出逃准备后，往往会选择一个适当的时机，以某种借口原因不明地突然离职，开始外逃。

【案例二十六】

河南烟草专卖局原局长蒋基芳在群众举报了其经济问题，引起纪检部门的注意时，突然中断正在参加的干部培训，从上海秘密离境；河南省政府设在香港的河南豫港公司原董事长程三昌从香港不辞而别；2004年佛山禅城区原区委副书记、常务副区长梁福钊在挪用公款之后，向领导请假称去北京办事，随后失踪，几经辗转逃到柬埔寨。

第四节　监测分析方法

一、监测思路

（一）以“获取非法资产”和“向境外转移资产”阶段为监测重点

从犯罪学和犯罪心理学的角度来分析，腐败分子携款外逃类犯罪属于预谋性故意犯罪，其犯罪故意有一个从形成、发展到实施的过程。人民银行应将监测重点放在“获取非法资产”和“向境外转移资产”的环节，因为只有在这两个环节，人民银行才能利用自身优势发挥实际作用，而在其他环节人民银行的作用是十分有限的。

（二）依托并充分利用大额交易和可疑交易报告数据库

人民银行并非国家强力机构，不具备公安机关和司法机关所拥有的强制手段，因此，人民银行所属中国反洗钱监测分析中心开展对腐败分子跨境转移资金的监测，其切入点与纪委、公安、检察院等部门有所不同，主要是通过对大额、可疑资金交易数据进行分析，为国家执法机构提供相关资金交易信息和可疑线索。

目前，中国反洗钱监测分析中心已依法集中收集了国内各商业银行、外资银行、城市信用合作社、农村信用合作社和邮政储汇机构等银行业金融机构以及证券公司、期货经纪公司、基金管理公司、保险公司等非银行业金融机构报送的大额、可疑资金交易数据。基于金融机构的报告信息，同时匹配相关执法和行政管理部门的信息，不仅能够在及时发现、追踪腐败分子的跨境资金转移线索方面发挥有效作用，还可通过资金交易关系挖掘更深层次的腐败人员。中国反洗钱监测分析中心建立 4 年来的实践证明，大额交易和可疑交易报告数据库的有效利用，对预防和打击所有存在资金交易特点的犯罪活动都是很有帮助的。

（三）加强对重点地区、敏感行业、特定人群和特定消费方式的监测

1. 重点地区。将我国腐败分子跨境转移资金的多发目的地或中转地设定为重点关注地区。

（1）我国周边及邻近国家，如泰国、缅甸、新加坡、马来西亚、蒙古、俄罗斯等。

（2）发达国家，如美国、加拿大、澳大利亚、荷兰等。

（3）非洲、拉丁美洲、东欧一些反腐法制不健全或与我国未签署引渡协议的小国（往往被作为跳板）。

（4）主要中转地区，如中国的香港、澳门。

（5）离岸金融中心，如英属维尔京群岛、开曼群岛、萨摩亚、百慕大等。

2. 敏感行业。

（1）金融业。已发生过中国银行广东开平支行的三任行长携款外逃、中国银行哈尔滨河松街支行巨资诈骗案中涉案人员高山和李东哲携款逃往加拿大、广东省国际信托公司香港实业分公司原副总经理黄清洲贪污挪用公款 13 亿港元逃往泰国等大案。

（2）垄断性国有企业。已发生昆明卷烟厂原厂长陈传柏贪污 1600 多万元后逃匿海外、云南红塔集团原董事长褚时健因贪污企图逃往越南时被边防检查站截获等大案。

（3）交通、土地管理、建筑等行业。近年来，云南、贵州等地的交通厅长相继因经济问题而逃往国外，河南省三任交通厅长均因受贿等犯罪而携款外逃。

（4）税收、贸易、投资部门。如中外运公司某项目部原副总经理丁某利用职务便利，在将中外运公司大量海运业务交给香港某船

务公司的过程中，收取好处费170万美元，并将其存入自己在香港的存款账户，后陆续提取汇入内地，分批结汇后用于购买房产和高档汽车。此外，丁某还涉嫌以抬高标的等手段，贪污海运业务费。

3. 特定人群。纪委、公安、检察院等部门的协查名单，各级党政机关的领导干部及其近亲属，敏感行业领导人、部门经理、财务人员及其近亲属，国有企业、事业单位的高级管理人员及其近亲属，等等。

4. 特定消费方式。主要是银联卡境外消费及提现。

（四）自主分析和协查分析相结合

以分析任务的发起点不同，分为自主分析和协查分析两种方法。

协查分析主要是根据国家相关反腐败机构提供的涉嫌腐败人员或机构名单，在国家反洗钱数据库中设置预警机制，这些涉嫌腐败人员或机构一有交易发生就立即报警，并可追踪这些资金的来源，为有关部门有效打击腐败分子提供帮助。

自主分析主要是根据中国反洗钱分析系统数据和其他系统的关联信息，将涉嫌贪污受贿的可疑交易尤其是跨境资产转移方式的基本特征经过总结提炼，形成多样的监测规则，由计算机自动筛选，再由分析人员对可疑度高的可疑交易进行深入分析，进而得出能够向反腐机构移送的腐败分子跨境转移资金的情报线索；还可以结合其他匹配信息，锁定涉嫌腐败人员或机构名单，提交司法行政调查。

二、监测分析流程

监测分析主要是依托中国反洗钱监测分析中心大额交易和可疑交易数据，在有效获取其他辅助信息的前提下，通过反洗钱监测分析系统发现和处理腐败分子可疑交易尤其是跨境转移资金的行为。

具体流程又分以下四种情况：

流程一：中国反洗钱监测分析中心通过总结以往的中外腐败活

动案例，形成专门针对腐败分子跨境转移资金和洗钱的监测规则，由计算机通过查询、关联、匹配、比较、测定、跟踪、筛选等过程，形成涉嫌腐败的跨境转移资金和洗钱交易主体排名表等。在此基础上，通过人机交互进行信息的评估、整理加工和补充，生成可疑交易线索。该流程是主动分析，对分析出来的线索需要经过情报会商后再移送相关部门，对于分析认为不成熟的，则留分析部门继续观察补充，待线索充分后再会商移送。

流程二：中国反洗钱监测分析中心接到中纪委监察部、最高人民检察院等反腐败机构要求协查的名单后，由主管根据密级分配给指定分析人员进行监测分析，并将协查报告及时反馈给委托协查部门。

流程三：将涉嫌腐败名单置入中国反洗钱监测分析中心数据库，并分级别设置。一级名单为直接参与腐败活动的人员名单，二级名单为一级名单的关联交易主体。在国家反洗钱数据库中运行腐败分子跨境资金监测分析模型，该模型中特定名单分析模块应实时运行，若在系统中发现上述名单的交易时，则由系统自动预警，直接由主管分配给专门的分析人员进行综合分析。若属一级名单，则立即上报有关部门；若属二级名单，则紧急会商，确属可疑则上报。

流程四：通过实时运行腐败分子跨境转移资金和洗钱监测模型，将报告机构上报的可疑度特别高的报告检索出来，并交由分析员分析，若仍不能排除嫌疑，则立即紧急会商，经专家确定后紧急上报。

三、监测分析规则

腐败分子向境外转移资产监测模型是根据国家反洗钱数据库中可提取的分析参数并结合其他信息，按照一定规则组合设置的计算机识别模型。将目标数据输入运算过程后，该运算过程返回一个特定样式的结果，即符合该规则的数据内容。腐败分子向境外转移资产监测分析模型将综合处理各规则运算出来的数据内容，运用各类加权算法，给出综合可疑度，并以可疑度高低排名方式，将相关主体和报告呈现出来，交由分析部门进行分析。

模型所使用的规则是中国反洗钱监测分析中心根据以往的监测分析经验并结合反腐败的需求设置的，每个规则中参数的选择、系数的设置、算法的定义需要根据实际工作不断调整，以达到最优化效果。随着模型的不断完善，所使用的规则也将不断扩充和成熟。

以下根据本课题对目前腐败分子向境外转移资产主要渠道的归纳梳理，结合中国反洗钱监测分析中心的分析实践列举相应监测规则：①

涉嫌腐败名单交易的预警。监测在涉嫌腐败名单上的主体的资金交易行为。

对涉嫌腐败资金类地下钱庄的监测。监测为涉嫌腐败资金转移服务的地下钱庄。一旦发现立即上报，由相关部门组织力量捣毁。

交易主体的可疑行为触发监测临界参数。根据相关涉嫌腐败的名单和其他辅助信息，通过设置触发监测临界参数来筛选可疑交易。

可疑交易主体被多次报告，且金额、账户触发监测临界参数。设定与交易主体可疑行为相关的参数，筛查可疑行为。

对跨境携带现金的监测。居住在边境地区或通过重要口岸的居民、非居民在某段时期内，频繁携带现金出入境，且这些居民、非居民的个人账户与国家工作人员个人账户或国有企业账户有交易发生，资金从国家工作人员个人账户或国有企业账户流入那些频繁携带现金出入境居民、非居民的个人账户。

对进出口未核销企业的监测。主要监测国有企业在贸易项下进出口未核销，或一般外贸企业进出口未核销，但在进出口业务发生前这些外贸企业与国有企业发生大量资金往来，交易背景异常的情况。

对假借佣金或其他服务贸易名义外逃资金的监测。主要监测国

① 详尽表述及监测公式略。

有企业资金假借佣金或其他服务贸易名义直接实现资金外逃；或国有企业通过一般外贸企业账户达到外逃资金的目的，通常是一般外贸企业频繁以佣金或其他服务贸易的名义向境外付汇，但在付汇业务发生前，这些外贸企业通常与国家工作人员账户或国有企业发生大量资金往来。

对利用企业间关联交易向境外转移资金的监测。主要监测企业间通过关联交易实现向境外转移资金。有两种情况：（1）国有企业通过关联交易将资金转入国外子公司，而后相关人员要求国外子公司将资金转入其他账户；（2）国有企业先将资金转入其他公司（如民营企业等）账户，再由这些企业将资金转入境外子（分）公司，此后再由民营企业的境外子（分）公司将资金转入腐败人员指定的账户。

对海外投资年检违规名单的监测。将外汇局例行海外投资年检时发现的违规交易主体名单置入中国反洗钱监测分析中心库，由系统自动检索和发现这些交易主体的可疑交易。

对利用离岸金融中心向境外转移资金的监测。监测国有单位和国家工作人员利用离岸金融中心向境外转移资金的行为。

对利用银联卡向境外交易转移资金的监测。监测国家工作人员利用银联卡境外交易转移资金的行为。

对特定地区大额现金交易的监测。筛查特定地区个人或机构利用大额现金交易清洗腐败资金的行为。

对特定地区、行业、职业的监测。对重点地区、敏感行业、特定人群和特定交易方式加强监测。运作原理：设定特定地区、行业、职业参数，将满足变量规则和参数的可疑交易从系统数据中筛选出来。

第五节 工作建议

监测腐败分子跨境转移资金是人民银行反洗钱监测部门的重要任务，但这项工作只有在与公安机关、检察院、纪检监察部门等方面建立相关工作机制，反洗钱监测部门与相关部门有效实现信息共享的基础上，才能充分发挥其潜在作用。

一、通过签署谅解备忘录实现反腐败信息的共享

涉嫌腐败的个人和组织名单是监测腐败分子跨境转移资金最重要的信息来源和最主要的切入点。为保证名单信息的有效性，各类名单信息应尽可能包括姓名、证件类型及号码、相关身份信息、账户信息、名单来源等内容。为有效打击腐败分子跨境转移资产和外逃行为，中国人民银行作为国务院反洗钱行政主管部门应与国内相关反腐败机构签署谅解备忘录（或授权中国反洗钱监测分析中心签署反洗钱信息合作备忘录），在安全、保密、高效的前提下，由反腐败机构按照约定内容和格式以电子文档方式定期提供，这样可以减少过多的环节成本，提高安全性、时效性和监测分析效率。美国的金融犯罪执法网络就是通过与全国犯罪信息中心、联邦调查局等机构签署谅解备忘录的方式来实现在线或非在线获取信息。

二、建立反腐败机构互派特派员制度

通过互派特派员，可以使反腐败机构的人员了解人民银行的资金监测分析流程、分析方法和分析工具的使用，更重要的是加强部门间的相互理解和协调。而了解反腐败机构的需求和工作程序也有利于金融情报机构确定工作重点，同时这种紧密、直接的人员合作

减少了中间过渡环节，使反腐败情报传递更及时、保密。

在具体操作上，建议参照目前公安部向人民银行派驻联络员的方式，中纪委监察部、最高人民检察院等反腐败部门也可适时派员到人民银行反洗钱部门参与工作，这将有利于进一步发挥大额交易和可疑交易数据分析的潜在价值。

三、与海关尽快建立反洗钱相关数据的查询和通报机制

《反洗钱法》明确规定了海关应向国务院反洗钱行政主管部门通报相关数据，如超过规定金额的现金、无记名有价证券等。为有效监测跨境现金运输和携带，该项数据报送制度的建立和运行迫在眉睫。建议尽快与海关建立适当机制，以适当方式获取个人携带出入境的现金及票据信息，以及符合申报标准而且个人主动申报的信息，包括个人身份信息、携带的现金及票据金额、境外目的地、出入境海关的名称等。对于涉嫌洗钱的违规信息，希望海关及时向反洗钱行政主管部门通报，以便中国反洗钱监测分析中心录入国家反洗钱数据库。

四、实现人民银行内部信息的整合，建立中国反洗钱监测分析中心与人民银行分支机构良好的信息共享与互动机制

人民银行的内部信息要进一步整合，首先要依法实现内部信息共享。应允许中国反洗钱监测分析中心根据法律规定，以适当方式获取相关系统信息。

同时还要实现中国反洗钱监测分析中心和人民银行反洗钱监管部门共享反洗钱信息资源，使反洗钱数据库内部所蕴涵的大量信息能够被及时和充分地利用，更大程度上实现人民银行反洗钱工

作整体协作和良性互动，从根本上解决通过传统手段补充信息的时滞问题。对于跨省、跨地区的重大线索，形成中国反洗钱监测分析中心与分支行联动分析机制，通过系统辅助实现协同工作，最终实现反洗钱监测分析工作目标与反洗钱监管工作目标的双赢。

五、加强与境外 FIU 的情报交流

我国金融情报机构——中国反洗钱监测分析中心的成立，为我国追踪和调查贪污腐败分子转移到国外的非法所得开辟了新的途径，应当充分重视这个途径的巨大潜在价值。根据国际反洗钱工作规范，金融情报机构在国家授权范围内可以通过双边或多边协定和框架、谅解备忘录及互惠基础上的互换，以及通过适当的全球性和区域性国际组织，与外国对应机构进行情报交换。同时，金融情报机构具有委托外国金融情报机构（FIU）进行境外调查的功能。根据《〈四十项建议〉的解释》第十五条："金融情报中心应能代表外国对口部门进行与金融交易分析相关的调查。这种调查至少应包括：（1）搜索其包括与可疑金融报告相关信息在内的数据库。（2）搜索其他能够直接或间接登录的数据库，包括执法数据库、公共数据库、行政管理数据库、商业性质的可用数据库。"并且"各国不应引用要求金融机构保密的法律条款作为拒绝提供合作的理由。"因此，应当加强与境外 FIU 的情报合作与交流。

六、探索获取 SWIFT 报文信息以追踪外逃腐败资金的可行性

SWIFT 是国际银行同业间的国际合作组织，总部位于比利时，负责处理全球 200 多个国家 7800 家金融机构的金融信息，它每天传送的金融信息多达 1100 万条，主要记录的是通过电汇和其他方式跨境资金转移情况，目前大多数国家的大多数银行已经使用 SWIFT 系

统，我国的大多数商业银行都是其会员。2007 年 6 月，美国已与欧盟就为反恐目的而使用 SWIFT 全球交易数据达成协议。为适应反腐败工作的需求，我们可借鉴美国的经验，探索获取 SWIFT 报文信息以追踪外逃腐败资金的可行性。

我国非法集资活动的资金运行特点及监测方法研究①

第一节　绪论

一、严厉打击非法集资势在必行

（一）非法集资活动的现状

非法集资是一种涉众犯罪活动，涉案人员众多、金额巨大，一旦发案，处置及善后工作难度很大，极易引发群体性事件，严重影响当地金融安全和社会稳定，因此必须给予高度关注。

由于目前还没有多部门统合的非法集资监测信息系统，大量的案例散落在各个部门，没有纳入全国的统计范围，众多的中小案例

---

① 本研究报告是由中国反洗钱监测分析中心立项并与人民银行沈阳分行于2009年度联合完成的重点研究课题成果。课题组成员：盛松成、王燕之、刘永平、张文汇、柴青山、范伟、陈邦来、姜巍、徐慧星、韩秀梅、孟慧、韩光林、任洪开、黄海、薛庆宏、李红艳、邢宏、张旭辉、鲍庆雪、张大凯、朱乐、安英俭；课题组组长：盛松成、王燕之；课题协调人：陈邦来、姜巍；执笔人（以姓氏笔画排序）：任洪开、朱乐、李红艳、张旭辉、安英俭、黄海、韩光林、鲍庆雪。编入本书时做了大幅删节。

更不在统计之列，但从一些非法集资的监管部门公开发布的数据还是能看出一些端倪。据公安部发布的数据，2006 年，全国公安机关立案侦查的非法集资案件 1999 起，涉案总价值 296 亿元；2007 年，全国公安机关所立非法吸收公众存款和集资诈骗案件达 2059 起，涉案总价值 156.5 亿元；2008 年 1—11 月，全国公安机关共受理此类案件 1590 起，立案侦查 1416 起，涉案金额 100 亿元以上。从 2006—2008 年的数据来看，非法集资活动在有关部门的严厉打击下，案发数量和涉案金额都有所下降，但是从案件涉及面看，从事非法集资的公司和个人不断增多，募集范围越来越大，手段越来越隐蔽。

近年来，中央领导同志对非法集资犯罪活动的猖獗高度关注，强调要采取综合治理等多种有效措施，以遏制此类违法犯罪活动的蔓延和发展。为处置非法集资问题，国家颁布了有针对性的法律法规，还从组织机构层面给予了支持。

在法律法规方面，1986 年颁布的《中华人民共和国银行管理暂行条例》就明确规定，“非法集资属于地下金融范畴”。1997 年的《刑法》修正案加大了对非法集资行为的打击力度。1998 年国务院颁布《非法金融机构和非法金融活动取缔办法》，明确了非法集资行为是一种非法金融活动，要坚决予以取缔。1999 年中国人民银行发布《关于取缔非法金融机构和非法金融业务活动中有关问题的通知》，明确规定了非法集资的定义。

在组织机构方面，2007 年 2 月国务院批准成立由银监会牵头，国家发展改革委、公安部、监察部、人民银行等 18 个部门和单位参与的处置非法集资部际联席会议，并批复下发了《处置非法集资部际联席会议制度》和《处置非法集资部际联席会议工作机制》。部际联席会议的主要职责是，在国务院的领导下组织协调有关部门和省级人民政府，建立“疏堵并举、防治结合”的综合治理长效机制，切实有效地贯彻落实党中央、国务院处置非法集资的方针和政策，目的是加强各有关部门和地方政府在处置非法集资工作中的协调配合，提高工作效率，实施对非法集资的齐抓共管和综合治理。

（二）非法集资产生的原因

1. 客观因素。

（1）民众投资渠道匮乏。改革开放三十年来，我国居民的可支配财富总额已经极为惊人。国家统计局数据显示，截至2008年年末，全国居民储蓄存款余额已达21.8万亿元，这其中可用于民间借贷和投资的资本量占很大比例。全国工商联并购公会和温州市信用担保行业协会共同发布的《2008年温州地区民间金融活动调研报告》显示，温州的民间资本总体规模约为6000亿元，其中，用于民间融资性金融活动的总额为2000亿~3000亿元，用于民间投资的资金规模为3000亿~4000亿元。单是温州地区的民间资本就有如此大的总量，全国的民间资本总量可想而知。2006年1—3月，中央财经大学金融学院国家社科基金课题组在全国27个省市进行了针对中国民间金融、地下金融和非法金融的规模、结构和对经济运行的影响等情况的抽样调查和研究，结果显示，以存贷款总额作为衡量指标，2005年中国民间金融、地下金融和非法金融总量约为2.9万亿元。

如此巨额的民间资本总量，却难以找到安全的、回报合理的投资渠道：投资股市——中国股市大起大落，内幕交易、操纵市场事件时有发生，近来的金融海啸更是余波未尽，风险难以承受；投资楼市——需要的资金量太大，同时房地产交易手续较复杂、流动性差；投资实业——难以找到合适的实业项目和可信任的职业经理人，而且一些行业限制民间资本进入；投资债券——企业债券市场基本上是普通投资者难以进入，每年的国债发行量有限，难以满足居民的投资需求；银行储蓄——收益率过低，考虑到通胀因素的话甚至为负利率……面对这样的情况，一些民众在遇到亲朋好友或熟人所推荐的看似诱人的非法集资项目时，往往就抱着试一试的态度投入部分资金，在收到集资者“拆东墙补西墙”而来的相对较高的“投资回报”后开始深信不疑，最终陷入其中而不能自拔。

（2）中小企业融资困难。我国目前正规金融体系尚存在一些问题，导致中小企业融资难，一些中小企业迫于生存压力往往不得不从一些非正规的融资渠道获取资金。在银行信贷资金方面，大部分商业银行都热衷于给大企业、大工程贷款，对中小企业的资金需求往往由于信用体系不完善、收益不高以及中小企业自身的特点（如可抵押物少）等因素，很难给予满足，锦上添花的多，雪中送炭的少。在直接融资方面，中小企业能成为上市公司的毕竟是凤毛麟角，即使是经营规范、颇具潜质的优秀中小企业，要想在证券市场融资也必须面临繁杂的文件准备、高额的前期投入和漫长的审批流程，远水难解近渴；企业债市场目前也不够发达，能发行企业债的大都是评级优良、实力雄厚的国有大公司、大集团，与中小企业有缘无分。因此，许多中小企业和个人在难以通过正规融资途径获得资金的情况下，被迫转向其他渠道谋取资金，其中一部分就涉及非法集资。

2. 主观因素。

（1）预期。预期理论是一种研究人们在不确定的条件下如何作出决策的理论，主要解释的是传统理论中的理性选择和现实情况相背离的现象。当银行利率处于一个相对较低的水平，大部分人都认为现有利率低于正常利率水平时，就可能产生利率将上升并恢复正常利率水平的预期。这种预期会促使人们卖掉手中持有的资产或将资产变现转为货币（如现金）持有，当人们有了闲置的资金，必定会为其寻找投资途径以取得收益。而由于非法集资所支付的利率一般都比较高，其利率一般远远高于同期银行存款利率，这一高利率恰好为人们暂时闲置的资金提供了“黑市”价格，因此一部分有闲置资金的人会将存款转存入资金回报率较高的非法集资机构。

（2）从众心理和“羊群效应”。在市场投资这种群体活动中，行为人极易受到其他行为人和整个行为环境的影响。当在一定时期采取相同策略的行为主体达到或超过一定数量时，就会产生“羊群效应”。一旦有一定数量的人参与非法集资并在一个时期内获得诱人的回报，人们就会丧失警惕、相互模仿、彼此传染。在贪财和盲目从众心理的支配下，人们通过相互间的循环反应刺激，情绪逐渐高涨，失去理性，陷入非法集资的泥潭。

(3) 投机心理。以投机为特征的大众心理是非法集资狂热背后的驱动力。当非真实的非法集资收益产生的时候，市场参与者的认识能力会发生改变，即人们心理情绪的改变引发思维偏见的产生，并且这种情绪的产生具有自发性，不需要外人诱导。当投机情绪高涨时，人们就会从诸多方面去解释非法集资受益的原因，导致更多人参与对非法集资的投机。

（三）打击非法集资的意义

1. 维护社会稳定，防止发生群体性事件。非法集资活动一般涉及面甚宽、参与人员众多，甚至有极少数党政干部、新闻媒体牵涉其中。一般民众在看到自己的亲朋好友参与非法集资活动时不一定会盲从，但是在看到一些政府官员参与其中（比如参加企业开工典礼、剪彩仪式或其他公关活动甚至直接参与集资）或当地媒体刊登或发布集资广告时，往往就把这看成政府对非法集资的隐性担保，再也按捺不住“发财致富”的愿望而参与进去。而在案发受到经济损失后，民众就容易把导致自己损失的因素归咎于当地政府，聚集起来向政府“讨说法”。近年来，由非法集资活动而导致的群体性事件可以说是屡有发生，造成了相当不良的社会影响。对于非法集资活动，如果在初期没有加以及时有效处理，当发展到后期再来处置的话，所花费的资金成本、人力成本、社会成本难以计数，因处置不当而损失的政府公信力更是万金不换。所以，对非法集资活动必须保持高压态势，防患于未然，露头就打，不能掉以轻心以致养痈成患。

2. 维护金融秩序，改善金融生态。非法集资的策划者为了吸引出资者，往往向出资人承诺高额的利息回报，这种基本不可能实现的高额利息回报不仅违反了国家相关的法律法规，也违背了市场经济活动中经营管理和融资行为的基本原则。非法集资的畸高利率往往造成本应投入正常生产经营活动的资金被吸引投到非法活动中，造成当地资金借贷成本“水涨船高”，即便是遵纪守法的一般企业也因为融资成本上升而经营困难，这就扰乱了正常的金融秩序，破坏了当地的金融生态。加大对非法集资活动的打击将有利于维护正常的金融秩序，改善金融生态。

3. 打击欺诈犯罪，维护公平正义。非法集资活动的主谋者大都没有正常合理和高收益的投资或经营活动，只是玩一些“拉大旗作虎皮”、“拆东墙补西墙”的把戏，初期给投资者一些甜头，而当投资者纷至沓来、资金规模大了以后，非法集资团伙的少数高层就将集资款项尽数提取，然后逃之夭夭，而非法集资的参与者损失惨重。这类案件的发生对整个社会的公序良俗、正义公平造成了严重的冲击，众多倾囊投入却血本无归的工薪阶层和离退休人员生活立刻陷入窘境，对一些缺乏社会保障的困难群体更是雪上加霜。因此，严厉打击非法集资活动，尽力使这些社会弱势群体避免损失，是维护社会公平正义的需要。

二、课题研究的目的和方法

开展本课题研究是为了对目前我国非法集资活动的主要方式以及行为和资金交易特征进行系统归纳整理，找出其中的规律，以帮助反洗钱监测分析人员提高识别此类可疑交易的能力。

本课题研究同时也是为了探讨在我国已经建立的大额交易和可疑交易报告制度基础上，如何利用大额交易和可疑交易数据库以及中国反洗钱监测分析中心的监测分析软件实现对非法集资类可疑资金交易的智能化监测。总结非法集资活动的资金运行特征和规律，提炼关键的监测要素，设定监测分析原则、要素和基础参数，对于建立自动化和智能化的监测分析模型，完善监测分析系统功能具有重要的现实意义。

本课题研究以实际案例为基础，采用了从特殊到一般、定性分析与定量分析相结合、理论分析与实证分析相结合的研究方法。

本课题侧重于实证研究，在占有大量案件材料的基础上，结合中国反洗钱监测分析中心五年来的监测分析实践，对各种形式的非法集资活动进行了分类梳理，归纳总结了非法集资活动的行为特征和资金运行规律，在此基础上提出了有针对性的监测分析方法，并运用数学建模方法建立了相关的监测分析模型，这些成果作为中国反洗钱监测分析系统智能化分析模块的智力储备具有较高的实用价值。

课题同时研究了非法集资发生的主客观原因，特别是对处置非法集资的相关法律法规做了梳理解读，归纳了非法集资的基本法律特征，有助于反洗钱监测分析人员从宏观上加深对非法集资活动的认识和把握。

第二节　非法集资相关法律问题

一、概述

非法集资并不是一个正式的法律用语，关于其内涵和外延目前也没有达成共识。本文拟在分析集资的合法性要求、非法集资的主要表现形式的基础上，总结出非法集资的特征。

（一）集资的合法性要求

集资是指国家、企业、个人或者其他组织经过中国人民银行或其他国家有关部门的批准，按照法律法规通过正常的渠道，向社会公众或集体募集资金的行为。资金是企业进行生产经营不可缺少的资源和生产要素，在现在竞争日益激烈的市场环境下，如何获取更多的资金已成为每个企业谋求生存和发展的难题。同时，由于经济发展和生活水平的日益提高，人们手中的余钱越来越多，却常常苦于找不到合适的投资去处。集资可以通过融资手段吸收社会剩余资金，将一部分消费基金转变为生产建设基金，从而拓宽投资渠道，同时解决企业生产建设资金不足的问题。因此，对于合法的集资，我国的政策和法律法规是允许和保护的。

合法的集资包括无偿集资和有偿集资两大类。

无偿集资是对由于国家财政困难而无力兴办的社会公益事业采取的向社会进行的没有资金返还的集资，包括建学校、建医院、修桥、铺路等。这类集资主要是由非企业单位实施的，一般要具备严格条件和经过法定的审批程序才能进行，数量相对较少。

有偿集资包括国家集资、企业集资和个人集资三种情况。国家集资是国家通过发行政府债券的方式进行的集资，如发行国库券或公债等。企业集资是指企业向本企业内部职工募集资金或者向社会公开募集资金，根据集资对象的不同又分为内部集资和向社会集资两种方式。关于内部集资必须注意，根据中国人民银行 1998 年 7 月 29 日《整顿乱集资乱批设金融机构和乱办金融业务实施方案》的规定，在国务院对企业内部有偿集资明确作出规定之前，禁止企业内部有偿集资，更不得以企业内部有偿集资为名，搞职工福利。因为目前国务院尚未作出关于企业内部集资的新规定，所以企业内部的有偿集资从严格意义上讲都属于非法集资，其只能进行无偿集资。根据国家有关的法律法规规定，并参考一些省市关于企业内部集资的一般规定，企业内部集资一般必须符合以下的条件和程序：企业必须有合法的营业执照，有一定的活动资金，并在银行开设账户；必须是为了解决自身生产资金的短缺；用于兴办公益事业的，参照非企事业单位社会集资的有关规定；企业内部集资一般应采取发行企业内部债券的方式，申请集资的企业应向负责审批的中国人民银行提供必要的资料；企业内部集资必须坚持自愿的原则，必须按照中国人民银行审批的内容进行。个人集资一般是指以股份有限公司发起人的身份向社会公开募集股份的行为。

综合以上对集资行为的概述，再结合有关的法律规定，合法的集资主要包括以下几类：（1）股份有限公司依照《证券法》及《股票发行与交易管理暂行条例》等规定发行股票；依照国家体改委1993年7月29日发布的《定向募集股份有限公司内部职工持股管理规定》发行内部职工股。（2）企业依照国务院1990年8月2日发布的《企业债券管理条例》发行企业债券；依照中国人民银行有关规定发行短期融资券。（3）金融机构依照国务院《关于加强股票债券管理的通知》和中国人民银行有关规定发行金融债券。（4）各有关单位依照《国务院关于进一步加强证券市场宏观管理的通知》和中国人民银行的有关规定发行投资基金证券、信托受益债券。（5）经国务院批准或国务院授权部门批准的其他集资。可见，集资有其法定的形式和条件要求，因为牵涉的人数多、影响的范围广等原因，法律大都对它规定了严格的程序和条件，只要违反其中的任何一个方面就会成为非法集资。

（二）非法集资的基本法律特征

1999年中国人民银行《关于取缔非法金融机构和非法金融业务活动中有关问题的通知》（以下简称《取缔通知》）对“非法集资”进行了详细的界定。《取缔通知》第一条规定：“非法集资是指单位或者个人未依照法定程序经有关部门批准，以发行股票、债券、彩票、投资基金证券或其他债权凭证的方式向社会公众筹集资金，并承诺在一定期限内以货币、实物及其他方式向出资人还本付息或给予回报的行为。”非法集资的法律特征：（1）未经有关部门依法批准，包括没有批准权限的部门批准的集资；有审批权限的部门超越权限批准集资，即集资者不具备集资的主体资格。（2）承诺在一定期限内给出资人还本付息。还本付息的形式除以货币形式为主外，也有实物形式和其他形式。（3）向社会不特定的对象筹集资金。这里“不特定的对象”是指社会公众，而不是指特定的少数人。（4）以合法形式掩盖其非法集资的实质。

二、监管和立法沿革

非法集资行为在单纯计划经济体制下并不存在。在市场经济条件下，市场主体为增强其竞争能力，常凭借集资手段进行融资，以扩大生产经营规模。同时，一些个人或单位为获得竞争优势，违反法律法规擅自吸收公众资金或变相吸收公众资金，严重扰乱国家金融秩序，投资人的利益也无法保证。为此，国家采取了各种监管措施和法律手段治理非法集资现象。

（一）监管沿革

改革开放以来，非法集资管理政策法规调整经历了从“社会集资管理”到“乱集资管理”，再到“非法集资管理”三个阶段。

1. 社会集资管理阶段（1979 年至 1993 年 4 月 10 日）。在这个阶段，针对企业内部集资，1989 年 3 月 5 日国务院出台了《关于加强企业内部债券管理的通知》（国发〔1989〕21 号）。同年 6 月 26 日，人民银行颁布了《关于加强企业内部集资管理的通知》（银发〔1989〕174 号）。

这一时期，社会集资管理的主要特点：一是管理的对象主要是企业内部集资；二是规定集资利率不得超过同期居民储蓄利率的 40%；三是人民银行是企业内部集资的管理审批部门。

2. 乱集资管理阶段（1993 年 4 月 10 日至 1998 年 7 月 12 日）。由于当时全国各地国有企业开始进行股份制试点，出现了“内部股社会化，法人股个人化”现象，同时许多企事业单位利用各种形式集资，不仅利率高、涉及面广，而且发行量大，问题相当严重。为此，1993 年 4 月 11 日国务院下发了《关于坚决制止乱集资和加强债券发行管理的通知》（国发〔1993〕24 号），同年 9 月 3 日国务院出台了《关于清理有偿集资活动坚决制止乱集资问题的通知》（国发〔1993〕62 号）。

这一阶段的特点：一是禁止国家机关、事业单位向内部职工或者向社会公众进行有偿集资活动；二是对发行彩票、发行会员卡等各种形式的非法集资，出台相应的政策予以规范；三是为规范企业内部机制，1993 年 8 月 2 日国务院颁布的《企业债券管理条例》（国务院令第 121 号）规定："企业进行有偿筹集资金活动，必须通过发行债券的形式进行。"

3. 非法集资管理阶段（1998 年 7 月 13 日至今）。鉴于当时一些单位和个人非法设立金融机构、从事非法金融业务，潜伏着巨大的风险和危机，严重威胁着国家经济安全。1998 年 7 月 13 日，国务院发布了第 247 号令，即《非法金融机构和非法金融业务活动取缔办法》，在此基础上，同年 7 月 29 日下发了《国务院办公厅转发中国人民银行整顿乱集资乱批设金融机构和乱办金融业务实施方案的通知》（国办发〔1998〕126 号）。2007 年，国务院办公厅发布了《关于依法惩处非法集资有关问题的通知》（国办发〔2007〕34 号），根据该通知，为切实做好依法惩处非法集资工作，国务院批准建立了由银监会牵头的"处置非法集资部际联席会议"（以下简称联席会议）制度。

这一时期的特点：一是全国自下而上对"三乱"进行大规模的清理整顿；二是明确了地方政府、人民银行、银监会、公安机关、工商行政管理部门在取缔、打击非法集资中的各自职能；三是通过联席会议制度加强协调，齐抓共管。

（二）立法沿革

1995 年是中国的金融立法年，对集资行为的立法管制已成为共识。1995 年 5 月，《中华人民共和国商业银行法》（以下简称《商业银行法》）首次提出"非法吸收公众存款"的概念，确立了行政取缔与刑事惩罚双重规制的基本模式，该法的第七十六条、第七十九条对此进行了相关规定。一个月后，全国人大常委会通过的《关于惩治破坏金融秩序犯罪的决定》（以下简称《决定》），其中第七条是关于“非法吸收公众存款罪”的规定，从此正式确立了非法吸收公众存款罪的罪名。在该《决定》中，全国人大常委会还确立了“集资诈骗罪”的罪名，而此前对非法集资案件的有关主要负责人都是以投机倒把罪来定罪量刑的。1997 年《刑法》增设了“破坏金融管理秩序罪”一节，对上述《决定》规定的内容予以全部吸收，未作改动。目前，对非法集资进行规制的条文散见于我国不同部门以及不同层级的法律文件中，多层次、全方位治理非法集资的规范体系已逐步形成并日趋完善。

三、相关法律法规的梳理与解读

我国法律从民事、经济、行政、刑事等多个角度，对募集资金的条件、程序，非法集资的后果等环节进行了具体规定。以下结合主要法律规范，从非法集资的禁止性规定、法律责任等角度进行简要的梳理和解读。

（一）非法集资行为的禁止性规定

1. 《公司法》的规定。《公司法》第二百一十条规定，未经本法规定的有关主管部门的批准，擅自发行股票或者公司债券的，责令停止发行，退还所募资金及其利息，处以非法所募资金金额 1% 以上 5% 以下的罚款。构成犯罪的，依法追究刑事责任。

2. 《商业银行法》的规定。2003 年《商业银行法》第八十一条规定，未经国务院银行业监督管理机构批准，擅自设立商业银行，或者非法吸收公众存款、变相吸收公众存款，构成犯罪的，依法追究刑事责任，并由国务院银行业监督管理机构予以取缔。伪造、变造、转让商业银行经营许可证，构成犯罪的，依法追究刑事责任。第八十三条规定，有本法第八十一条规定的行为，尚不构成犯罪的，由国务院银行业监督管理机构没收违法所得，违法所得五十万元以上的，并处违法所得一倍以上五倍以下罚款；没有违法所得或者违法所得不足五十万元的，处五十万元以上二百万元以下罚款。

3.《证券法》的规定。2005 年《证券法》第一百八十八条规定，未经法定机关核准，擅自公开或者变相公开发行证券的，责令停止发行，退还所募资金并加算银行同期存款利息，处以非法所募资金金额 1% 以上 5% 以下的罚款；对擅自公开或者变相公开发行证券设立的公司，由依法履行监督管理职责的机构或者部门会同县级以上地方人民政府予以取缔。对直接负责的主管人员和其他直接责任人员给予警告，并处以三万元以上三十万元以下的罚款。

4.《非法金融机构和非法金融业务活动取缔办法》的规定。1998 年 6 月 30 日发布的《取缔办法》第四条规定，非法金融业务活动，是指未经中国人民银行批准，擅自从事的下列活动：（1）非法吸收公众存款或者变相吸收公众存款；（2）未经依法批准，以任何名义向社会不特定对象进行的非法集资。非法吸收公众存款，是指未经中国人民银行批准，向社会不特定对象吸收资金，出具凭证，承诺在一定期限内还本付息的活动；变相吸收公众存款，是指未经中国人民银行批准，不以吸收公众存款的名义，向社会不特定对象吸收资金，但承诺履行的义务与吸收公众存款性质相同的活动。

5.《贷款通则》的规定。中国人民银行 1996 年 6 月 28 日颁布的《贷款通则》第六十一条规定，各级行政部门和企事业单位、供销合作社等合作经济组织、农村合作基金会和其他基金会，不得经营存贷款等金融业务。企业之间不得违反国家规定办理借贷或者变相借贷融资业务。第七十三条规定，行政部门、企事业单位、股份合作经济组织、供销合作社、农村合作基金会和其他基金会擅自发放贷款的，企业之间擅自办理借贷或者变相借贷的，由中国人民银行对出借方按违规收入处以一倍以上五倍以下罚款，并由中国人民银行予以取缔。

6. 其他禁止性规定。

（1）对集资主体的限制性规定。《预算法》第二十八条明文规定："除法律和国务院另有规定外，地方政府不得发行地方政府债券。”因此，《整顿乱集资乱批设金融机构和乱办金融业务实施方案》中明确禁止上述非法集资行为。

国务院发布的《关于清理有偿集资活动坚决制止乱集资问题的通知》（国发〔1993〕62 号）明确规定：“禁止国家机关、事业单位向内部职工或者向社会公众进行有偿集资活动。”该规定主要目的在于禁止企业向职工借贷（参见《最高人民法院关于如何确认公民与企业之间借贷行为效力问题的批复》），以及违反法律规定设立定向募集股份有限公司发行内部职工股（参见国家体改委 1994 年 6 月 19 日《关于立即停止审批定向募集股份有限公司并重申停止审批和发行内部职工股的通知》）。

民政部 1999 年 12 月 30 日发布的《社会福利机构管理暂行办法》第三十七条明确禁止社会福利机构非法集资。

（2）对集资工具的限制性规定。中国证监会《关于坚决制止以期货交易为名进行非法集资活动的通知》（证监期字〔1997〕41 号）明确禁止期货经纪机构以从事期货交易为名从事非法集资。

中国人民银行《关于加强彩票市场管理的通知》（1999 年 1 月 25 日）规定下属行为属于非法集资：“（一）以有奖销售为名，变相发行彩票的；（二）私人擅自发行与销售彩票的；（三）在境内发行境外彩票的；（四）以传销方式发行彩票的。”

国务院办公厅下发的《关于加强土地转让管理严禁炒卖土地的通知》（国办发〔1999〕39 号）明文禁止利用土地开发进行非法集资，并规定：“农林开发用地必须依法进行土地登记，明确规划要求和转让、转租的限定条件，未经批准不得擅自进行分割转让、转租。”中国人民银行《关于加强农林开发项目信贷管理，严禁利用土地开发和土地转让名义非法集资的通知》（银发〔1999〕254 号）也有相关禁止性规定。

1993 年 4 月 22 日，国务院办公厅《关于立即停止利用发行会员证进行非法集资等活动的通知》发布之后，法律规定各种形式的会员证发行一律属于非法集资，直到 1998 年 11 月 11 日，中国人民银行、国家工商行政管理局发布《会员卡管理试行办法》，规定了会员卡发行和交易的批准程序之后，按照该《试行办法》办理批准程序的会员卡发行才不属于非法集资。建设部《关于不得给一个平方米单位产权颁发“房屋所有权证”的通知》（(94）建房管字第09号）规定，房地产产权管理部门及房地产开发公司发放一平方米产权证书的行为，违反我国集资法律规定，属于非法集资。

国家工商行政管理局《关于查处企业以招商等名义非法集资有关问题的紧急通知》（工商企字〔1998〕272号）规定，坚决查处企业借“招商”名义非法集资，并且规定：“各级工商行政管理机关要严格按规定核定企业经营范围，不得核定‘招商’以及类似的不规范用语。”

（二）非法集资的法律责任

针对非法集资的法律责任，国务院1998年6月30日发布《非法金融机构和非法金融业务活动取缔办法》（以下简称《取缔办法》）予以规定，并于发布之日起施行。在《取缔办法》施行前发生的非法集资按照“谁主管，谁整顿；谁批准，谁负责；谁用钱，谁还债；谁担保，谁负相应责任”的原则处理，在《取缔办法》施行后发生的非法集资，依照《取缔办法》规定处理。以下具体分析非法集资的民事、行政和刑事法律责任。

1. 民事法律。《取缔办法》第十八条规定：“因参与非法金融业务活动受到的损失，由参与者自行承担。”根据该条规定，如经人民法院执行，集资者及担保人仍不能清退集资款，参与者应自行承担损失，而不能要求有关政府部门代偿。1999年3月15日，《中华人民共和国合同法》（以下简称《合同法》）第五十八条规定：“合同无效或者被撤销后，因该合同取得的财产，应当予以返还；不能返还或者没有必要返还的，应当折价补偿。有过错的一方应当赔偿对方因此所受到的损失，双方都有过错的，应当各自承担相应的责任。”

根据民事法律的有关规定并参考相关案例，在非法集资中集资者无法按约定对集资对象进行清退，导致集资对象起诉集资者要求清退的，一般认定非法集资合同无效，非法集资利润不支持，有过错的担保人承担赔偿责任。

2. 行政法律责任。

（1）调查、取缔。根据《取缔办法》的规定，行业主管部门负责调查、认定、取缔非法集资行为，如需要侦查，应与公安机关互相配合。对犯罪嫌疑人、涉案资金采取强制措施，由公安机关负责。

（2）清退。非法金融机构一经宣布取缔，有批准部门、主管单位或者组建单位的，由批准部门、主管单位或者组建单位负责组织清理清退债权债务；没有批准部门、主管单位或者组建单位的，由所在地的地方人民政府负责组织清理清退债权债务。

（3）处罚。从事非法金融业务尚不构成犯罪的，由相关部门没收非法所得，并处以一定的罚款。

3. 刑事法律责任。当非法集资行为具有了相当大的社会危害性，行政处罚手段已经明显不能有效地规制社会上纷繁复杂的非法集资行为时，作为保障社会“最后一道防线”的刑法手段一旦介入调整领域，部分非法集资行为也就上升为集资犯罪。综观新刑法规定的罪名，属于集资犯罪的包括第一百六十条“欺诈发行股票、债券罪”，第一百七十六条“非法吸收公众存款罪”，第一百七十九条“擅自发行股票或公司、企业债券罪”，第一百九十二条“集资诈骗罪”，第二百二十五条“非法经营罪”。

（1）欺诈发行股票、债券罪。该罪是指在招股说明书、认股书以及公司、企业债券募集办法中隐瞒重要事实或者编造重大虚假内容，发行股票或者公司、企业债券，数额巨大、后果严重或者有其他严重情节的，处五年以下有期徒刑或者拘役，并处或者单处非法募集资金金额1%以上5%以下罚金。单位犯前款罪的，对单位判处罚金，并对其直接负责的主管人员和其他直接责任人员，处五年以下有期徒刑或者拘役。

（2）非法吸收公众存款罪或者非法变相吸收公众存款罪。《刑法》第一百七十六条规定，非法吸收公众存款或者变相吸收公众存款，扰乱金融秩序的，处三年以下有期徒刑或者拘役，并处或者单处二万元以上二十万元以下罚金；数额巨大或者有其他严重情节的，处二年以上十年以下有期徒刑，并处五万元以上五十万元以下罚金。单位犯前款罪的，对单位判处罚金，并对其直接负责的主管人员和其他直接责任人员，依照前款的规定处罚。目前司法实践中，个人非法吸收或者变相吸收公众存款一百万元以上，单位非法吸收或者变相吸收公众存款五百万元以上的，可以认定是“数额巨大”。

（3）集资诈骗罪。该罪是指以非法占有为目的，使用诈骗方法非法集资，数额较大的行为。根据最高人民法院相关司法解释和规定，“以非法占有为目的”的行为包括：①明知没有归还能力而大量骗取资金的；②非法获取资金后逃跑的；③肆意挥霍资金，致使资金无法返还的；④使用集资款进行违法犯罪活动，致使资金无法返还的；⑤抽逃转移资金隐匿财产，以逃避返还资金的；⑥隐匿、销毁账目，或者搞假破产假倒闭，以逃避返还资金的；⑦其他非法占有资金，拒不返还的。集资诈骗罪，数额特别巨大或者有其他特别严重情节的，可判处十年以上有期徒刑或者无期徒刑，并处五万元以上五十万元以下罚金或者没收财产。数额巨大并且给国家和人民利益造成特别重大损失的，应判处无期徒刑或者死刑，并处没收财产。根据当前司法解释，个人集资诈骗数额在一百万元以上的，属于数额特别巨大，单位集资诈骗数额在二百五十万元以上的，属于数额特别巨大。

（4）擅自发行股票或者公司、企业债券罪。该罪是指未经国家有关主管部门批准，擅自发行股票或者公司、企业债券，数额巨大、后果严重或者有其他严重情节的行为。该罪处五年以下有期徒刑或者拘役，并处或者单处非法募集资金金额1%以上5%以下罚金。单位犯前款罪的，对单位判处罚金，并对其直接负责的主管人员和其他直接责任人员，处五年以下有期徒刑或者拘役。

（5）非法经营罪。该罪是指未经许可经营专营、专卖物品或其他限制买卖的物品，买卖进出口许可证、进出口原产地证明以及其他法律、行政法规规定的经营许可证或者批准文件，以及从事其他非法经营活动，扰乱市场秩序，情节严重的行为。在许多复杂的非法集资行为中，特别是涉及银行、证券、期货、信托的金融特许业务时，将构成非法经营罪。也可以说，非法经营罪是调整非法集资的手段之一。依据《刑法》第二百二十五条规定，该罪处五年以下有期徒刑或者拘役，并处或者单处违法所得一倍以上五倍以下罚金；情节特别严重的，处五年以上有期徒刑，并处违法所得一倍以上五倍以下罚金或者没收财产。

需要说明的是，以相同方式实施的非法集资行为，在《刑法》上可能被认定为不同的罪名，区分的关键在于行为的性质和主观内容。对于都承诺给予回报的非法集资行为，集资诈骗罪的行为人是虚假地承诺给予回报，具有非法占有的目的，而非法吸收公众存款罪，欺诈或擅自发行股票或者公司、企业债券罪的行为人则是真诚地承诺给予回报。从实质上说，集资诈骗罪的法定刑之所以重于其他集资犯罪，重要原因之一是其承诺回报具有欺骗性，从而使行为的侵害性更为严重。

为实施集资犯罪而擅自设立金融机构或者伪造、编造金融机构经营许可证或者批准文件，或者将非法集资所得用于其他犯罪的，应当按照数罪并罚的规定处理。

《刑法修正案（七）》增加了组织、领导传销罪，对以传销方式从事非法集资的行为，可以对传销的组织者和领导者以该罪论处。同时，根据《最高人民法院关于情节严重的传销或者变相传销行为如何定性问题的批复》（法释〔2001〕11号），实施传销犯罪，同时构成《刑法》规定的其他犯罪的，依照处罚较重的规定定罪处罚。即以传销方式进行的非法集资行为如果符合集资诈骗罪的，应以集资诈骗罪论处。

（三）现行法律规定中存在的问题

上述纷繁复杂的法律文件并没有有效遏制非法集资愈演愈烈的态势，究其原因，主要包括以下几个方面。

1. 非法集资的判定依据不明确。非法集资既为“非法”，应是有明确的法律规范作为依据的，“法不禁止即为自由”。然而在国家法律规范对“非法集资”的定义里，我们看到了另一种逻辑。按照《国务院办公厅转发中国人民银行整顿乱集资乱批设金融机构和乱办金融业务实施方案的通知》（国办发〔1998〕126号）的定义，凡是“未经依法批准，以任何名义向社会不特定对象进行的集资活动”均为非法集资活动，也就是说只要是未经国家监管机构审核、批准而面向不特定对象的有偿集资行为就是“非法”的，不论该行为是否存在法律明文的禁止或限制。在此“法无规定即不自由”准则的背后，潜藏的是公权力对私权利空间的完全剥夺，也注定了私权利会甘冒“非法”的风险而争取自由。

2. 法律规定缺乏协调性。从上述引文可以看出，有关非法集资的法律规定零散，没有专门的法律法规进行全面系统的规制和调整，并且有关规定存在着先后冲突、不相协调的地方。如1998年国务院出台的《非法金融机构和非法金融业务活动取缔办法》规定由人民银行负责非法集资的认定、查处和取缔，但在目前“一行三会”的体制下，银监会、证监会、保监会负责银行、证券、保险等金融机构和金融业务的监管，理应由各行业的主管部门负责认定、查处和取缔。诸如这样的规定，已经明显不符合监管的要求，亟待修改。

3. 对非法集资的处理方式单一。总体来说，我国目前对非法集资活动的处理采用的是“一刀切”的方法：在行政上，一律予以取缔，甚至大多数非法集资者都会被追究刑事责任，投资者则需自行承担损失，法律不予保护。目前没有根据经济社会发展的需要细分集资的直接融资和间接融资两种模式，并根据不同的融资结构设计不同的集资处理制度，这就没有为民间金融的合法化预留空间。

4. 监管主体多元化。企业的集资行为往往兼具融资性和经营性，根据企业类型和其经营业务领域的不同，对企业集资活动的监管会涉及审批机构、主管部门、监督机构等不同的国家行政主体，包括公安、民政、土地、房产、工商行政管理等部门，以及证监会、银监会等金融监管机构，这些监管主体之间对于同一行为的监管职责划分并不明确，行动上缺乏配合，也因而常常导致“令行而禁不止”的现实结果。

（四）完善有关法律法规的切入点

1. 调整法律规制的定位。我国目前打击非法集资活动的制度存在两类重大的缺陷，导致对非法集资活动的打击不力。一类缺陷是无法明确区分合法的商业交易行为与非法集资行为，从而导致打击范围有时过大，有时又过于狭窄；另一类缺陷是缺乏对非法集资活动的具体分析，从而只是简单地禁止所有未经批准的集资活动，无法应对我国经济持续发展所产生的合理资金需求，也无法为今后合法化民间融资预留空间和余地，更不符合保护投资者利益的公共政策。建议将部分非诈骗类的非法集资活动划入直接融资领域监管，从而既符合法律本身的逻辑，也符合金融实践的现实。

2. 确保法律规定的衔接与协调。在明确了疏堵框架后，应该对现行法律文件进行清理和修改，不符合现行政策目标的应予废除，不符合实际状况或相互间存在冲突的应予修订，并确保不同部门法之间平衡协调。

3. 提高对预防性制度的重视程度。目前我们治理非法集资的机制更多关注“堵”和“打”，对预防性的规定重视不足，防线过后，疲于打击。为防患于未然，最大限度地避免广大人民群众遭受可能的财产损失，建议更加重视加强和完善预防性制度，尤其是重视反洗钱监测分析体系在预防和打击非法集资违法犯罪活动中的独特作用和价值。非法集资是资金密集型违法犯罪活动，根据大额和可疑交易报告，借助智能化的分析工具，中国反洗钱监测分析中心能够在纷繁复杂的交易中发现非法集资的蛛丝马迹，还原资金走势和链条，并能根据交易情况勾勒出非法集资交易活动的人员关系图，锁定核心账户和嫌疑人，据此形成的情报线索能够在非法集资初露端倪的时候及早发现、预防和预警，把非法集资控制在萌芽状态。此外，如果非法集资已经爆发，情报线索则能够发挥“以情立案、以情导侦”的作用，协助办案机关提高主动出击能力和办案效率，扩大办案成果；如果非法集资活动即将崩盘、集资人意图卷款潜逃，情报线索则可以通过监测核心账户的资金异常转移情况，及时提请有关部门防止资金外逃，并能够追踪资金去向，配合追缴，最大限度地减少受害人的损失。

第三节 目前非法集资的主要形式

一、以会员或加盟形式进行的非法集资

此类非法集资活动主要包括以下两种形式：（1）以转让、代管、代养、发展会员、商家加盟、积分卡等名义，通过销售商品、收取保证金等形式进行非法集资；（2）以出售会员卡、会员证、席位证、优惠卡、消费卡等名义，通过收取会员费等进行非法集资。

【案例一】陕西公司非法集资案①

该案是近年来西安集资诈骗数额最大、受骗人数最多的一起集资诈骗案，已于2007年11月宣判。

---

① 《陕西公司非法集资8604万元，35428人受骗》，新浪新闻中心，http：//news. sina. com. cn/c/l/2007 -07 -11/064813419830. shtml。

1. 基本案情

2004 年 9 月，张某了解到广西某公司采用发展会员、消费积分赚取中介费的运作方式，遂着手在陕西成立一个同样的公司，张某虚报注册资金 100 万元，成立陕西益万家购销服务有限公司（以下简称益万家公司），自任公司法人。公司成立后，一方面大肆宣传所谓“消费积分”模式，另一方面鼓励加盟会员直接用现金购买积分即“现金积分”或称“快速积分”；1 元购买 1 分，购买 200 分为一个兑奖券，会员在第 1 个月至第 17 个月内，每月向公司存入固定数额的资金，公司从第 3 个月开始，以两个月为单位，依次 1 ~ 7 倍返还，第 17 个月返还 7.5 倍。2004 年 9—11 月，益万家公司以此方法共发展会员 1926 人，非法集资 46152 元，其中 35000 元用于公司费用，余款 11152 元。

2004 年 11 月，张某得知此种经营方式违法，意欲关闭或转让益万家公司。而在同年 9 月，郝某、蒋某获知益万家公司经营方式。11 月，郝某通过伪造身份证化名“张锦贵”，伙同蒋某虚报注册资金，成立了陕西世纪缘商贸有限公司。由于公司无资金、时间短、发展会员少，导致公司亏损，无法经营。在得知张某意欲转让益万家公司，且公司已发展会员 1000 余名，有一定数量的集资款，郝、蒋二人即找张某商谈接收事宜，最终达成书面转让协议，郝某、蒋某以 2 万元买下益万家公司，并接收了原益万家公司所有会员集资资料和 11152 元的公司余款。二人为逃避法律责任，决定不担当公司法人，而用王某的身份证变更了益万家公司的法定代表人，同时承诺给王某 1% 的公司股份，为掩人耳目，郝某给王某重新起名叫“王森皓”，要求王某不能把真实身份告诉任何人。

2005 年 6 月，樊某、彭某经人介绍成为益万家会员。樊某很快成为户县工作室的负责人，发展了自己 30 余人的团队，并于当年 9 月被郝某任命为益万家公司副总经理，主管公司业务宣传。樊某建议和实施了益万家宣传手册的重新印刷，并将关于郝某身份的虚假内容补充进宣传手册，协助郝某办理了户县怡磬园超市更名为益万家超市和咸阳超市的成立等事项。彭某为了获得高回报，积极参与益万家的宣传活动，发展会员50余人，在益万家公司成立咸阳分公司时被任命为经理，主持咸阳地区的集资工作。

该案的“会员”大部分是中老年人。公司给大家发了宣传小册子，上面介绍投资越多赚钱也就越多越快。面对赚钱的诱惑和宣传者不断地上门游说，很多人就相信了这种投资返利的说法。其中，大部分人都称自己是通过朋友和熟人介绍参与投资的。自2004年12月至2005年12月23日案发止，本案涉及直接受骗群众35428人，累计非法集资8604万余元，其中，用于集资返利款5020万余元；转入咸阳益万家公司1000万元；以奖励的名义给蒋某100万元；给郝某妻子张某个人账户转入747万元；转入郝某父亲个人账户100万元；转入郝某化名的高凤山、高驿云的个人账户180万元和400余万元；用于购买个人住房和汽车60余万元。破案后，公安机关共冻结和追缴赃款3059万余元。

2. 作案手法

郝、蒋等人打着“利国、利民、利己”的口号，在电视、报纸等媒体大肆宣扬益万家宣传手册上的虚假的“消费积分”方式，称其为“消费革命”。采取“现金积分法”，让会员直接将现金存入郝某的个人银行账户。为此，郝、蒋等人还制定了划分会员级别的制度，按照发展下线会员的多少和集资数额的多少实施奖励，每发展10名会员晋升为商务代表，发展300名会员就晋升为商务主管，商务代表、商务主管按其发展会员集资款的8%提成。整个过程都是在没有其他任何资金来源和收益的情况下，用后续非法集资款兑付先期集资款和承诺的返利，蒙骗群众进行诈骗。

【案例二】丹东逢世成功实业有限责任公司非法集资案

2008年6月27日，丹东市宽甸县公安局成功破获了一起地跨辽宁、吉林、黑龙江、内蒙古、天津五个省、市、自治区的“非法吸收公众存款”案件，该案涉案金额约6亿元，直接受害群众3万多人，欠返资金2.2亿余元。主要犯罪嫌疑人宽甸县逄世成功实业有限责任公司法定代表人逄某已被公安局批捕，并对非法吸收公众存款的事实供认不讳。有关犯罪嫌疑人的账户、银行卡及存折等已被公安机关扣缴、冻结。

1. 基本案情

宽甸县逄世成功实业有限责任公司为民营企业，经工商部门批准在宽甸县宽甸镇注册，其法人代表逄某系宽甸县政协委员。该公司主要经营饲料加工和养鸡，职工54人，2005年的销售收入为209万元。自2005年2月以来，该公司推出“顾客累计购买商品计分，3倍倍增排网销售，同时开展订单售货业务，按3倍倍增进行排网返还”，即每个人起点预交100元购买逄世成功实业有限责任公司12只金凤鸡，返还104元，预交越多返还得越多。凡预交订金者即为该公司的业务员，业务员可以吸收自己的下线客户。此种营销缺乏真实的商品交易，却因为返还订金和红利而吸引众多人加入。自2005年2月至2006年2月，该公司累计收取所谓业务订金3911.2万元，累计返还订金和红利1954.5万元。进入2006年，此种营销有加速扩张的态势。

2. 特征分析

2006年3月初，人民银行反洗钱部门发现，宽甸县逄世成功实业有限责任公司利用其法人代表和财务主管两个人在宽甸县邮政储汇局开立的存款卡，几十万元、上百万元集中大量支取现金，为其遍布全省乃至黑龙江和吉林的19246名业务员支付“工资”，经进一步调查后认为其有从事非法传销、非法吸收公众存款的重大嫌疑。

对宽甸逄世成功实业有限责任公司代发“工资”户数及金额的动态监测如图1所示。

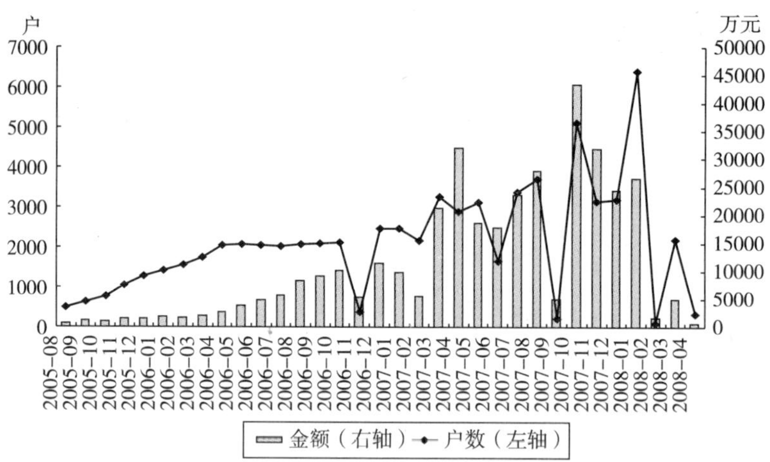

图 1　逢世成功实业有限责任公司代发“工资”户数及金额动态变化图

二、以委托生产或开发形式进行的非法集资

此类非法集资活动主要包括以下几种形式：以兴办实业，借种植、养殖、项目开发、庄园开发等名义，承诺回报以收取定金、股金等向社会公众进行非法集资；以国家对生态环境保护、发展绿色产业、民间资金造林等方面采取的鼓励政策为幌子，许诺高额回报，进行非法集资；以合作经营、投资入股、入股分红等为名，收取定金、股金等并承诺回报，向社会公众非法集资。

【案例三】营口东华集团非法集资案

2005 年 6 月，辽宁省公安机关破获了营口东华集团非法吸收公众存款案。2007 年 2 月，营口市中级人民法院一审宣判，主犯汪某犯集资诈骗罪，判处死刑，其余案犯以非法吸收公众存款罪分别判处有期徒刑。

1. 基本案情

从 2002 年 5 月到 2005 年 6 月，营口东华集团董事长汪某以高额利息为诱饵，以租养、代养蚂蚁的方式，以给予投资者 35% ~60%

不等的高额利息为诱饵，通过设立的13家分公司及代办点，前后与3万名投资者签订10多万份合同，非法吸收了29.9499亿元的存款，除偿还部分本金14.755亿元及高额利息7.2147亿元外，其将养殖户资金7.98亿元用于个人挥霍、偿还个人贷款、广告宣传、企业庆典、赞助、借给个人或单位使用或用于挥霍性投资项目等。东华集团自成立以来，一直处于亏损状态，根本无法承担高额利息。至2004年12月，东华集团资金链断裂，陆续停止向养殖户返款付息，各地养殖户纷纷围堵各分公司索要本息，并到公安机关报案，报案者36700余人。至此，营口东华集团东窗事发，公安部门介入。

2. 作案手法

营口东华集团先以高额回报诱使群众投资所谓的“养殖蚂蚁”，并由设在当地的分公司向投资者提供一个指定的银行账户，投资者将投资款存入该指定账户后，与该分公司签订《蚂蚁购销合同代办授权委托书》，约定由该分公司代表投资者与东华养殖公司签订《蚂蚁购销合同书》及《奖励蚁种投养人补充协议》。该合同期限为一年，约定由东华养殖公司向投资者出售一定数量的蚁种，经养殖后东华公司于一年内回收蚁干，并以奖金的形式付给养殖户35%～60%的利息。自投资者购买蚁种之日起，每37天为一个周期，由东华养殖公司向投资者返还十分之一的本金及利息，全年为10个周期。

3. 特征分析

一是伪装、欺骗性强。非法集资犯罪的嫌疑人不但有合法注册的公司、法人代表的身份，而且处心积虑利用形势，巧妙伪装、加强炒作。其一，公司的工商执照、司法公证样样俱全，为其非法活动披上了“合法”的外衣；其二，为达到吸引资金的目的，采取各种形式大力吹嘘企业的实力，东华集团号称拥有六大产业——养殖、酒业、饮料业、电缆、丝业纺织、酒店业，在一些宣传中，还声称有房地产业，据统计，该公司仅用于包装企业形象，在报纸、电视台发布广告，大量的“软新闻”宣传，以及通过庆典、赞助活动等方式获得机会和领导、明星合影就花了上亿元；其三，公司法人

"声名显赫"，汪某本人有着"辽宁省民营企业协会副会长"、"省特种养殖学会副会长"等多个头衔。

二是犯罪组织严密。非法吸收公众存款犯罪主要策划者居于幕后，或者在外地遥控指挥，在同一地区或不同地区设立若干分公司，再临时雇用社会闲散人员进行宣传和发展"下线"。分公司负责人多为先期投资获利者，骨干成员的报酬根据集资额按比例提成。这样层层诈骗，又层层控制。同案还有15名被告人，多是东华集团在各地分公司的负责人，被法院认定犯有非法吸收公众存款罪。这些人吸收公众存款最少的1100万元，多的则高达2亿元。汪某为此按5‰的标准支付提成款1819万元。

东华集团组织架构如图2所示。

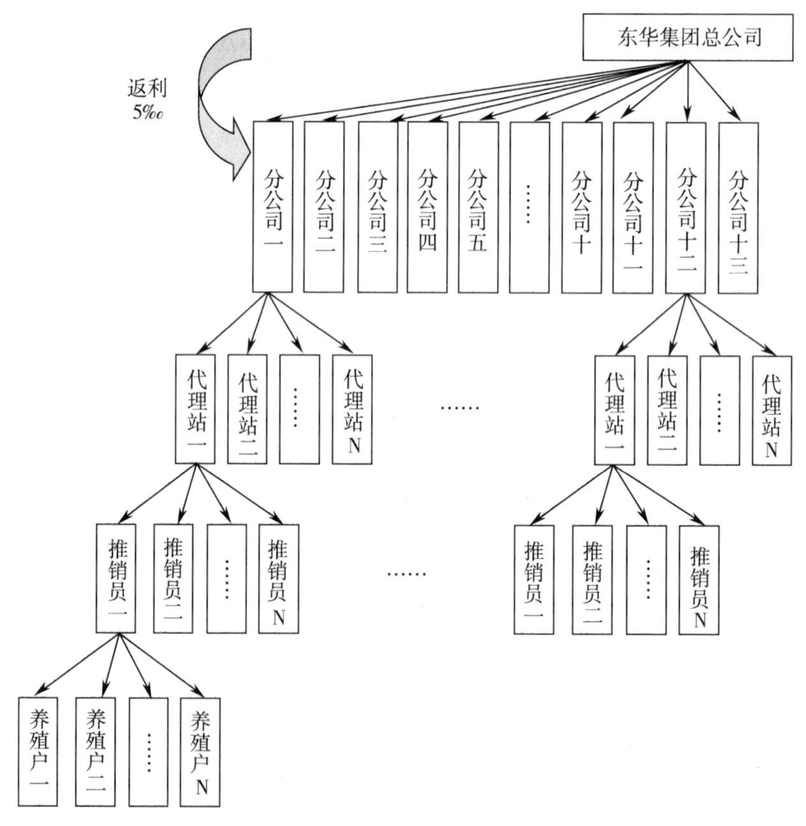

图2　东华集团组织架构图

三是受害的投资者多为低学历和社会弱势阶层，包括城市下岗、买断工龄职工，较富裕地区农民，以及社会闲散人员。

四是跨地区作案突出。该集资诈骗活动具有跨地区作案的特点，在全省设有13家分公司，业务遍布全省各地，产生的影响和损害面广。东华集团下设辽阳分公司、本溪分公司、阜新分公司、鞍山分公司、抚顺东洲东华投资服务处、营口滨城分公司、黑山分公司、锦州分公司、抚顺分公司、海城分公司、沈阳新城子分公司、丹东元宝分公司、大石桥市南楼代办点、营口分公司。

五是虚假广告宣传较为猛烈。除去广告、产品推介等宣传方式外，组织集资者还精心策划，邀请名人加盟，或让他们在报纸、电视上做广告，或安排在公司供职，以赚取“名人效应”，增加迷惑人的色彩。2004年下半年，在资金链出现危机时，东华集团又开始铺天盖地的宣传，以便诱惑更多的人把钱砸进来：东华集团在辽宁某主流媒体做了几个整版的形象宣传；以东华集团名义为辽宁某电视台春节晚会冠名，赞助沈阳某男子篮球队参加了当年的甲B联赛。2004年10月18日，东华集团在公司所在地盖州举行声势浩大的“集团一周年庆典”，不仅大批明星应邀表演，而且还请到两位重量级主持人，在当地引起轰动。在这种情况下，部分群众缺乏法律观念和理性心态，易受犯罪嫌疑人的欺骗，也有少数人明知是投资陷阱，仍抱有侥幸、赌博心理，冒险参与。

【案例四】安徽万物春公司非法集资案①

2008年12月11日上午，安徽省亳州市中级人民法院公开宣判一起涉案资金近10亿元、涉及集资群众近5万人次的集资诈骗案。案发后经核查，自2004年6月至2007年3月，被告唐某等人先后在

① 《集资9.7亿涉及5万人　亳州“万物春”非法集资案开庭》，新华网，http：//news. xinhuanet. com/legal/2008 - 10/21/content_ 10227863. htm；《安徽亳州近十亿元非法集资案两主犯被判死刑》，中国新闻网，http：//www. chinanews. com. cn/gn/news/2008/12 - 11/1483926. shtml。

安徽、河南、山东、江西等七省116个县区非法集资共计9.73亿元，涉及集资群众49786人次，共造成群众集资款3.33亿元无法返还。

基本案情：2003年8月4日，被告人唐某、邓某伙同胡某、蔡某（均另案处理）虚报注册资本50万元人民币，并使用虚假证明文件，向工商管理部门申请设立亳州市谯城区万物春农业技术服务有限责任公司，骗取了公司登记。2004年9月及2005年11月，被告人唐某先后以集资款虚假出资，骗取公司变更登记，先后虚报注册资本500万元和5000万元，并将公司名称变更为安徽省万物春科技开发有限责任公司。

2003年年末，唐某经与邓某、彭某、王某、张某等人预谋后，以分期付款的方式收购买38头梅花鹿，制作《联合养殖梅花鹿合同书》及进行虚假宣传所需的资料。2004年5月，唐某等人为骗取群众集资款，虚构集资用于梅花鹿养殖、夸大梅花鹿的养殖规模及经营效益，以签订联合养殖梅花鹿合同为名，以返还高额利润为诱饵，进行非法集资。同时还组织人员负责接待参观群众、收取集资款，组织业务员进行虚假宣传，诱骗、鼓动群众参与非法集资。2004年6月，丁某进入万物春公司后重新编制了宣传资料，进一步夸大梅花鹿养殖数目及效益，并通过修改集资方案、提高返款利润及提成费用等方式，笼络众多业务员进入万物春公司，并积极参与虚假宣传、“拉单”，拉拢、诱骗群众参与非法集资。

2004年10月后，丁某、李某先后主管内外地集资业务。在明知万物春公司经营及梅花鹿养殖亏损、无力返还集资款的情况下，与唐某等相互配合，故意隐瞒事实真相，并以挥霍巨额集资款虚假投资、虚构商贸活动参会成果等方式，为唐某及万物春公司骗取各种荣誉，并频繁通过新闻媒介对被告人唐某及万物春公司神化宣传，鼓吹万物春公司实力雄厚、规模庞大、经营效益良好、前景广阔。为提高宣传效果、制造轰动效应、扩大社会影响，上述人员不惜挥霍巨额资金，先后策划、组织近千名投资群众及业务员参加“万物春公司投资贸易洽谈会暨签约仪式”、“万物春公司成立两周年暨十河生态园开业庆典”等活动，并骗邀领导出席讲话、骗邀媒体现场采访报道，雇请人员冒充客商讲话、签订虚假合同，编造签订投资合同1.2亿元，为非法集资宣传、造势。

三、吸收公众存款形式的非法集资

此类非法集资活动主要通过组织民间“抬会”、“合会”、“标会”等组织或者地下钱庄向社会公众集资。“抬会”、“合会”、“标会”是民间的一种信用互助形式，一般由发起人（称会头）邀请若干人（称会脚）参加，约定每月、每季或每年聚会一次，每次各交一定数量的会款，轮流交由一人使用。从性质来看，这种“会”、“社”侧重的是人的信用，手续简便、互助互利，并且参与人数少、利息低、数额小，能有效地调节民间资金余缺，解决小范围内对资金的需求，有一定的积极作用。但近年来却屡屡被不法之徒所利用，利用“会”、“社”等形式进行非法牟利，破坏国家的金融管理秩序，侵害民众财产。

此类非法集资的一个显著特征是所承诺提供的投资回报利率显著高于银行同期贷款利率，如湖南湘西非法集资案，在后期的集资月回报率竟高达6%～8%，个别甚至达到10%；四川汉唐实业有限公司非法吸收公众存款案中，在后期的集资月回报率高达5%～10%，个别达到15%，折合年利率已接近或超过100%。

【案例五】东阳吴英非法集资案[①]

从2006年4月开始，东阳市本色商贸有限公司开始在东阳市区出现，其法定代表人吴英的神秘发迹、出手阔绰、在媒体前的高调

① 《吴英非法集资案：吴英非法集资案共涉14亿元》，财经网，http：//www.caijing.com.cn/2008－01－22/100046015.html；《“东阳富姐”吴英案二审7名“帮凶”集资逾11亿》，中华网，http：//www.hnwchina.com/news/gn/121905.html。

亮相，引发了社会舆论的广泛争议，同时也引起了有关方面的密切关注。通过公安部门半年多的侦查后，2007 年 2 月 7 日，吴英在北京被东阳市公安局逮捕，林某、杨某某、徐某、骆某、杨某等 7 名涉案的犯罪嫌疑人于 2007 年 3 月 16 日被捕。

2009 年 1 月 22 日下午，浙江省东阳市人民法院对涉及“吴英案”的相关人林某等 7 名被告人进行一审宣判。7 名被告人均以非法吸收公众存款罪被定罪处罚。上述 7 名嫌疑人在东阳、义乌均属中产阶层，有的还是公职人员或律师，他们在吴英一案中分别扮演的角色是债权人或者中间人，总共牵涉非法集资款 11 亿余元。

据统计，从 2005 年 11 月至 2007 年 1 月，吴英等人利用本色集团的一系列高调行为所产生的巨大社会影响，以投资、借款、资金周转等为名，以高额利息为诱饵，共向社会不特定公众 148 人非法吸收资金 14 亿余元，其中，吴英本人向 21 人非法吸收公众存款 8 亿余元，所得款项用于支付高额利息、偿还本金、个人挥霍及公司经营等，最终造成巨额款项无法归还。

基本案情：吴英出生于 1981 年，案发时年仅 26 岁，早期从技校辍学后到美容店当学徒，2005 年后在东阳市区经营东阳市吴宁千足堂理发休闲屋、贵族美容美体中心等。在此期间，吴英即开始以投资为名、以高额回报为诱饵非法吸收公众存款，从宁波地区吸收存款数千万元。2006 年 4 月，吴英又开始以借款、投资等为名，以高额利息、高额回报为诱饵大规模吸收公众存款，利息高达每万元每天 35 ~ 50 元。至案发前，吴英及本色集团在短短几个月时间内非法吸收公众存款 8 亿多元，并在东阳市、诸暨市及湖北荆门市等地相继注册成立了东阳市本色商贸有限公司、本色控股集团有限公司等十余家企业。

2006 年浙江民间借贷月息尚在 2 分左右时，吴英就开出了 6 分月息，而且一开始每月都非常准时地把利息交给借款人。到后期则达到疯狂的月息 1 角，月息 1 角的概念是每个月都有本金的 10% 作为利息回报。而中间层次的人赚的就是利息的差额。

作为吴英案中最关键的人物，林某在义乌开有小山宾馆，是本色公司的加盟店，所以，林某最初的身份是吴英的加盟商，人称“林老板”。骆某和杨某作为林某的介绍人，从中牟利“介绍费”达300余万元。“林老板”也是7名被告人中非法集资犯罪特征最为明显的。根据检察机关指控，2005年年末至2007年1月，林某采取书面或口头承诺还本付息的方式，以借款、投资、资金周转等名义向吴某某、浙江一统实业有限公司等71人、1个单位非法吸收存款86515万元，案发时已归还本金41147万余元，支付利息7000余万元，尚欠本金45367万余元。被告人林某将吸存的资金高息放贷给吴某、陈某等人，共计52101万元。

另一名犯罪嫌疑人徐某与吴英平常以姐妹相称，是7名嫌疑人中唯一的女性。徐某出于“帮助姐妹创业”，向20多位亲朋好友集资2700万元。

2005年9月至2007年2月，杨某采取书面或口头承诺还本付息的方式，以借款、投资、资金周转等名义，向刘某等31人非法吸收存款16567万元，案发时已归还本金11959万余元，支付利息1042万余元，尚欠本金4714万余元。被告人杨某将吸存的资金高息放贷给吴某、马某等人。

杨某此前是一名律师。2006年3月至11月，杨某某采取书面或口头承诺还本付息的方式，以借款、投资、资金周转等名义，向楼某等9人非法吸收存款6635万元。被告人杨某将吸存的资金高息放贷给吴英、张某等人。

【案例六】大连金澳港务有限公司非法集资案

2008年5月26日，辽宁省瓦房店市人民法院一审宣判一起非法集资案，大连金澳港务有限公司法定代表人周某以入股分红建设港口的形式变相吸收公众存款，犯非法吸收公众存款罪，一审被判处有期徒刑十年。判处大连金澳港务有限公司罚金人民币5000万元，同案另两名被告人周某某、解某分别被判处有期徒刑四年和三年，并处罚金。

基本案情：2005年4月13日，大连金澳港务有限公司在大连市工商行政管理局登记注册为中外合作经营企业，法定代表人周某，经营瓦房店市炮台镇松木岛港口及港口配套设施建设。2006年2月至5月，该公司为解决港口及港口配套设施建设资金问题，未经有关部门批准，用高额代理费收买并指示各地代理人，在辽宁省大连市、抚顺市、锦州市、丹东市，河北省石家庄市、任丘市，天津市，安徽省淮南市，吉林省松原市等地，以入股分红、签订协议等手段，变相吸收公众存款。短短3个月的时间，周某等在上述地区共为大连金澳港务有限公司募集资金3.7亿余元，大量群众因此上当受骗。

特征分析：2006年4月，人民银行反洗钱部门发现抚顺市某银行有多个储蓄账户自2005年年末以来交易频繁，累计金额达千万元，分散小额存入，集中大额转出，十分可疑。存款人大多为中老年人，人群特征不明显。交易资金来源分散，交易大多采用现金方式。客户存款时有类似联络人的中年女子进行存款的指导，且均不愿透露存款的原因。个别存款人反映是通过将资金存到指定某卡后签订合同，用于项目投资。2006年5月，经调查，抚顺籍郭某、王某、王某某和杨某4人在银行开立了12个储蓄账户。

大连金澳港务有限公司非法吸收公众存款资金流向如图3所示。

上述4人的储蓄账户仅2006年4月就存入资金238笔，金额达959万元，转出资金84笔，金额达956万元。这些账户交易频繁，大部分款项均由群众仅凭账号批量存入，多则10万元、20万元，少则1万元、2万元，再定期转给大连周某某账户，可疑特征十分明显。并且存入款项的群众多数属于中老年人，还出现过排队存款的现象。

2006年5月，抚顺市公安局经税侦大队抽调20多名警力组成专案组，分赴抚顺、大连等地开展侦察工作。经过2个月左右的艰苦奋战，案情基本查清，追回非法吸收的资金1603.71万元。据调查，该企业当时许诺给这些所谓的“投资人”、“股东”高达15%的月回

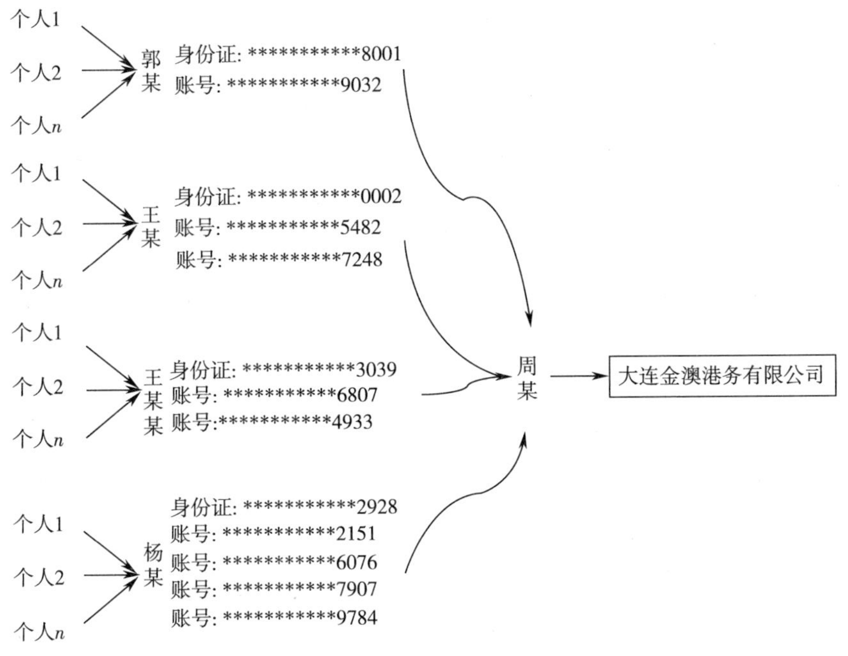

图 3　大连金澳港务有限公司非法吸收公众存款资金流向

报，即投入本金，一月后即可返还115%本金，若经营效益好，还可在许诺的基础上额外给予红利，是短期内增加财富的最好途径。该企业法人周某就是以这种高息回报为诱饵，非法吸收公众存款。嫌疑人周某某负责为周某管理非法吸收的公众存款，抚顺市涉案人员郭某、王某、王某某、杨某 4 人为其下线。

四、利用金融工具形式进行的非法集资

此类非法集资主要指未经有关单位批准，以发行股票、债券、投资基金证券等方式向社会公众募集资金，并承诺在一定期限内以货币、实物及其他方式向出资人还本付息并给予高额回报的行为。这里所说的金融工具指的是信用工具，即资金需求者向资金供给者借入资金或发行者向投资者筹措资金时，以一定格式制成的书面文

件，是具有法律效力的契约。具体来说，有以下三种：（1）通过发行有价证券进行非法集资。有价证券主要是指股票和债券。（2）通过发行受益凭证进行非法集资。受益凭证是指认股权证和变相认股权证，它是股份有限公司给予持证人在确定或不确定的期限内，以确定价格购买一定数量普通股份的权利凭证。（3）通过销售发行投资基金进行非法集资。

【案例七】山东金藏煌公司擅自发行股票非法集资案①

犯罪嫌疑人郭某等人自2007年以来，向全国13个省市的1万余名群众，以传销产品、销售股票等方式非法集资2亿余元。目前，警方已抓获郭某等12名主要犯罪嫌疑人，追缴赃款100余万元。

基本案情：从2007年5月开始，一个名为“山东金藏煌药业集团股份有限公司”的企业开始在兰州、白银、天水等地推销其生产的“金藏煌”系列保健品。该公司规定，只要交纳每单960元（实际进货价格的7倍）购得一份“金藏煌”系列保健品就可成为该公司的员工，并按购买产品的一份、三份、六份等份数将员工分为一级、二级、三级。当上线发展的员工拿到8%的提成工资时，其上线又可拿到10%的提成，各推广站负责本地区销售网络的负责人享有销售业绩4%的提成。

从2007年12月20日开始，“金藏煌”公司在未经批准的情况下，擅自向社会发行原始股，要求员工以每股2.8元人民币申购股票，并承诺公司在美国上市后，员工可获得一股3美元的回报，由各地推广站负责向社会动员和宣传，非法募集资金，并由山东金藏煌药业集团股份有限公司出具股权确认函。推广站享有购买股票业绩每股0.2元的提成和新产品订购转股每股0.1元的提成。

2007年5月，郭某采取虚假出资和抽逃出资手段在山东淄博注

① 《以传销销售股票非法集资2亿“金藏煌”老总落网》，中国经济网，http://finance.ce.cn/law/home/scroll/200901/14/t20090114_14112544.shtml。

册成立了淄博香格里拉生物科技有限公司，采用虚构事实、隐瞒真相、夸大宣传的方式，组织和动员其公司员工大肆在退休、下岗、失业等社会特困群体中发展传销网络，从事非法经营和集资诈骗活动，同时以“金藏煌”公司将在美国上市发行股票为由，动员从事非法传销的人员申购股票。

五、利用网络等新型手段进行非法集资

随着科技的进步，现代社会网络已经十分普及，成为人们必不可少的信息和辅助工具。网络在给经济、社会和人们生活带来便利的同时也产生了一些不良的影响，其中，利用网络等新型手段进行非法集资时有发生。网络非法集资有其特殊性，例如，更难以追踪，刊登集资信息的服务器可以设在国外；更具隐蔽性，不需要在报刊媒体上刊登广告，因而监管部门可能难以及时发现可疑苗头等，因此更需要我们高度关注。

【案例八】潍坊赵氏网络非法集资案

2009 年，潍坊市公安局破获一起网络集资诈骗案，现已查实被骗群众达 100 余人，诈骗金额共计 419.67 万元，抓获犯罪嫌疑人 1 名。

基本案情：2007 年 5 月至 2008 年 8 月，犯罪嫌疑人赵某某等 3 人冒用美国铁狮门房地产公司的名义，在互联网上非法设置网页及软件程序，利用网络及传销方式，以高额利息回报为诱饵，利用假身份证在济南、泰安、威海三地开立 3 个银行账户，先后在青州、梁山、泰安、淄博、潍坊、济南等地销售假冒的铁狮门基金，进行集资诈骗活动。在骗取受害人汇款后，随即将网站关闭，并将骗取的集资款通过提现和网上转账的方式，转移到以其真实姓名开立的银行卡上，用于个人挥霍。经受害人举报，潍坊市公安局经过审查正式立案侦查，犯罪嫌疑人赵某某目前已被依法逮捕，案件侦查已

终结，并以涉嫌集资诈骗罪移交人民检察院审查起诉。

第四节 非法集资行为特征和资金运行特征

一、非法集资活动的行为特征

（一）策划组织者的特点

1. 策划者或首脑多是当地名人，相关公司在当地具有一定的影响力。如营口东华集团非法集资案策划者汪某在当地“声名显赫”，其本人有着“辽宁省民营企业协会副会长”、“省特种养殖学会副会长”等多个头衔；宽甸县逄世成功实业有限责任公司非法集资案策划者逄某为当地著名民营企业家、丹东宽甸县政协委员，在当地开立多家种植和养殖基地，经营范围包括熟肉制品加工销售、粮油、饲料、农副土特产品、日用品销售。

2. 其非法活动一般都披上了“合法”的外衣。非法集资公司的工商执照、税务登记证明样样俱全，组织策划者一般都有合法注册的公司、法人代表的身份。如宽甸县逄世成功实业有限责任公司于2005 年 8 月在当地工商行政管理部门申领营业执照，注册资金 68 万元人民币，2005 年的销售收入为 209 万元；大连金澳港务有限公司于 2005 年 4 月 13 日在大连市工商行政管理局登记注册为中外合作经营企业。

3. 非法集资活动组织严密、行踪诡秘，主要策划者居于幕后，或者在外地遥控指挥。首先，非法集资组织者在同一地区或不同地区设立若干分公司，再临时雇用社会闲散人员进行宣传和发展“下线”。分公司负责人多为先期投资获利者。骨干成员的报酬根据集资额按比例提成，这样层层诈骗，又层层控制。另外，从破获的几起非法集资案件看，其幕后都有一个强有力的智囊团，为其出谋划策。如营口东华集团在非法集资初期与养殖户签订蚂蚁购销合同，约定由东华养殖公司向投资者出售一定数量的蚁种，经养殖后东华公司于一年内回收蚁干，并以奖金的形式付给养殖户35%～60%的利息。后来由于公司亏空，由智囊团出谋划策，将原来的购销合同改为由养殖户直接将购买蚁种的资金交给养殖公司，由养殖公司代养，这样购销合同就直接变成赤裸裸的非法集资。其次，非法集资人员活动行踪诡秘。非法集资活动往往选择在人口密集的商业网点、居民区出租房进行，活动更加隐蔽；交款方式多为异地交款、异地银行卡存取、电子银行转账等，使大量资金流动难以被发现。

（二）参与群众的特点

1. 多数参与集资的人员为城市下岗、买断工龄职工、较富裕地区农民以及社会闲散人员。这些人员处于社会底层，学历较低、金融知识较为有限、风险防范能力不强，对虚假宣传的辨别能力较差，或者明知存在虚假宣传，但为利益驱动，宁愿铤而走险。

2. 在一些地区的非法集资案件中，一些党政机关公务员、金融从业人员也参与其中。如浙江吴某非法集资案中，吴某最大的资金来源方林某即是前国家公务员，杨某为金融从业人员；广西北海非法传销案中，来自全国各地的众多公务员和金融从业人员参与其中；安徽李某非法借贷案件中，众多公务员和金融人员参与交易，尤其是部分公务员账户被李某控制并用于相关交易。

3. 从参与者的群体分布上看，女性参与者比例高于男性，中老年参与者所占比例较高。

（三）宣传手段的特点

1. 以国家优惠政策为幌子。大连金澳港务有限公司为中外合作经营企业，于2005年4月在大连市工商行政管理局登记注册，该公司以经营瓦房店市炮台镇松木岛港口及港口配套设施建设为理由，虚假编制财政补贴和企业盈利预期，在2006年2月至5月，短短3个月的时间内，非法募集资金3.7亿余元，大量群众上当受骗。其实瓦房店市炮台镇松木岛港口及港口配套设施建设工程政府根本没有立项，更谈不上给予财政优惠政策。

2. 以高回报低风险为诱饵。据调查，非法集资活动抓住了现时部分人的心理，利用生活困难的下岗职工法律意识淡薄、渴望迅速改变生活状态、缺乏理财知识、宁愿铤而走险的弱点，通过散布、宣扬高额回报，吸引众多的老百姓积极入股投资。通过了解，大连金澳港务有限公司当时许诺给这些所谓的“投资人”、“股东”高达15%的月回报，即投入本金，一月后即可返还115%本金，若经营效益好，还可在许诺的基础上额外给予红利；宽甸县逢世成功实业有限责任公司以提前收取（预收）“客户订金”作为营销方式进行返本分红（以代发工资的形式）。在2005年8月至2006年3月，累计收取所谓业务订金3911.2万元，累计返还订金和红利1954.5万元，在册业务员19246名。

3. 利用名人代言或大打广告宣传。据统计，营口东华集团用于包装企业形象，在报纸、电视台发布广告，进行大量的“软新闻”宣传，以及通过庆典、赞助活动等方式获得机会和领导、明星合影，就花了上亿元。2004年下半年，营口东华集团在资金链出现危机时，又开始铺天盖地的宣传，以便诱惑更多的人把钱砸进来，先后在辽宁某主流媒体为集团做了几个整版的形象宣传，在辽宁某电视台春节晚会以“东华集团”冠名，并冠名赞助沈阳某男子篮球队参加了当年的甲B联赛。2004年10月，营口东华集团在公司所在地盖州举行了声势浩大的“集团一周年庆典”，不仅大批明星应邀表演，而且还请到两位重量级主持人，在当地引起轰动，导致不少群众对东华集团更加信任，投入资金更多，损失也进一步扩大。例如，36岁的李某是锦州沟帮子的农民，他在2004年6月看到了营口东华集团在锦州的宣传，投资10000元买两箱蚂蚁代养，一年后变成14000元。李某并不相信天上能掉馅饼，但当他看到营口东华集团及其董事长汪振东在媒体上铺天盖地的形象宣传之后，他相信了，先后投资 3 万元、2 万元、5 万元，然而只有其第一批投入的 3 万元返还了四次，其余的一分钱都没有返还。仅在锦州，像李某这样的投资者就有近 2000 户，涉及资金 1 亿元左右。

（四）跨区域作案

非法集资活动具有跨区域作案、辐射面广的特点，受害人群多，少则上百人，多则上万人，群众财产损失严重，极易引发群体性事件，影响经济金融秩序和社会的和谐稳定。如营口东华集团在辽宁省设有 13 家分公司，业务遍布全省各地，产生的影响大，损害面广；宽甸县逄世成功实业有限责任公司业务涉及辽宁、吉林、黑龙江、内蒙古、天津五省、市、自治区，涉案金额约 6 亿元，直接受害群众达 3 万多人，欠返资金 2.2 亿余元；大连金澳港务有限公司非法吸收公众存款涉及四省八市。

（五）与传销相融合

非法集资活动出现与传销相融合的新特点，这比较突出地表现在非法吸收公众存款一类的非法集资活动当中。非法吸收公众存款的企业将非法吸收公众存款与传销活动方式相融合，分层设立“分公司”、“代理站”、“推销员”，上下形成网络，按“业绩”提成，已经越来越像传销活动。

二、非法集资活动的资金运行特征

（一）“金字塔”式交易结构

由于非法集资活动给付的所谓高额回报并非真正的获利返还，而是将集资参与者自己的钱“拆东墙补西墙”，表现在交易规模上，就是交易规模快速增长，出现“滚雪球”效应。相对应地，非法集资活动参与主体众多且呈“金字塔”形分布。一般来说，位于“金字塔”顶的非法活动策划者通常发展几个主要的下线成员，而每个下线成员的回报取决于自己发展的下线成员的集资或者“入股”资金的规模。为了获取高额回报，每个成员不断地发展下线成员，依此类推，最后形成了多层级的“金字塔”形组织结构。相对应地，集资或者“入股”资金则由“金字塔”底直接或间接地流向“金字塔”顶。例如，在陕西益万家非法集资案中，资金由“金字塔”底直接流向“金字塔”顶（见图4）；在浙江吴某集资诈骗案（见图5）和大连金澳港务有限公司非法吸收公众存款案（见图6）中，资金由“金字塔”底经中间环节间接流向“金字塔”顶。

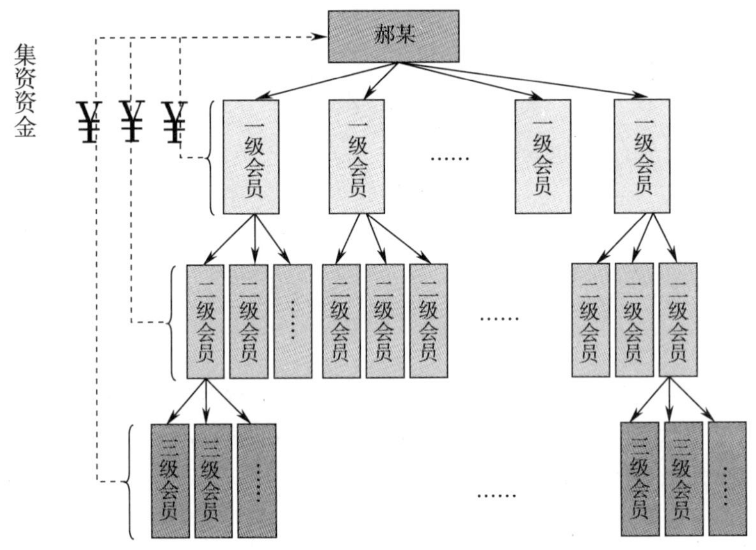

图4　陕西益万家非法集资案主要涉案账户的资金流动

（二）涉及账户众多

非法集资案件滋生于民间融资土壤，受高利回报驱动，往往参与者人数众多。体现在交易环节，就是整个非法集资活动交易账户众多、交易金额巨大。一般来看，非法集资活动的策划者和主要参

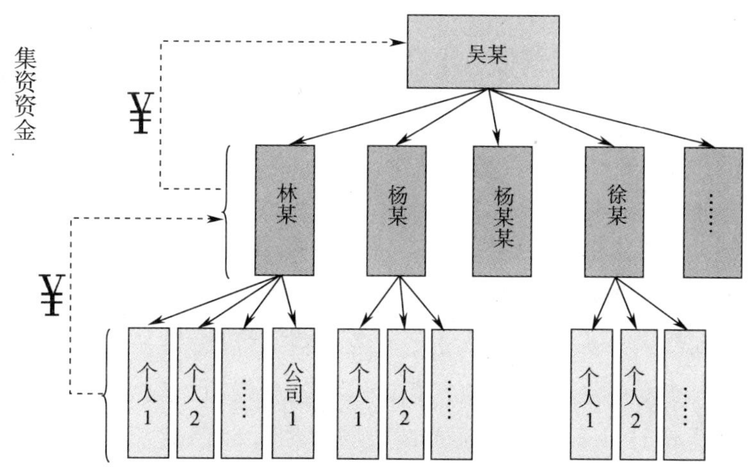

图5　浙江吴某集资诈骗案主要涉案账户的资金流动

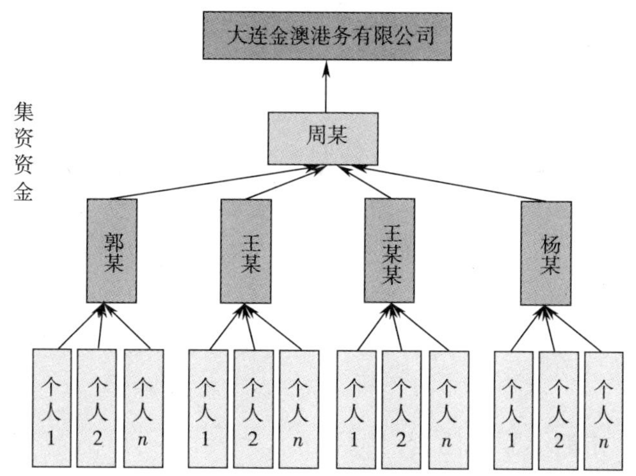

图6　大连金澳港务有限公司非法吸收公众存款案主要涉案账户的资金流动

与者一般控制众多账户进行相关资金交易，包括以个人名义开立的账户和以他人名义开立的账户。在浙江吴某集资诈骗案中，仅吴某个人名下就开立了50多个银行账户，涉及多个银行系统；安徽某科技开发有限公司涉嫌集资诈骗案中，可疑主体张某某个人名下开立了逾百个银行账户；广西北海某地传销案中，可疑主体梅某某名下开立了超过200个银行账户，豆某某名下开立了近200个银行账户。此外，部分人员还控制他人账户交易。

（三）资金分散转入集中转出

一般来说，非法集资主要参与者账户在收到众多个人的分散转入或存入的“入股”资金后，会将其中部分资金集中转给上一级主体或者是非法集资策划者账户。在吴某集资诈骗案中，几个主要参与者收到众多个人分散转入的资金后，集中转给吴某。如林某采取书面或口头承诺还本付息的方式，以借款、投资、资金周转等名义，向吴某某等71人及1个单位非法吸收存款8.6515亿元，然后将其中约5.2101亿元集中转给吴某等人。杨某在2005年9月至2007年2月期间，向刘某等31人非法吸收存款1.6567亿元，并将吸存的资金集中转给林某等人。徐某向20多位亲朋好友集资2700万元后集中转给吴某。杨某某在2006年3月至11月期间，向楼某等9人非法吸收存款6635万元，并将吸存的资金高息放贷、集中转给吴某等人。在大连某有限公司非法集资案中，在2006年2月至5月期间，该公司用高额代理费收买并指示各地代理人，在辽宁省大连市、抚顺市、锦州市、丹东市，河北省石家庄市、任丘市，天津市，安徽省淮南市，吉林省松原市等地，以入股分红、签订协议等手段，变相吸收众多人员分散转入的资金后，再集中转给该公司控制的账户。

（四）定期小额“返利”

高额回报是非法集资活动得以生存并不断发展的先决条件。在实际运作中，非法集资策划者或主要参与者为了募集更大规模的资金，需要履行先前的承诺，定期地向先加入者支付“返利”。这一特征在资金交易中表现为，非法集资策划者或主要参与者账户与部分交易对手账户发生双向资金流动，即前者账户在收到众多对手分散转入的资金后，经过一段时间，一般在每月的相对固定日期有规律地向上述交易对手中的部分人员账户转入小股资金，支付“返利”。

如在广西北海非法传销案中，可疑主体田某的交易对手超过400人，其先后于每月10日前后向其中的160个交易对手支付小额“返利”；在浙江吴某集资诈骗案中，其上下游对手超过80人，其中收到其“返利”资金的交易对手超过20人；在安徽某科技开发有限公司非法集资案中，山东淄博某专营店负责人张某某账户汇集山东地区郭某、张某、王某、孙某、冯某某等众多个人的大额资金后，将其中部分资金用于支付多个个人的小额“返利”。

（五）“入股”金额呈整数或倍数关系

不同类型的非法集资活动中集资或者“入股”金额具有不同特点。在浙江等经济较发达地区因民间借贷活动衍生成的非法集资案件中，单笔集资资金规模相对较大，金额多为几十万元、几百万元甚至几千万元，集资金额几乎全部为万元的整数倍，而在其他某些非法集资类型中，如会员或加盟型非法集资活动中，“入股”金额多为某一金额的倍数关系。例如，某公司推出“顾客累计购买商品计分，3倍倍增排网销售，按3倍倍增进行排网返还”，即每个人起点预交100元购买该企业12只金凤鸡，返还104元；在广西北海的非法集资活动中，策划者规定公众的“入股”金额为69800元的整数倍（见图7）。

（六）交易手段隐蔽

集资者往往采用现金交易、代理交易以及自助交易、网上交易等非面对面交易手段来转移资金。这种隐蔽型交易方式能提高交易效率，同时还能达到以下效果：一是考虑交易的便利性或者是应集资者为规避监管而提出的某些要求，部分公众直接以现金入股，因而非法集资活动的策划者或者主要参与者账户会中有大量的现金存入。此外，为规避监管、便于挥霍或者藏匿及转移资金的需要，非法集资活动的策划者或者主要参与者账户会同时伴随着大量的现金支取。在安徽某科技开发有限公司集资诈骗案中，山东淄博南定区

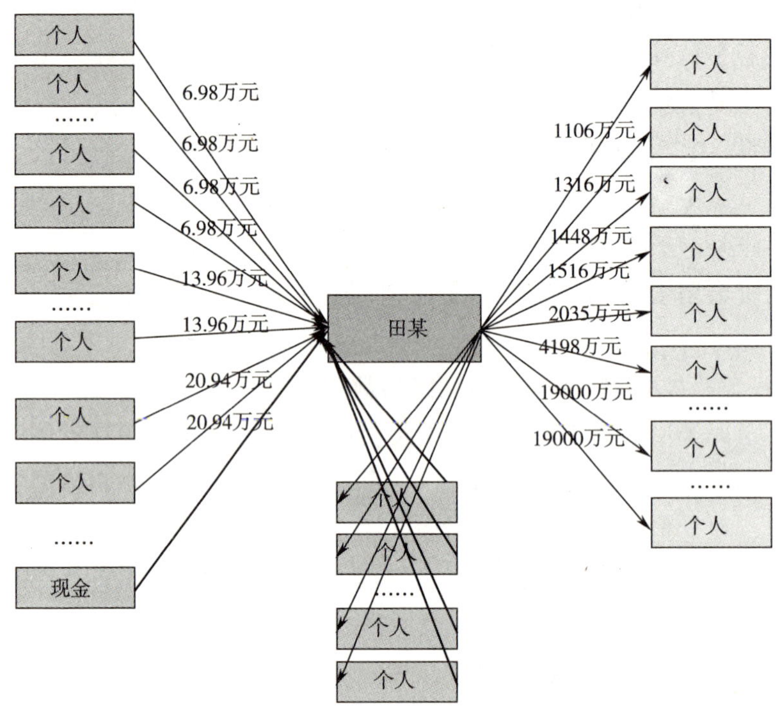

图7 广西北海田某账户资金交易

专营店负责人张某某账户累计交易约2.5亿元，其中约1.3亿元为现金交易。浙江吴某个人账户中也有超过亿元的现金交易。二是集资人往往控制了大量他人账户，这些账户既可能是借用的，也可能是盗用的，无论哪一种方式都需要以代理方式完成交易。三是因为电话银行、网络转账等交易方式具有多重优势——不需要与银行柜台人员面对面地接触，有利于回避询问、逃避监管；交易方式不受时间、空间的限制，便于交易；交易费用低廉等，因此常被包括非法集资在内的众多从事非法活动的主体所广泛使用。在广西北海非法传销案中，主要集资主体梅某某、田某等人账户交易中八成以上通过网络银行转账方式实现，其中全部“返利”交易均通过网络转账进行。

第五节　非法集资的监测分析方法

一、监测思路

（一）充分利用大额交易和可疑交易报告数据库

人民银行并非国家强力机构，不具备公安机关和司法机关所拥有的强制手段，因此，人民银行所属中国反洗钱监测分析中心开展对非法集资活动的资金监测，其切入点与公安机关有所不同，主要是通过对大额、可疑资金交易数据进行分析，为公安机关提供相关资金交易信息和可疑线索。

目前，中国反洗钱监测分析中心已依法集中收集了国内各商业银行、外资银行、城市信用合作社、农村信用合作社和邮政储汇机构等银行业金融机构以及证券公司、期货经纪公司、基金管理公司、保险公司等非银行业金融机构报送的大额、可疑资金交易数据。基于金融机构的报告信息，同时匹配相关执法和行政管理部门的信息，能够及时发现、追踪涉嫌非法集资活动的账户资金变动情况，为公安机关及时打击非法集资活动提供情报支持。中国反洗钱监测分析中心建立5年来的实践证明，大额交易和可疑交易报告数据库的有效利用，对预防和打击具有资金交易特点的犯罪活动具有重要意义和显著作用。

（二）以具有非法集资特征的账户资金交易异常“运动”为监测重点

由于从事非法集资的上游资金具有金额较小、账户众多和参与非法集资的对象区域分布广泛等特征，且参与集资的资金金额往往达不到大额交易的报告标准，因而在最初的资金汇集阶段，更为常态地表现为表面上正常的交易，金融机构很难识别并上报相关可疑交易。但是，犯罪分子的目的是从非法集资活动中获取各种收益，因此上游分散转入的资金必定有一个聚集的过程，从监测分析实践和公安机关破案情况来看，这类犯罪的资金交易过程呈现为“金字塔”形，即资金由上游众多账户流入中间过渡账户，再由中间账户转入最终的犯罪分子账户，犯罪分子账户始终处在“金字塔”顶部。因此，打击非法集资活动的监测重点应放在“金字塔”顶部的犯罪分子账户的异常“运动”环节，因为只有在这个环节，人民银行才能利用自身优势发挥实际作用。

（三）监测分析涉嫌非法集资类可疑交易的触发点

在日常监测非法集资类可疑交易的工作中，主要的监测分析触发点有：（1）公安机关及其他部门提供的非法集资涉嫌名单；（2）中国反洗钱监测分析中心接收的各类涉及非法集资的举报名单；（3）公开媒体信息（互联网、报纸、杂志、广播、电视等）披露、报道的各类涉嫌非法集资的名单或线索；（4）经金融机构主观判断并以可疑交易专报报告的名单；（5）由中国反洗钱监测分析系统根据资金交易特点挖掘、筛选的名单。

（四）加强对非法集资的多发地区、敏感行业的监测

1. 多发地区。将非法集资的多发地区设定为关注地区，如近年来浙江、辽宁、江西、湖南等地发生了多起轰动全国的非法集资案件。通过对重点地区的资金监测，力图发现非法集资的资金运作规律，为全面认识和打击这种违法犯罪活动提供经验支持。

（1）浙江。2005 年以后，非法集资案件数量、规模均出现显著上升，2008 年以来，非法集资案件更是大幅攀升，各地均有不同数量非法集资案发生，其中宁波、丽水、金华等地发案率较高，呈现跨省、跨区域、高涉案金额等特征。据浙江各地市政府有关部门统

计，2008 年全省共就非法吸收公众存款和集资诈骗犯罪案件立案 177 起，与上年同期相比增长迅猛，上升了 164.2%，涉案金额达 93.44 亿余元，同比增长 159.56%，其中亿元以上的案件就有 17 起。

（2）东北地区[①]。自 2000 年以来，在东北地区已爆发多起非法集资事件，集资规模巨大，且很多集资公司持续时间长，社会影响严重，造成多起群发性案件。如辽宁“蚁力神”非法集资案中，犯罪嫌疑人诱骗数万人签订 10 万份投资养殖合同，涉案金额 29.9499 亿元；吉林省的“新同舟”非法集资案中，受骗群众高达 5500 人，涉及吉林、辽宁、安徽等省市，涉案金额约 2.14 亿元；吉林省的“纳士塔”非法集资案中，受骗群众近 5000 人，涉案金额高达 1.23 亿元。

（3）江西[②]。近两年来，江西省非法集资犯罪案件呈明显上升趋势。2008 年，全省共发生 44 起，涉案金额超过 2 亿元，案件数和涉案金额比 2007 年分别增长 57% 和 76%。这些非法集资活动的表现形式主要是以投资、生产经营为名，如以联合种植、养殖农林牧禽产品，开矿办厂，加盟入股等方式进行的非法集资活动。

（4）湖南[③]。湖南湘西民间集资已有时日，至 2008 年，非法集资达到白热化，月利息普遍在 8% 以上，有的企业甚至高达 10% ~ 12%。据中国人民银行湘西自治州中心支行 2008 年 7 月公布的分析报告，到 2008 年 6 月末，自治州民间借贷规模近 70 亿元，占该地区金融机构同期贷款总额的一半以上。吉首市市区人口不足 20 万，过半的家庭参与了非法集资；而在湘西州所辖的龙山、凤凰、古丈、花垣等 8 个县，非法集资也相当严重。

2. 敏感行业和特定人群。敏感行业主要包括种植、养殖、项目开发、庄园开发、生态环保等行业，如辽宁“蚁力神”主要是借养殖蚂蚁进行非法集资活动；内蒙古“万里大造林”主要借生态环保

① 《东三省非法集资现象透视》，载《中国直销》，2008（2）。

② 《江西非法集资犯罪案件呈上升趋势》，载《人民公安报》，2009－02－17。

③ 《湖南湘西 113 名官员涉嫌非法集资遭调查》，载《政府法制》，2008（24）。

等名目进行非法集资活动。没有实体经济作支撑的部分商业企业，如吴英在东阳市、诸暨市及湖北荆门市等地相继注册成立了东阳市本色商贸有限公司、本色控股集团有限公司等十余家企业，而后开始大规模吸收公众存款等。

特定人群主要包括：

（1）国家机关工作人员。如湖南湘西非法集资案中，有113名国家工作人员参与了非法集资，其中湘西州委常委滕万翠涉嫌参与湘西荣昌集团和吉首光彩房地产开发公司非法集资，并与此两家企业关系密切，而浙江丽水杜益敏非法集资案，也涉及100余名国家工作人员。

（2）金融机构工作人员。如2009年宁夏孙国明非法集资案中，有多名银行业高管人员参与其中，为非法集资活动起了推波助澜的作用。

（五）自主分析和协查分析相结合

以分析任务的发起点不同，分为自主分析和协查分析两种方法。

自主分析主要是根据中国反洗钱分析系统数据和其他系统的关联信息，将涉嫌非法集资的大额可疑交易的基本特征经过总结提炼，形成多样的监测规则，由计算机自动筛选，再由分析人员对可疑度高的交易主体进行深入分析，进而得出能够向公安机关移送的情报线索。

协查分析主要是根据公安机关提供的涉嫌非法集资人员或机构名单，在国家反洗钱数据库中设置预警机制，这些涉嫌人员或机构一有交易发生立即报警，并可追踪这些资金的来源，为公安机关有效打击非法集资活动提供帮助。

二、监测分析流程

针对非法集资活动的监测分析主要是依托中国反洗钱监测分析

中心大额交易和可疑交易数据，在有效获取其他辅助信息的前提下，通过反洗钱监测分析系统发现和处理涉嫌非法集资的可疑交易的行为。

具体流程又分以下三种情况：

流程一：中国反洗钱监测分析中心通过总结以往的非法集资活动案例，形成专门针对非法集资活动的监测规则，由计算机通过查询、关联、匹配、比较、测定、跟踪、筛选等过程，形成涉嫌非法集资活动交易主体排名表等。在此基础上，通过人机交互进行信息的评估、整理加工和补充，生成可疑交易线索。该流程是主动分析，对分析出来的线索需要经过案例研判后再移送相关部门，对于分析认为不成熟的，则由分析部门继续补充观察和持续监测，待线索成熟后再移送给公安机关。

流程二：中国反洗钱监测分析中心接到公安机关要求协查的名单后，由主管领导根据密级分配给指定分析人员进行监测分析，并将协查报告及时反馈给公安机关。

流程三：公安机关将涉嫌非法集资名单置入中国反洗钱监测分析中心数据库，并分级别设置。一级名单为直接参与集资的人员名单，二级名单为一级名单的关联交易主体。在反洗钱数据库中运行非法集资资金监测分析模型，该模型中特定名单分析模块应实时运行，若在系统中发现上述名单的交易时，则由系统自动预警，直接由主管分配给专门的分析人员进行综合分析。若可疑，则通过案例研判后移送给公安机关。

上述流程的有效运转还需要除大额和可疑交易数据外的其他信息的支持，如公安机关要向中国反洗钱监测分析中心通报相关非法集资名单或相关信息，公安机关的公民身份信息、人民银行的征信信息、账户信息等要方便中国反洗钱监测分析中心查询。

三、监测分析规则

非法集资专项监测模型是根据国家反洗钱数据库中可提取的分析参数并结合其他信息，按照一定规则组合设置的计算机识别模型。将目标数据输入运算过程后，该运算过程返回一个特定样式的结果，即符合该规则的数据内容。非法集资专项监测模型将综合处理各规则运算出来的数据内容，运用各类加权算法，给出综合可疑度，并以可疑度高低排名方式，将相关主体和报告呈现出来，交由分析部门进行分析。

模型所使用的规则是中国反洗钱监测分析中心根据以往的监测分析经验并结合非法集资的需求设置的，每个规则中参数的选择、系数的设置、算法的定义需要根据实际工作不断调整，以达到最优化效果。随着模型的不断完善，所使用的规则也将不断扩充和成熟。

以下根据本课题对目前非法集资资金运作特点进行归纳梳理，结合中国反洗钱监测分析中心的分析实践，列举出相应的监测规则。

（一）对非法集资名单交易的预警

主要作用：监测在涉嫌非法集资名单上的主体的资金交易行为。

运作原理：将涉嫌非法集资名单录入国家反洗钱数据库，运行名单监测模块，系统自动检测，一旦发现上述名单的资金交易数据入库，则系统提示报警信息，提醒触发分析，从而快速响应。

数据基础：大额交易和可疑交易数据库、涉嫌非法集资名单、公民身份信息。

数据项：账户名称、账号、证件类型及号码、开户银行名称、交易金额、资金用途。

（二）分散转入，集中转出

主要作用：根据“分散转入，集中转出”的特点，结合其他信息，发现相关涉嫌从事非法集资活动的交易主体。

运作原理：将交易主体可疑行为满足设定规则及参数要求的可疑交易从系统数据中筛选出来。

交易模式：多级上游账户将资金转入中间账户，而后中间账户将资金转入下游账户，通常表现为多个账户往一个账户转入资金，转账金额一般较小，转款账户相对分散，收款账户有大额资金转移过程，如图 8 所示。

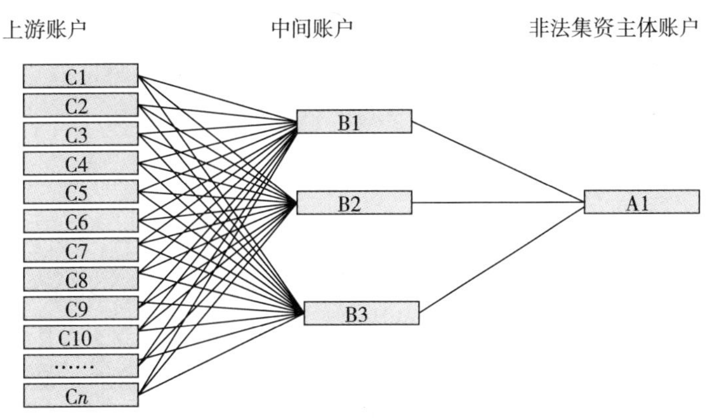

图 8　“分散转入，集中转出”交易模式

数据基础：大额交易和可疑交易数据库、公民身份信息数据库。

数据项：账户名称、账号、交易地区、交易时间、证件类型及号码、开户银行名称、交易金额、交易频率、资金用途、户籍信息。

（三）大额整数金额交易

主要作用：用于监测发现非法集资主体账户发生大额整数倍交易，可通过设定规则由计算机自动抓取。

运作原理：根据非法集资大额整数交易特点，由系统根据交易总笔数、金额及某整数金额交易的笔数，自动筛选出符合条件的排名表，再根据其他条件，由人工判断是否非法集资。

数据基础：大额交易和可疑交易数据库、公民身份信息数据库。

数据项：账户名称、账号、交易地区、交易时间、证件类型及号码、开户银行名称、交易金额、某交易的大额整数金额、交易频率、资金用途、户籍信息等。

（四）短期内交易主体账户的交易量迅速放大

主要作用：用于监测交易主体账户在短期内交易金额、笔数的迅速扩大的可疑交易行为。

运作原理：根据非法集资的交易特征，将交易主体可疑行为满足设定规则及参数要求的可疑交易从系统数据中筛选出来。

交易模式：将监测周期分为若干子周期，通过各子周期交易金额、笔数的比较，用于发现短期内交易主体账户的交易量迅速放大的可疑交易行为，如图 9 所示。

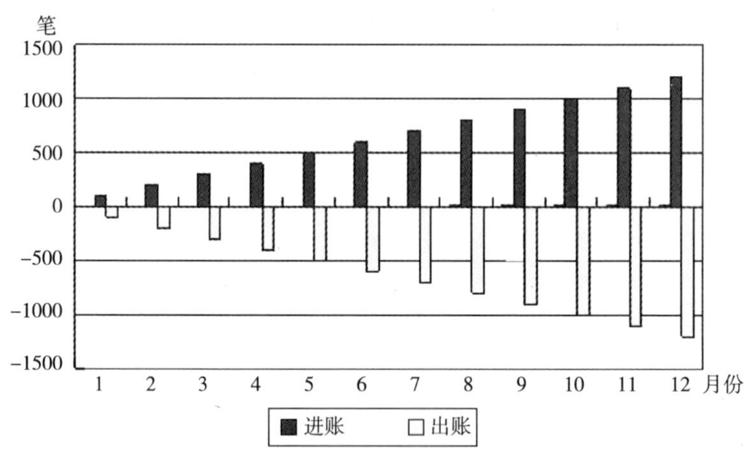

图 9　短期内交易主体账户的交易量迅速放大

数据基础：大额交易和可疑交易数据库、公民身份信息数据库。

数据项：账户名称、账户类型、账号、账户所属地区、交易所属地区、交易主体所属地区、交易金额、交易时间、交易笔数、户籍信息。

（五）部分上下游交易对手重合

主要作用：设定与交易主体可疑行为相关的参数，筛查可疑行为。

运作原理：将交易主体可疑行为满足设定规则及参数要求的可疑交易从系统数据中筛选出来。

交易模式如图 10 所示。

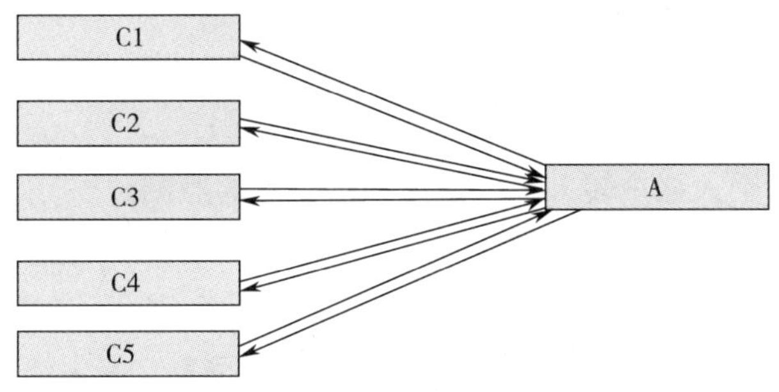

图 10　部分上下游交易对手重合的交易模式

数据项：账户名称（交易双方）、账号（交易双方）、开户银行名称、交易金额、交易时间、交易发生地、交易用途、交易笔数、户籍信息等。

（六）特定区域的特殊群体异常交易监测

主要作用：通过对非法集资高发地区的账户资金监测，发现其中交易异常的交易。

运作原理：将交易主体可疑行为满足设定规则及参数要求的可疑交易从系统数据中筛选出来。

数据基础：大额交易和可疑交易数据库、公民身份信息数据库。

数据项：账户名称、账户类型、账号、开户银行名称、交易主体证件号码、交易金额、交易时间、交易所在地、交易用途、交易方式、交易笔数、交易频率、户籍信息等。

（七）对“敏感字段”的检索排名监测

主要作用：筛查交易中含有“敏感字段”的交易，并通过扩展交易挖掘可疑交易主体。

运作原理：检索交易中的“敏感字段”，根据交易主体的交易金额及频率临界值，筛选出交易行为明显异常的交易主体。

数据基础：大额交易和可疑交易数据库、公民身份信息数据库。

数据项：账户名称、账号、交易地区、开户银行名称、交易金额、交易频率、交易目的、交易用途、可疑交易描述等。

（八）个人账户转入单位账户异常交易的监测

主要作用：筛查个人账户与单位账户的异常资金交易行为。

运作原理：根据单位账户上下游交易对手数量、交易金额、交易笔数及频率，利用系统挖掘出符合条件的可疑交易主体排名。

数据基础：大额交易和可疑交易数据库、公民身份信息数据库、工商税务相关信息。

数据项：账户名称（双方）、账号（双方）、交易地区（双方）、开户银行名称、交易金额、交易频率、交易目的、交易用途、可疑交易描述等。

电子货币领域的洗钱风险及监测分析研究[①]

第一节 概论

20世纪末，一种新的支付工具——电子货币出现在金融和商业领域，随着信息技术的进步和电子商务的繁荣，各种形式的电子货币纷纷涌现，电子货币的交易量也呈几何级数提高，新兴的电子货币已成为传统货币支付体系的重要补充，并有可能代表着未来货币支付工具的演进方向。但与此同时，电子货币的洗钱风险也日益显现，利用电子货币进行的洗钱、恐怖融资和资金欺诈等犯罪活动屡见不鲜，而由于目前电子货币的种类纷繁，各种各样电子货币的运作模式、市场规模、发展速度、交易特点特别是风险因素都大相径庭，各国对电子货币的监管模式也各有侧重，非常有必要对其进行分析梳理，进一步丰富与加强我国对利用电子货币洗钱的应对措施和手段。

由于电子货币形式的多样性，关于电子货币的内涵目前尚无统

① 本报告是中国反洗钱监测分析中心员工参加中国人民银行团委2010年度青年课题活动的课题之一，获得该活动三等奖。执笔人（以姓氏笔画排序）：邓晓卓、甘露、许智飞、李晓明、李黎、钟俊华、黄海；课题组组长：黄海。编入本书时做了大幅删节。

一和权威的定论。1998 年巴塞尔银行监管委员会把电子货币定义为："在零售支付机制中，通过销售终端、各类电子设备和公共网络（如 Internet、移动电话等），以'储值'产品或预付机制进行支付的货币。"1998 年欧洲中央银行发布的《电子货币报告》中将其定义为："电子化存储于技术设备中的货币价值，可以广泛地用于向除了发行者之外的其他方进行支付，且电子货币作为一种无记名的预付工具在交易中不需要与银行账户相关联。"2002 年欧洲议会理事会发布的《电子货币指令》将电子货币的法律概念定义为："对发行者的债权所代表的货币价值，并满足：（1）存储于电子设备中；（2）作为支付方式能够被除了发行者之外的其他方所接受。"《电子货币指令》于 2004 年起被欧盟国家纳入各国的法律并实施。国际反洗钱组织——金融行动特别工作组（FATF）在 2006 年发布的反洗钱类型学报告中将电子货币统称为新支付方式，并按照支付类型将其分为预付费卡、电子钱包、移动支付、网络支付服务和数字化贵金属五大类。2009 年 9 月，欧盟委员会通过"关于电子货币机构业务开办、经营和审慎监管的指令"（2009/110/EC），指令中将电子货币定义为："电子货币发行商通过收取货币资金，发行的用于支付交易且能够被其他自然人或法人接受的电子化的货币价值，它表现为持有人对发行人所享有的要求权。"

相对而言，我国目前尚没有明确规定电子货币的内涵。2004 年颁布的《中华人民共和国电子签名法》（以下简称《电子签名法》）对电子货币有所涉及，但主要是规定了电子签名及其认证，为电子签名技术应用于电子货币提供了法律保障，没有涉及电子货币概念、电子货币发行主体等相关问题。概念界定不清，电子货币市场的业务发展、监管对象、监管主体、监管原则以及如何监测电子货币洗钱等一系列问题都难以厘清。国内一些学者也开始从事这方面的研究，比较有代表性的电子货币定义包括：（1）电子货币是指以金融电子化网络为基础，以商用电子化工具和各类交易卡为媒介，以电子计算机技术为手段，以电子数据形式存储在银行的计算机系统中，并通过计算机网络系统以电子信息的方式传递，具有支付功能的货币。[①]（2）用一定金额的现金或存款从发行者处兑换并获得代表相同金额的数据，通过使用某些电子化方法将该数据直接转移给支付对象，从而能够清偿债务，该数据本身即可称为电子货币[②]。（3）电子货币主要是指依靠先进电子化系统完成无纸化支付的手段，包括信用卡、电子现金、电子支票、储值卡等，其实质就是代表一定商品价值的数字符号[③]。

电子货币是传统金融业务和现代信息技术相结合的产物，既具有货币的属性，也有其有别于传统货币的特殊属性。（1）传统货币具有一定的物理形态、大小、重量和印记；电子货币则是采用数字信号代替纸张或金属进行资金的流通，通过芯片进行处理和存储。（2）传统货币只能由中央银行或特定机构发行，中央银行承担其发行的成本，享受其收益；电子货币的发行方通常是一般的金融机构和商业机构。（3）传统货币是以中央和国家信誉为担保的法定货币，被强制接受和广泛使用；电子货币大部分是由不同的金融机构或商业机构自行开发设计的带有个性特征的产品，风险大小不一，其信誉主要依靠各个发行者自身的诚信和资金实力，适用范围受到设备、地域和传统习惯的制约，不能被强制接受。（4）传统货币防伪主要依赖物理或化学特性；电子货币则主要靠数字加密算法和数字签名技术等信息技术来实现。

综合有关国际组织的定义和我国电子货币发展的实践经验，笔者认为可以对电子货币作如下定义："由合法的发行商按照一定的兑换关系收取货币资金后发行的不需要强制与银行账户相关联的，通过互联网、移动电话网络或集成电路芯片等高技术介质进行支付交易的新型支付工具。"其内涵有几个特点需要注意：（1）电子货币并不排斥传统货币，它是以传统货币为基础，通过其发行主体将货币的价值金融信息化后创造出来的衍生货币，其储藏手段、流通手

① 高媛：《电子商务》，北京，企业管理出版社，1999。

② 赵家敏：《电子货币》，广州，广州经济出版社，1999。

③ 刘自强、沈毅、余志勇：《关注电子货币》，载《南方经济》，2000（10）。

段职能较为弱化，但具有价值尺度和支付手段两个货币最基本的职能。（2）电子货币是否与银行账户相关联不具有强制性，既可以关联银行账户进行支付，也可以脱离银行账户进行交易，这就可能方便犯罪分子利用不关联银行账户的电子货币来切断货币价值的转移路径。（3）电子货币一般通过以现代信息技术为代表的高科技介质进行支付交易，区别于通过一般和传统的金属和纸质物理介质进行支付交易的传统货币。

第二节　电子货币的分类和基本现状

一、电子货币的分类

电子货币是一个整体，可以根据不同的标准进行不同的类型划分，不同类型的电子货币具有不同的特征，充分认识这些特征是正确认识电子货币的前提。

（一）卡基型电子货币和网基型电子货币

按照电子货币价值的存储媒介，可以将其分为卡基型电子货币和网基型电子货币。

卡基型电子货币是指以各种类型含有计算机芯片的卡片为货币价值的存储媒介的电子货币。此类电子货币将货币价值预先存入集成电路芯片，利用芯片的计算、储存功能来实现货币价值的转移。

网基型电子货币是指以计算机为基础的电子货币。此类电子货币通过计算机网络联通银行和商务的终端来进行货币价值的转移。

（二）联机型电子货币和脱机型电子货币

按照在流通和支付过程中是否需要同中央数据库联网进行联机

授权，可以将电子货币分为联机型电子货币和脱机型电子货币。

联机型电子货币通常将数据储存于中央数据库中，通过此数据库对电子货币使用者的交易请求进行确认。

脱机型电子货币是指使用电子货币时不需要提前联机授权，主要通过加密技术、数字签名技术和交易终端而不是中央数据库来保证电子货币的真实性。

（三）存款型电子货币和现钞型电子货币

按照电子货币与银行账户的关系，可以分为存款型电子货币和现钞型电子货币。

存款型电子货币是指以特定账户为载体，只能在不同账户间流动，不能脱离账户而独立存在的电子货币。

现钞型电子货币是指具有电子货币的独立载体，像现钞货币一样由使用者直接持有，在实际使用中可直接支付，其货币流通和支付行为可在交易双方之间直接完成的电子货币。

（四）金融型电子货币和商业型电子货币

按照电子货币发行人的行业性质，可以分为金融型电子货币和商业型电子货币。

金融型电子货币是指以金融机构为发行主体而发行的电子货币。其代表的是金融信用，受到法律的严格规范和监管，金融机构的设立制度、经营制度和破产保护制度等相关规范均很严格。

商业型电子货币是指以非金融机构为发行主体而发行的电子货币。其代表的是商业信用，而商业组织作为社会法律体系中的普通主体，其设立制度、经营制度和破产制度都是一般性的，在法律上和实际中都难以达到金融机构的信用水平。

（五）单一型电子货币和复合型电子货币

按照电子货币的使用范围，可以分为单一型电子货币和复合型电子货币。

单一型电子货币是指只能用于某一特定领域或特定类型的流通与支付的电子货币，使用面狭窄而单一。

复合型电子货币是指可以用于两个以上特定领域或特定类型的流通与支付的电子货币，使用面宽泛而多元。

FATF 按照支付类型将电子货币分为预付费卡、电子钱包、移动支付、网络支付服务和数字化贵金属五大类，基本上囊括了当前的各种电子货币形式，笔者认为这是比较科学合理的，特征较为明显，便于分析研究，下文的分析将以此为基础展开。

二、各类电子货币的行业基本现状

（一）网络支付

网络支付服务通常包括两种：（1）依赖银行账户并将互联网作为银行账户间资金划转手段的支付服务；（2）由非银行机构提供的只通过互联网间接与银行账户发生关系的支付服务。前者只是传统银行业务的延伸，我们一般关注的是后者，即网络第三方支付服务。网络交易中，买方选购商品后，使用第三方平台提供的账户进行货款支付，由第三方通知卖家货款到达、进行发货；买方检验货品后通知付款给卖家，第三方再将款项转至卖家账户。这套原本是为电子商务作担保支付的第三方支付模式，随着网络经济的发展和金融工具的创新，已经形成了巨大的产业规模，而且除了电子商务外，第三方支付已经越来越多地涵盖普通的网银功能，即水电煤气缴费、信用卡还款、手机充值、订机票和酒店，甚至还能买彩票、保险。

全球最大的网络第三方支付服务提供商是 Ebay 公司旗下的贝宝（PayPal），其用户可以通过 PayPal 账户进行资金转移、在线购物、账单支付或参与在线拍卖，2008 年通过其平台进行的交易金额超过 600 亿美元，注册用户达到 1.53 亿。

我国的网络第三方支付行业近年来发展迅猛，中国电子商务研究中心统计显示，2009 年，中国网络第三方支付交易规模近 6000 亿元，2010 年市场规模有望超过 1 万亿元。而据调查机构艾瑞咨询预测，2012 年市场规模可能将达到 14500 亿元。国内目前最大的网络第三方支付服务提供商是阿里巴巴集团旗下的支付宝（Alipay），2009 年其在线交易额已突破 2000 亿元人民币，2010 年 3 月 30 日，支付宝公司宣布注册用户突破 3 亿大关，日交易额高达 12 亿元。支付宝总裁邵晓峰认为公司在两年后即可超越贝宝，成为全球最大的网络第三方支付平台。我国其他较知名的网络第三方支付公司包括财付通（Tenpay）、环迅支付（IPS）、快钱（99bill）等。

（二）预付费卡

预付费卡形式多样，但其典型运作形式与借记卡相同，持卡人必须预先存入资金才能使用，卡的发行方既可能是存款机构也可能是非金融机构，卡的使用范围取决于发行方所拓展的商户网络。

欧美等国的预付费卡形式多样，大多用于购物或消费，但有一些多用途预付费卡与银行卡支付网络如 VISA 和万事达联网，还能从自动取款机上提取现金。

我国的预付费卡行业近年来发展相当迅速，但基本上只能用于购物或消费，不能提取现金。北京地区比较知名的“福卡”、“商通卡”发行规模很大，使用范围也较广，目前可在指定的数千户商家使用，包括餐饮业、娱乐业、购物中心、健身场所、超市、医疗保健机构，基本上包括了生活的方方面面。同时，这类预付费卡也自发地形成了一定的流通交易市场，有部分持卡人需要将这类预付费卡变现，而也有专门人员从事这类卡的打折回收然后代客支付赚取差价。

（三）电子钱包

电子钱包是一种将价值存入集成电路芯片的电子设备，与存储账户信息的磁条卡不同，电子钱包将价值存储在芯片内，资金充进卡内后，无须通过网络连接取得授权及持卡人身份信息便可支付成功。电子钱包被广泛应用于公共交通、停车场等小额支付领域。

目前我国电子钱包的主要形式是公交 IC 卡，大部分地区的公交 IC 卡只能用于公交乘车支付，但也有部分地区（如湖南省长沙市）的公交卡已具备手机话费支付、水电煤气交费、超市购物、餐饮支付等多项功能，电子钱包的使用范围在不断拓宽。

（四）移动支付

移动支付一般是指利用移动电话或其他无线通信设备来支付商品或服务费用的方式，验证方式主要是手机号码和手机二维码或密码。值得注意的是，某些国家的电信运营商允许电话持有人将一些交易款赊欠到电话账单中延后支付，即一定程度上的透支。

移动支付业务在日本和韩国发展多年，产业模式已非常成熟，这两国是移动支付业务开展最早、运营最成功的国家，2009 年两国的移动支付业务交易金额占全球一半以上。欧美等国只有零散的试商用，我国移动支付业务目前也是如此，移动、联通和电信三大运营商基本上还处于试验或推广的市场培育阶段，整体规模较小，使用范围有限。

（五）数字化贵金属

数字化贵金属是一种相对较新的网络价值转移系统，包括贵金属期权交换或以具体价格购买贵金属的权利，消费者根据全球市场的现货即时价格购买一定数量的虚拟贵金属，之后即可将这部分贵金属的所有权或部分所有权转卖给其他个人或商家以交换商品或服务。

国际上最著名的数字化贵金属交易商是 E－gold 公司，年交易额超过 100 亿美元，注册账户超过 200 万个，账户中的资金以金、银、铂、钯四种贵金属的种类、重量和实时市场价格计算，可以选择其中一种或多种贵金属的形式储存，账户中的资金可以进行消费和跨国汇款。

目前我国的数字化贵金属形式主要是纸黄金业务，投资者的买卖交易记录只在个人预先开立的“黄金交易账户”上体现，不涉及实务金的提取，交易价格类似外汇业务，跟随国际黄金市场的波动情况进行报价，客户可以通过把握市场走势低买高卖、赚取差价。目前交易规模较大的主要是三家银行：中国工商银行的“金行家”、中国银行的“黄金宝”、中国建设银行的“账户金”。但这些银行的纸黄金业务只是一种投资工具，并不能用于消费、汇兑。

第三节　电子货币的洗钱风险因素分析

一、电子货币的洗钱风险分析

电子货币的广泛使用存在诸多洗钱风险。早在 1996 年，FATF 在《四十项建议》修订中就认识到了潜在风险，提出“金融机构应特别注意随着新科技或发展中的科技应运而生的洗钱手段，这些技术可能有利于隐藏身份。各国应在必要时采取措施，防止这些技术被用于洗钱”，2003 年修订版中继续保留了此条款。FATF 在年报中也曾多次提到了互联网容易被洗钱分子滥用的可能性，如“洗钱者对这些系统的滥用不再是一个遥远的可能性”（FATF，1999），“在互联网上从事金融交易给当前的洗钱行为提供了一个潜在的最大的攻击点”（FATF，2000），2006 年还专门发布了电子货币的洗钱类型学研究报告。巴塞尔银行监管委员会也曾指出，“某些电子货币产品的某些特征，譬如它们物理体积小、匿名性和快速性以及可远程转移，将会使它们比传统支付系统更加易于受到犯罪活动特别是洗钱犯罪的影响”（Basel，1996）。

具体来说，利用电子货币洗钱的风险主要体现在以下三个方面：其一，电子货币发行主体不只限于金融机构，公共交通公司、连锁商业机构、通信公司、软件公司等诸多已进入电子货币领域的机构目前没有客户身份识别、交易记录保存和可疑交易报告等反洗钱义务和责任，这是当前的一个法律空白。其二，在销售环节上，洗钱分子往往可以无须经过客户身份识别就轻易地购入电子货币，这样就能脱离金融机构，通过互联网或移动网络等方式完成资金的划拨或货币价值的转移。其三，电子货币的匿名性、即时性使得监管部门对于电子货币交易的追踪更加困难，最后一个得到电子货币的人即使需要向金融机构兑现电子货币，金融机构也无法准确获知这些资金的来源和此前的划拨情况。

二、电子货币的洗钱风险因素分析及应对手段

电子货币种类纷繁，由于目前电子货币相关法律法规尚待完善，电子货币发行商无须报送可疑交易，且有些种类的电子货币市场规模较小，完全彻底地对整个电子货币行业进行有效监测分析是不现实的。

针对电子货币可能存在的洗钱风险因素和应对手段，我们基于国内外的相关资料进行了分析与汇总，具体如表 1 所示。

表 1　　各类电子货币可能存在的风险因素及应对手段

电子货币种类	可能的风险因素	风险应对手段
开放式预付费卡	匿名持卡人 匿名获得资金与转出资金 对个人持卡数量不限制或单张卡的资金限额高 可在全球范围内通过自动取款机提取现金 离岸发卡方不受各国监管	验证持卡人身份 对利用卡进行资金转移的方式进行限制 对卡内最高限额、个人持卡数和单笔交易额设限 对跨境取现进行限制 监控交易并报告可疑行为 对卡或账户的使用设限 对进入商户和自动取款机进行限制

续表

电子货币种类	可能的风险因素	风险应对手段
封闭式预付费卡	匿名持卡人 匿名转入资金 单张卡限额较高 可作为走私大额现金的替代 对个人可购卡的数量没有限制	验证持卡人身份 对卡内最高限额、个人可购卡数量进行限制 对跨境取现进行限制 监控交易并报告可疑行为 不允许通过取款机提取现金 对卡或账户的使用设限
电子钱包	匿名持卡人 匿名支付或接受资金 单张卡的限额高 没有保存交易记录	验证持卡人身份 禁止卡对卡转移资金 对储值额或消费额设限 对跨境功能设限 对利用卡进行资金转移的方式进行限制 监控交易并报告可疑行为 对卡或账户的使用设限
移动支付	匿名账户 匿名支付或接受资金 对资金转移不设限或设限过宽	当把移动电话作为使用银行账户或信用卡的媒介时，移动通信服务商对移动电话使用人进行客户身份识别 对跨境功能设限 对账户和交易额设限 监控交易并报告可疑行为 对利用卡进行资金转移的方式进行限制 对卡或账户的使用设限 对使用网络设限
数字化贵金属	匿名账户 匿名支付或接受资金 对资金转移不设限或设限过宽 离岸服务不受各国监管	对账户所有人进行身份验证 保存付款人和收款人的交易信息 监控交易并报告可疑行为 对利用卡进行资金转移的方式进行限制 对账户的使用设限 对使用服务设限

续表

电子货币种类	可能的风险因素	风险应对手段
网络支付	匿名账户 匿名支付或接受资金 对资金转移不设限或设限过宽 离岸服务不受各国监管	对账户所有人进行身份验证 保存付款人和收款人的交易信息 监控交易并报告可疑行为 对利用卡进行资金转移的方式进行限制 对账户的使用设限 对使用服务设限

三、相关案例

利用电子货币进行洗钱和恐怖融资的案例近年来在国内外屡有发生，充分显示这一新兴的高科技支付工具已经成为犯罪分子清洗、转移非法收入和恐怖组织获取活动经费的重要渠道。

（一）国外案例

1. 利用预付费卡洗钱。2004 年，德国税务检查人员发现了一起通过预付费卡形式的电子货币洗钱案。两名涉嫌欺诈的犯罪分子将部分犯罪所得转移到数张预付费卡上，然后在本国通过卡来提取现金和购买商品，这些卡的账户只保留了半年至两年的较短时间，然后两人就关闭了旧账户并开立新账户。在这一过程中，超过 35 万欧元的非法资金被清洗和转移。

2. 利用数字化贵金属洗钱。2004 年，美国联邦执法机关关闭了最大的一家贩卖盗取身份信息和支付卡的非法网站——ShadowCrew. com，并逮捕了 21 人，后有 12 人被判决有罪。这家网站有约 4000 名会员，专门从事恶意侵入计算机盗取和伪造身份信息及各种贷记卡、借记卡卡号并出售的勾当，所取得的非法资金则通过电子黄金等电子货币形式或西联汇款等方式清洗。

3. 利用电子货币进行恐怖融资。欧洲某恐怖组织的洗钱专家雷夫为将组织的巨额资金转变为合法的资金，首先建立了一个通过智能卡（电子现金的一种形式）来支付服务费用的在线娱乐公司。然后，指派洗钱雇员们到当地智能卡发行公司那里购买同一类型的智能卡。接着对该在线娱乐公司的服务进行网上支付，直至该笔资金全部转化成该公司的服务收入。最后，娱乐公司向智能卡发行公司申请币值转移登记，登记被核实后，这些资金就转变成了没有嫌疑的正常收入，从而达到了清洗的目的。

（二）国内案例

1. 利用网络第三方支付洗钱。2009 年，上海公安机关破获一起盗取身份证件和银行卡套取现金并利用网络第三方支付平台洗钱的案件。犯罪嫌疑人叶某等人用假身份证在淘宝网上注册多个账户，利用盗取的银行卡和密码从受害人银行账户内套取资金 20 余万元。同时，叶某以其盗取的资金在淘宝网上替人打折代缴电信费、养路费，而买家则将资金转入其第三方支付平台——支付宝的账户，之后叶某再将支付宝账户内资金转到其个人与支付宝相关联的三个银行账户，完成洗钱过程。

2. 利用网络第三方支付进行网络赌博。2010 年 2 月初，江苏省苏州市公安局网警支队在打击网络赌博专项行动中，抓获了一名为“乐天堂”境外赌博网站作代理的犯罪嫌疑人汪天宝。为了吸引参赌的会员，乐天堂在中国境内广泛招募代理，汪天宝就是其中的一个。赌博公司给他的佣金（客户输的钱分得的提成，差不多 30%）每月会定时转到他的银行卡上。而自 2009 年 10 月起到被抓获，他替赌博公司发展了 400 多名会员，累计赌资达 1000 多万元，非法获利 90 多万元。苏州警方在侦查中发现：汪天宝本人虽然被抓了，但赌博公司还在不停地给他汇代理费用，其中一个月的总金额达到了 8 万余元。警方很快查明，汪天宝银行卡里的资金全都来自上海的一家第三方支付平台——快钱公司。

警方深入调查后发现，与汪天宝的赌资回扣有关的共有五个虚拟账户，这五个虚拟账户支出的银行账号达 8 万多个，收付总金额高达 36 亿元人民币。警方认定，快钱账户中的这些巨额资金都是境外赌博公司收付的赌资，而操控这笔巨额赌资的，是珠海市一家名叫“谷中城”的信息咨询有限公司，该公司是整个赌博集团的一个财会部，相当于一个专为赌博资金的流转和收付服务的支付平台。参赌用户先在网上为自己的网上银行账户存钱，然后银行与快钱结算，快钱再跟谷中城公司结算，流程像网络购物一样。正是通过第三方支付平台，谷中城公司为境外赌博集团在我国境内建立起了一个庞大的赌资收付系统，随心所欲地操纵和运作巨额赌资。截至案发，谷中城公司每个月的转账金额在 2 亿元左右，短短两年时间里，共计收付赌资达 50 亿元。

苏州警方在乐天堂开设赌场案中抓获第三方支付平台快钱公司的高级管理人员梅某。经查，梅某与境外赌博集团勾结，协助境外赌博集团流转资金 30 余亿元，快钱公司从中获利 1700 余万元。此次乐天堂案件涉及的境内第三方支付平台近十家，除了快钱公司，还有北京首信、收汇宝、易宝、云网、环迅支付、财付通、网汇通、Yeepay 等。

第四节　电子货币监管制度的国际比较

FATF 曾指出，目前很少有国家关注电子货币并监测其使用，因此电子货币的交易量和交易性质还难以确定。现代信息科技的发展使得更多未注册的非金融机构能通过互联网提供类似银行的服务，并将其服务范围延伸至境外。而且不同司法区域对“银行”定义的差别在加大，提供类似电子银行服务的技术公司可能会将该项服务转移到不需要申请执照的其他司法管辖区。

各国对电子货币的关注程度不尽相同，相应的监管政策也不同。电子货币发展较早、较快的一些国家，政府对这类市场的监管逐步从偏向于“自律的放任自流”向“强制的监督管理”转变。美国、欧盟等多数经济体从维护客户合法权益角度出发，要求具有资质的机构有序、规范地从事支付服务，具体措施包括实行有针对性的业务许可、设置必要的准入门槛、建立检查和报告制度、通过资产担保等方式保护客户权益、加强对机构终止退出及撤销等的管理。其他国家的监管制度也各有侧重。

一、巴塞尔银行监管委员会

巴塞尔银行监管委员会1998年颁布了《电子银行和电子货币业务的风险管理》报告，将在《有效银行监管的核心原则》中提到的银行面临的诸如信用风险、国家和转移风险、市场风险、流动性风险、操作风险、法律风险、声誉风险和利率风险等风险管理的原则具体到电子货币业务中。

巴塞尔银行监管委员会对电子支付系统风险管理的步骤为：第一，评估风险，包括识别和量化风险，由董事会和高级管理层确定银行可以接受的风险程度，将可以接受的风险程度和风险可能带来的损害进行比较。第二，管理和控制风险，具体措施包括实施安全政策和措施，大部分为技术措施，如加密技术、口令、“防火墙”等。另外，还要有雇员审查制度，并建立相应的内控措施来防范内部风险，定期进行系统的检测和更新，加强银行高级管理人员和负责电子货币业务人员之间的联络。同时，银行要加强对外部资源的控制，如银行需要将部分工作外包给第三方，就必须通过合同明确各方的权利义务，明确银行有权对外包厂商进行检查，监管机构也有权进行检查。银行还要即时进行信息披露和消费者教育，设立应急计划，如紧急情况下的数据恢复、应急设备和人员等。第三，监控风险。对电子货币业务进行持续的监控也是风险管理的重要组成部分，由于技术创新很快，持续监控就显得尤为重要。

二、中国

2004年颁布的《电子签名法》虽涉及电子货币，但未明确电子货币概念和发行主体等问题。1999年颁发的《银行卡业务管理办法》虽规定了储值卡属于银行卡，但对于非银行机构是否可发行储值卡却没有明确规定。2005年的《电子支付指引（第一号）》旨在规范从银行结算账户发起的电子支付业务，不包括非银行机构发行电子货币或不经由银行账户的电子货币支付的规定。电子货币业务没有实行准入管理，部分多用途储值卡业务的开办虽然由政府审批，但其业务开展缺乏统一的资本金要求和审慎的后续管理。《人民币管理条例》、《商业银行法》对发行、使用“代币卡”行为均未明确处置条款。

2010年6月21日，中国人民银行对外发布了《非金融机构支付服务管理办法》（中国人民银行令〔2010〕第2号），对非金融机构从事支付业务进行了规范，其中对属于电子货币范畴的网络第三方支付和预付费卡都进行了详细规定，包括非金融机构从事上述支付业务的业务范围、准入门槛、审批流程和客户备付金保护等制度。特别值得注意的是，该《管理办法》对非金融机构提供支付服务必须履行反洗钱义务作出了明确规定，其中第四十四条为：“支付机构未按规定履行反洗钱义务的，中国人民银行及其分支机构依据国家有关反洗钱法律法规等进行处罚；情节严重的，中国人民银行注销其《支付业务许可证》。”

截至2010年第一季度末，共有260家非金融机构法人向中国人民银行提交了支付业务登记材料，其中多数非金融机构从事互联网支付、手机支付、电话支付以及发行预付卡等业务。

三、美国

美国将与电子货币发行机构相类似的机构（包括非银行金融机构和非金融机构）界定为货币服务机构。美国有40多个州参照《统一货币服务法案》制定法律对货币服务进行监管。这些法律普遍强调以发放执照的方式管理和规范从事货币服务的非银行机构。从事货币服务的机构必须获得专项业务经营许可，并符合关于投资主体、营业场所、资金实力、财务状况、从业经验等相关资质要求。货币服务机构应保持交易资金的高度流动性和安全性等，不得从事类似银行的存贷款业务，不得擅自留存、使用客户交易资金。这类机构还应符合有关反洗钱的监管规定，确保数据信息安全等。

美国的货币服务行业（Money Services Businesses）需要遵守美国反洗钱/反恐融资规定，有些需要在美国金融执法网络注册，并建立反洗钱制度，遵守交易报告和交易记录保存的义务。但目前对电子货币则是根据具体情况分别确认，确认结果取决于电子货币的所在地、经营方式和服务方式。若确认电子货币所提供服务和业务属于货币服务行业的范畴，则要遵守相关反洗钱/反恐融资规定。美国对那些在国外注册但给美国带来洗钱威胁的电子货币支付方式（如一些网上支付系统在一个国家申请执照，但在另外一个国家开展业务）采取特别措施，美国财政部被授权在与司法部、国务院和有关联邦金融监管机构进行协商后指定外国司法管辖区、机构和账户为主要洗钱关注对象。

电子支付在美国受到高度管制，这种管制既包括联邦层面上的控制，也包括地方州法的管制。管制电子支付的法规有：联邦《电子资金转移支付法》及联邦储备理事会颁布的E条例（Federal Reserve's Regulation E），联邦储备理事会颁布的Z条例，联邦储备理事会颁布的D条例（Federal Reserve's Regulation D），《真实信贷法》（Truth in Lending Act），联邦及各州的关于设立分支机构的法律。

美国国会针对电子资金转移的模式，于1978年完成《电子资金转移法》的订立，并于1989年完成修正，全文共计19条。其宗旨是为设立电子资金划拨系统中各参与方的权利、义务及责任提供基本框架，首要目标是规定个人消费者权利。《电子资金转移法》是规范除了通过票据以外的方式，还能够利用卡片或其他存取方式直接由消费者账户进行资金转移的行为。为了实现《电子资金转移法》的宗旨和目标，联邦储备系统理事会制定了E条例，E条例实际上是《电子资金转移法》的实施细则，是对《电子资金转移法》内容的具体化。

联邦储备理事会的D条例对美国的存款金融机构设置了储备要求，如果存款金融机构对储蓄账户的电子资金划拨的使用程度超过D条例允许的使用程度，这可能使账户的性质改为交易账户，而交易账户对资金储备的要求更高。因此，参加了电子资金划拨网络的存款机构应该拒绝消费者通过网络使用储蓄账户，或者实施控制机制以防止消费者不明智地以超过允许的金额从事储蓄账户交易。

各州关于电子资金划拨的法律主要是规定消费者在电子支付划拨交易中的权利，一般只适用于消费者资产账户而不管辖商事划拨或贷记划拨。这些法律多包含存取工具的发放、披露要求及未经授权划拨的责任等内容，许多州在关于电子资金划拨的法律中对消费者提供比联邦《电子资金转移法》更强的保护。

四、欧盟地区

欧盟就从事电子货币发行与清算的机构先后制定了《电子货币指令》和《内部市场支付服务指令》等，并于2009年再次对《电子货币指令》进行修订。这些法律强调欧盟各成员国应对电子货币机构以及支付机构实行业务许可制度，确保只有遵守审慎监管原则的机构才能从事此类业务。支付机构应严格区分自有资金和客户资金，并对客户资金提供保险或类似保证；电子货币机构提供支付服务时，用于活期存款及具备足够流动性的投资总额不得超过自有资金的20倍。

（一）欧盟对电子货币发行人的态度

欧盟对电子货币的发行持积极的调整态度，欧盟在1994年《预付费卡报告》（以下简称《报告》）中指出：“代表购买力价值的储存在电子钱包中的资金需要被看做银行存款，因而只能由银行来处理。”因此，对电子货币的发行，欧盟认为只能由银行来承担，其理由主要在于可以维护小额支付系统的安全，有利于中央银行和被监管银行之间沟通信息，同时代表电子货币资金同银行存款没有本质区别，另外，电子货币也可以利用现行的银行清算系统。但欧盟法律并不禁止非银行机构同银行合作开发电子货币产品，或者自己独立投资开设银行从事电子货币经营。作为例外，《报告》也指出，在某些情况下，比如该政策出台之前已经运作的电子货币系统，地方银行相关机构可以允许其继续由非银行机构运作的必须满足三个条件，一是只能在国外提供服务；二是必须遵守适当的规定，如流动性的规定；三是由银行监管机构进行监管。

目前欧盟已经有9个国家通过适用现有法律扩大解释的方式、修改法律和重新制定新的法律的方式，规定只有银行才有权利发行电子货币，其中奥地利、西班牙、希腊、法国、德国、意大利、荷兰和葡萄牙8个国家规定，储值卡类的电子货币只能由银行发行，在这8个国家中，奥地利、德国、法国、意大利和荷兰进一步规定以计算机为基础的电子货币也只能由银行发行。

欧洲中央银行1998年发布的《电子货币报告》是目前为止欧盟发布的对电子货币进行监管的重要文件。该报告认为，最直截了当的方法就是将电子货币的发行主体限制为银行，这样就不会改变现有的有关货币政策和银行业务活动的法律体制。但几乎同时，欧盟委员会于1998年9月针对电子货币提出建议案，将电子货币明确定义，并否定1994年电子货币等同存款的报告。该建议案提议修订法律，将非金融单位的发行机构纳入金融法的规范中。根据该立法建议的说明，整个立法建议的目的在于“促进欧洲电子货币市场的竞争，允许市场的不断发展和创新，以便向消费者提供符合其需要的产品，并在国际市场上具有竞争力”。欧盟委员会之所以采取这样的态度，主要还是为了继续保持欧盟在卡类电子货币方面的优势，同时在面临美国非金融机构的竞争，特别是在网络电子货币方面的竞争的情况下，为欧盟境内的机构松绑。但该建议案并没有产生法律效力。

（二）欧盟对电子货币业务的监管要求

《电子货币报告》对电子货币如何进行监管提出了最低要求，与此同时，欧盟委员会提出的《关于电子货币机构审慎监管的立法建议》也对电子货币的监管提出了立法动议。这两个文件虽然对电子货币的发行人持不同的态度，但对电子货币业务机构的监管却采取了相近的态度。具体包括以下几方面。

1. 监管目标。监管目标是促进系统的相互兼容，这种相互兼容实际上是支付系统效率的体现，这需要电子货币系统的发行人、设计者进行合作，防止重复投资并促进各个系统的相互兼容。其中最重要的表现就是采用共同的标准，通过共同的标准实现系统之间的相互兼容，从而为消费者和特约商户提供选择的余地，可以很容易放弃一个系统，这也能够促进竞争、提高效率。

监管的另一个目标就是对社会信用的监管，为了维护消费者和特约商户对电子货币系统的信心，防止某一个电子货币的发行人倒闭带来的对系统稳定的影响，为电子货币提供一定程度的政府信用保证，目前已经有意大利、瑞典、奥地利、德国和西班牙将现有的存款保险制度适用于电子货币系统。

2. 对消费者的保护。欧盟委员会《立法建议》第二条规定，在什么情况下，电子货币下的款项不被认为是存款，即如果电子货币的发行人规定，电子货币发行后，只能用于消费购物，消费者从发行人那里取得电子货币之后，不能再用电子货币从发行人那里回赎，这时电子货币项下的资金不被认为是存款。那么，发行人应该在合同中向消费者披露，该种电子货币是否可以由消费者直接向发行人回赎，如果可以回赎，则要具体说明回赎的条件、形式和期限。

欧洲中央银行《电子货币报告》在这方面也提出了一些类似的最低要求，即电子货币必须由确定和透明的法律安排。总的来讲，就是要使各方当事人明白电子货币各个交易环节中各方的权利和义务，主要是通过有关的法律文件向当事人披露有关的信息，包括电子货币是否有保障制度及争端解决机制。如果是跨国的电子货币系统，系统的开发者和发行人必须根据系统的技术特点，确保其符合所涉及国家的法律，在所涉及国家可能产生的法律后果和可执行力。

欧盟委员会 1997 年发布了名为“增进消费者对电子支付手段的信心”的通告，提到监管机构应考虑与消费者有关的问题：一是监管机构必须向电子货币的发行人和使用者提供透明度、责任和争议解决程序的指南，以维护使用者的信心。为此，欧盟委员会随公告附上给各成员国的建议，该建议涉及的问题主要包括交易条件应该透明、发行人应该披露的最低限度的信息和条件、发行人和使用者的权利和义务、争端解决程序等。二是监管机构必须考虑欺诈和伪造的风险，提高安全性。欧盟委员会 1998 年发布了《反对非现金支付工具的欺诈和伪造行动框架》的通告，该通告的主要内容是要求各国将欺诈和伪造非现金支付工具规定为犯罪行为，以满足打击欺诈和伪造活动的需要。

欧盟目前有三款针对电子货币的法规：2000/46 号欧盟指引（电子货币机构指引）、2005/60 号欧盟指引（第三号反洗钱指引）和 2009/110 号欧盟指引（关于电子货币机构业务开办、经营和审慎监管的指令）。欧盟允许符合规定的电子货币交易能够适用简化的客户尽职调查规定，其第三号反洗钱指引规定，如果电子货币不能重复充值且最高储值额不超过 150 欧元，或者如果电子货币可重复充值，但一年内的累积充值额不超过 2500 欧元且一年内取现超过 1000

欧元时，成员国电子货币商可免予执行客户身份识别规定，然而若有信息表明某产品具有被洗钱和恐怖融资利用的风险，则不能使用简化的客户尽职调查规定。

德国金融监管机构重点关注发卡方（主要是银行）和为银行及持卡人提供服务的金融中介。在德国，接受资金发行预付费卡被视同吸收存款。因此，发行预付费卡也需要银行执照。发卡方被视为一个信用机构，也需要完全遵守包括客户身份识别在内的反洗钱义务。当预付费卡发卡方位于国外时，它就必须依靠一个金融中介服务提供商在特定市场推动业务。作为发卡方和持卡人的业务代理，金融中介商的行为被视为从事存款经纪。如果发卡方位于欧洲经济区内，则存款经济服务不需要取得执照。但如果金融中介商作为欧洲经济区之外的发卡方代理，则被视为提供金融服务的机构，需要取得执照并完全遵守包括客户身份识别在内的反洗钱义务。

英国的《金融服务与市场法》要求对从事电子支付服务的机构实行业务许可，并且电子货币机构必须用符合规定的流动资产为客户预付价值提供担保，且客户预付价值总额不得高于其自有资金的八倍。

五、澳大利亚

澳大利亚支付系统的监管权力在澳联储，但对于属于澳大利亚审慎监管局管理的四个单个支付系统，澳大利亚审慎监管局拥有绝对的制定规则的权力，并且运营着澳大利亚境内的 ATM 和 POS 网络，再加上 VISA 网络、MasterCard 网络和 Bankcard 网络三个跨国信用卡网络，澳大利亚的银行卡支付网络基本处于充分竞争态势。

澳大利亚《金融服务改革法》（FSA）旨在推行对所有金融产品统一审批、管理、披露监管框架。电子货币作为金融产品的一种，意味着非现金支付工具和服务提供者属于这一监管体系的被监管对象。澳大利亚禁止经营没有执照的数字化贵金属。2004 年，澳大利亚证券和投资委员会检查出几家在线数字化贵金属交易商（包括位于澳大利亚之外的）在没有执照的情况下从事交易，在监管压力下被检查出的交易商都停止了业务并自觉关闭了网站。

六、日本

2008 年 5 月，日本金融服务署（Financial Service Agency）成立了支付服务工作组。该工作组正在讨论如何重建监管框架，以适应包括电子货币在内的新型支付服务的出现和扩张。

七、新加坡

新加坡于 1997 年正式成立电子商务政策委员会，由它负责讨论与规划所有和电子商务有关的法律与政策。1998 年通过《电子交易法》，赋予电子签章与电子化文件确实的法律基础，在电子商务的相关立法上可以说是亚洲的先驱。

八、印度

印度禁止使用电子黄金（E - gold）。2002 年 10 月，印度储备银行（中央银行）声明由于电子黄金违反了国内交易只能使用主权货币的规定，因此禁止电子黄金的使用。在其发布的新闻稿中指出：“有些机构和个人让社会大众认为 E - gold 等同于电子货币，在印度是可以交易的，并且具有外币的地位。储备银行对上述说法澄清并发表声明，E - gold 不是主权国家的货币。”

九、其他国家

韩国、马来西亚、印度尼西亚、泰国等亚洲经济体先后颁布法律规章，要求电子货币发行人必须预先得到中央银行或金融监管当局的授权或许可，并对储值卡设置金额上限等。

第五节　政策建议和监测分析思路

一、政策建议

（一）贯彻基于风险的监管原则

基于风险的监管原则（Risk Based Approaches，RBA）作为反洗钱领域重要的指导性原则，先后由金融行动特别工作组（FATF）、巴塞尔银行监管委员会、沃尔夫斯堡集团、国际保险监督委员会（IAIS）、国际证券委员会组织（IOSCO）等国际组织所倡导，并已在英国、美国、澳大利亚等西方发达国家得到贯彻。其具体含义是，反洗钱规制范围内的义务主体应当科学准确地评估本行业、本单位、本部门面临的洗钱风险，有轻重、有主次地履行反洗钱合规职责，以有效监控和防范潜在的洗钱行为。换言之，RBA 原则的实质是相关主体应从风险管理（Risk Management）的角度来组织实施反洗钱工作，通过风险识别、评估、控制、检查和措施改进等诸多环节，将洗钱风险控制在自己的主观风险容量和客观风险容限范围之内，争取最大的反洗钱成效。美国的金融情报机构——金融犯罪执法网络（FinCEN）将其概括为“将最多的反洗钱资源投入洗钱风险最大的业务领域”。

结合我国的实际情况和各国的监管经验，我们认为，当前及今后一段时间对我国电子货币业的监管应贯彻 RBA 原则，有所侧重、抓住重点，基于评估的风险来设计相应的工作程序。高风险的行业领域适用强化的处理流程，这包括加强客户和交易对手尽职调查以及交易监测措施。相应来说，在一些低风险领域就可适用简化的监管措施。两相结合，以充分利用有限的反洗钱资源来有效监测洗钱风险最大的行业领域。对五类电子货币业务的监测可分为三个层次。

1. 高度关注。网络第三方支付业务目前在我国市场的规模已经很大、发展速度较快，而且近年来利用网络第三方支付洗钱、信用卡非法套现、资金欺诈的案件屡见报端，值得我们高度关注和监测，应重点监控其可疑资金交易。目前《非金融机构支付服务管理办法》已经出台，能够从事网络第三方支付的行业准入牌照也将于近期正式发放，人民银行可依据《非金融机构支付服务管理办法》和《支付清算组织反洗钱和反恐怖融资指引》（银发〔2009〕298 号）中的有关规定和行业规范对网络第三方支付进行监管。

具体来说，可利用第三方支付账户一般与银行账户相关联的特点，对相关联的银行账户进行监测分析。同时，明确要求网络第三方支付公司贯彻客户尽职调查、客户风险评估、可疑交易判别与报告等反洗钱基本理念和制度。

2. 中度关注。我国预付费卡的市场规模较大，有的发行机构不限额度，而且出现了一定规模的“地下流通和交易”市场，存在潜在的洗钱风险，《非金融机构支付服务管理办法》中也对非金融机构从事预付费卡业务作出了明确规定，包括准入门槛、审批流程和客户备付金保护等内容。但在其具体实施细则中还应对发行机构作出进一步要求，如验证持卡人身份，对卡内最高限额、个人持卡数和单笔交易额设限，监控交易并及时报告可疑行为。

3. 非重点关注。像电子钱包、移动支付、数字化贵金属这三类电子货币，在我国的市场规模小、不具备大额提现和资金汇转功能的业务，可给予持续跟踪研究，但暂时不作为重点监测领域。

（二）完善相关法律法规

当前有关电子货币的法律法规亟待进一步修订完善，只有这样，相应的监测分析工作才能够有章可循、有据可依地展开和深入。

对电子货币进行立法或修订法律法规需着重解决几个问题：

第一，对电子货币的概念进行清晰明确、具有前瞻性的界定，厘清业务发展边界，促进电子货币行业的中长期发展。

第二，拟定电子货币行业准入条件、业务范围和发行机制。

第三，确定监管主体，由中国人民银行作为电子货币行业的监管机构制定行业指引和监管细则。

第四，确立电子货币行业的审慎监管原则，在方便市场准入、提供充分保护和防止竞争扭曲三者之间保持合理平衡。

二、监测分析思路

（一）现阶段电子货币反洗钱报告应以可疑交易/行为报告为主

可疑交易报告制度是金融机构和特定非金融行业反洗钱措施的核心内容，是保证监测分析工作有效开展的前提和基础，对电子货币机构等非金融机构的反洗钱监测工作，其作用也是一样的。联合国《制止向恐怖主义提供资助的国际公约》（1999 年）第十八条规定缔约国必须要求“金融机构和从事金融交易的其他行业使用现行效率最高的措施，查证其经常客户、临时客户以及通过代理人开立账户的客户之身份，并特别关注异常或可疑的交易情况，报告被怀疑与犯罪活动有关的交易”。《支付清算组织反洗钱和反恐怖融资指引》（银发〔2009〕298 号附件）第四条规定：“支付清算组织及其分支机构应当根据反洗钱和反恐怖融资方面的法律规定……制定有关客户身份识别、可疑交易报告、客户身份资料和交易记录保存等方面的内部操作规程。”

在工作中，按照“先做好可疑交易/行为报告，再研究大额交易报告”分步开展报送工作是稳妥高效的。由于大额交易报告成本较高，使用效率容易受到完整性困扰，目前可先集中资源保证可疑交易报告质量，暂不要求电子货币机构报送大额交易报告。

（二）按照“总对总”的方式报送规范电子格式的可疑交易报告

按照“总对总”的方式（即“金融机构应将可疑交易报其总部，由金融机构总部或由总部指定的一个机构，在可疑交易发生后的10个工作日内以电子方式报送中国反洗钱监测分析中心”）接收规范电子格式的反洗钱报告是经工作实践证明了的有效方式。

“总对总”工作模式有如下优点：

- 规范电子格式的可疑交易报告便于中国反洗钱监测分析中心直接接收入库，并短时间内就可以展示给监测分析人员。
- 通过专网或加密网络传输电子格式的报告，比以纸质、光盘等介质传送更加保密、安全。
- 电子格式的报告便于报告机构内部整合业务信息，网点操作人员和合规工作负责人之间、不同业务部门之间、总行和分行之间都可以便捷地对拟提交报告提出分析意见、补充内容要素等。
- “总对总”的工作模式便于中国反洗钱监测分析中心与各报告机构的沟通联系。

但同时也可能存在一些需要避免的问题：

（1）报告机构总部进行数据抽取时可能出现大规模数据错误，尤其是规模较大、业务系统较复杂的报告机构。在之前的报告工作中曾经出现收付方向错误、交易金额错误（漏掉了小数点）等大规模严重数据质量问题。原因有两方面，一是总部开发的抽取系统应用于较复杂的业务生产系统时，一个业务逻辑弄错，则涉及整个机构的大规模数据；二是总部在开发数据抽取系统时，没有进行严格测试，或者业务系统发生变更时，数据抽取系统没有及时更新。

（2）报告机构总部直接抽取数据生成可疑交易报告，网点人员没有对可疑交易报告进行充分的人工分析，直接报送中国反洗钱监测分析中心。规范电子格式的可疑交易报告一般无法手工填写，只能通过软件系统自动（按照客观标准不存在人工干预）或半自动（存在人工干预）生成。对于系统按客观标准自动生成的可疑交易报告，如果不能经过有效的人工分析工作筛选出真正可疑的交易/行为报告，则会导致报送中国反洗钱监测分析中心的报告质量低下。

（3）报告机构需要开发或购买抽取软件系统，涉及一定成本。规范电子格式的可疑交易报告一般无法手工填写，只能通过抽取软件系统生成，购置或开发该软件系统的费用对规模小的报告机构是一定的负担。

综合上述分析，我们认为一般情况下非金融机构也应该采用“总对总”的方式报送规范电子格式的可疑交易报告，同时应注意避免上述问题。经了解，有的软件公司可以向规模小、报送量小的报告机构提供手工填报的软件辅助工具，报告机构可以使用该工具手工填写报告内容并生成规范电子格式的报告。这种统一的软件费用要比在业务系统上开发报告抽取系统低廉得多，可以在一定程度上缓解小规模报告机构的压力。

（三）以报告客户—商户间买卖交易为主，同时注意与银行业报告的关联

反洗钱监测分析的主要工作方法或者目的就是找出涉嫌犯罪的资金在不同控制人之间的流动转移，在追踪资金去向的同时找出犯罪嫌疑人或洗钱分子。这种资金链的追查一般是基于银行账户的，但是如果犯罪嫌疑人通过非金融机构转移资金，即资金通过非金融机构的银行账户进行中转，那么仅从银行账户进行追踪关联则无法将资金的控制人（犯罪嫌疑人或洗钱分子）关联起来，或者说非金融机构账户的存在切断了资金控制人的资金链。上述情况也说明了非金融机构报送可疑交易报告的意义，即非金融机构可以掌握客户—商户间买卖交易情况，进而可以提供资金控制人之间的实际资金转移情况。

1. 报送客户—商户间买卖交易。以支付宝公司的业务为例，假

如支付宝记录A客户和B商户有如下交易：

（1）2010年2月10日从该客户中国工商银行账户向其支付宝账户转账5000元人民币。

（2）2010年3月16日从该客户中国工商银行账户向其支付宝账户转账4万元人民币。

（3）2010年4月4日从该客户中国工商银行账户向其支付宝账户转账8万元人民币。

（4）2010年5月22日从该客户支付宝账户支出10万元人民币购买B商户的商品。

（5）2010年5月31日支付宝公司与B商户轧差清算，向B客户支付人民币30万元。

支付宝公司分析后认为5月22日的买卖交易涉嫌洗钱犯罪，拟提交可疑交易报告，则该报告应注重描述客户—商户买卖交易，即包含以下信息：

付款方：A客户（包括证件类型及号码、姓名、银行账号等）；

收款方：B商户（包括证件类型及号码、名称、银行账号等）；

交易时间：2010年5月22日；

交易金额：10万元人民币；

……

支付宝公司如果简单按照银行账户资金变动情况报送，则报告中将包含上述（1）、（2）、（3）、（5）这几笔交易，这样难以从该报告中看出买卖双方的直接关系，即交易金额（10万元）、交易时间（2010年5月22日）。

2. 注意与银行业报告的关联。银行业报送工作相比其他行业起步早，目前已较为成熟，其大额交易和可疑交易报告包含了较为全面完备的客户交易情况，是监测分析工作依靠的基础信息，可以利用它来跟踪银行账户资金流动，找出与目标客户有资金往来的其他可疑客户，扩大监测范围。因此，非金融机构提交的可疑交易报告，应注意包含能够与银行业报告挂钩的要素信息。为达到该目的，可以考虑选择以下两种方式。

第一种方式：报送客户、商户、非金融机构名称（在银行开户时所用），银行账号，开户银行名称，证件类型及号码。

第二种方式：报送非金融机构银行账户与客户及商户账户发生的每一笔交易明细，其中除包含第一种方式所列的各项要素外，还包含交易时间、交易金额等。

一般来讲，要求非金融机构按照第一种方式即可满足监测分析工作需要。根据第一种方式所提供的账户信息，中国反洗钱监测分析中心可以在银行业反洗钱报告中查询客户、商户及非金融机构间的银行转账交易明细（虽然部分达不到大额交易报告标准的交易可能查询不到），因此第一种方式可以基本满足监测分析工作需要。如果按照第二种方式报送，则会给非金融机构带来更多的报告工作量，而这些工作又与银行业报送的信息重复。

（四）报告要素适当精简，突出描述性字段，保证关键要素项的完备

不同规模非金融机构的技术条件参差不齐，对客户资料、交易记录保存情况也与银行业等金融机构存在一定差距，基于这些客观条件，非金融机构的报告要素应比银行业等金融机构的报告要素适当精简。

1. 报告要素的分类。

（1）第三方支付机构信息及报告基本信息。第三方支付机构名称、第三方支付机构所在地区编码、第三方支付机构代码类型、第三方支付机构代码、可疑程度、可疑交易/行为特征描述。

（2）客户信息。客户名称/姓名、客户身份证件/证明文件类型、客户身份证件/证明文件号码、客户类型、客户住址及联系方式、对私客户的职业或对公客户的行业类别、对公客户注册资金、对公客户法定代表人姓名、对公客户法定代表人身份证件类型、对公客户法定代表人身份证件号码。

（3）可疑交易/行为信息。银行名称/支付机构名称、银行账号、客户在支付机构设立的账号、支付机构在银行开立的账号、交易时间（精确到“秒”）、交易方式、资金收付标志、资金用途、币种、交易金额、对方银行名称/支付机构名称、交易对手姓名/名称、交易对手账号、客户登录IP地址、商户登录IP地址、商品类别/名称、订单号。

2. 检查校验。为保证可疑交易报告的完整性和规范性，对报告机构提交的报告进行检查校验是非常必要的。目前银行业大额交易和可疑交易报告采用两级检查校验：初级检查和内容检查，不能通过初级检查的报告，报告机构需要重新报送；通过初级检查不能通过内容检查的，报告机构需要对报告进行补正。非金融机构的报告是否也需要采用两级校验？我们初步研究认为，在工作初期可不必分两级校验，只设一级校验即可，通过校验的报告被接收，不通过的则由报告机构修改后重新报送，原因是与银行业报告相比，非金融机构的报告要素少，预计报告量也少，同时报告机构获取关键必填要素信息的难度远低于银行业（不存在银行业普遍面临的交易对手信息无法获取的最大难题）。

（五）开发智能高效的监测分析模型

作为中国的金融情报机构，中国反洗钱监测分析中心担负着对涉嫌洗钱的可疑资金进行监测和分析的重任，因此，开发有针对性的智能高效的监测分析数学模型，对于通过电子货币尤其是第三方支付进行洗钱实施高效、准确和及时的监测具有重要的现实意义。通过分析已发现的洗钱案例，基于中国反洗钱监测分析中心现有和将来能够进一步丰富和完善的数据平台，我们提出了四个监测分析模型。

1. 少数客户间频繁发生大额资金往来。两个客户之间的交易满足下列条件之一或同时满足时，则对其买卖交易内容做进一步审查。

- 单日相互转账×次以上，且金额累计超过×万元。

- N 日内相互转账×次以上，且金额累计超过×万元。

2. 按照收付比例进行评分监测。以行业数据为参照进行评分，以行业平均收付比例为标准，对某一商户的收付比例绝对差值进行统计，得到该指标的风险分值。

公式：$S=[\sum(|Pa-P|/P)/6]\times100$，$S$ 越大，表明异常程度越高。

其中，Pa 表示某一商户在一个月内的×天内收付比例，P 表示行业平均收付比例。

3. 经营网址与接入地址评分监测。以自身交易信息进行评分，计算两个网址不相符时交易量的比重，得到该指标的风险分值。

公式：$S=[N/(M+N)]\times100$，S 越大，表明异常程度越高。

其中，M 表示经营网址与接入地址两者相符时的交易量，N 表示两者不相符时的交易量。

4. 按照交易金额进行评分监测。对公司客户按照行业和注册资本金进行分类，根据过去 1 个季度的交易情况计算某类行业特定规模的客户平均日交易金额 P。

公式：

（1）如果 $|Pi-P|/P\geqslant0.9$，则 $Ai=1$，否则 $Ai=0$，$i=1\cdots\cdots n$（n 为根据监测需要设定的数字）表示连续关注 n 天，Pi 表示某客户第 i 天的交易金额；

（2）如果 $\sum Ai\geqslant n$（n 为根据监测需要设定的数字），则需要对该客户做进一步审查。

网络洗钱：现状、趋势及对策①

第一节 网络洗钱的定义和特点

一、网络洗钱的定义

考察网络洗钱问题须顾及两个因素，一是网络洗钱具有传统洗钱的特性，是在传统洗钱基础上发展起来的新洗钱方式。二是网络洗钱超出了传统洗钱的范围，具备了新技术和新支付方式所带来的新特征。网络洗钱已经引起了国际组织的重视，金融行动特别工作组（FATF）、巴塞尔银行监管委员会（Basel）等国际组织均在其报告或文献中涉及了“网络洗钱”：早在1996年FATF修改反洗钱《四十项建议》时就认识到网络的易受攻击性与洗钱之间的联系，强调“金融机构应特别注意随着新科技或发展中的科技应运而生的洗钱手段，这些技术可能有利于隐藏身份。各国应在必要时采取措施，防止这些技术被用于洗钱”，2003年修订版继续保留了此条款。

---

① 本报告是中国反洗钱监测分析中心员工参加中国人民银行团委2011年度青年课题活动的课题之一，获该活动一等奖。执笔人（以姓氏笔画排序）：丁俨、丁唯、许智飞、刘晓娜、陈玲、胡蓉；课题组组长：丁唯。编入本书时做了大幅删节。

FATF年报也多次提到互联网容易引发洗钱行为，如“洗钱者对这些系统的滥用不再是一个遥远的可能性”（FATF，1999），“在互联网上从事金融交易潜在地给当前的洗钱行为提供了一个最大的攻击点”（FATF，2000）。巴塞尔银行监管委员会也指出，“某些电子货币产品的某些特征，譬如它们物理体积的相对匮乏性、潜在的匿名性和快速作用的可能性以及远程转移性，将会使它们比传统支付系统更加易于受到犯罪活动特别是洗钱犯罪的影响”（Basel，1996）。

世界各国对“网络洗钱”没有明确的概念，结合欧洲理事会的《网络犯罪公约》关于“网络犯罪”的定义，可对网络洗钱的定义有一个初步的认识——网络洗钱是指利用计算机系统、网络和计算机数据，隐瞒或掩饰犯罪收益所得，使之表面来源合法化的所有犯罪活动和过程的总称。与传统意义上的洗钱相比，网络洗钱更为隐蔽、全球化程度更高、成本更低廉。

综上所述，网络洗钱是洗钱的一种特殊表现形式。广义上，网络洗钱是指犯罪者通过新兴电子支付工具，将黑钱漂白的活动过程；狭义上，网络洗钱是指犯罪者借助网络银行或其他网络金融或非金融机构提供的远程金融服务、电子付款系统、储值卡式电子货币将非法收益合法化的活动过程①。

二、网络洗钱的特点——相对于传统洗钱

（一）速度快、耗时短

网络的即时性特征，突破了传统的信息交流方式在时间方面的限制。网络信息交流，无论实际距离远近，一方发送信息与另一方接收信息几乎是同时的。金融交易的结清、转账、支付都可以在瞬间完成。网络的这一特征使得洗钱犯罪更加快捷。澳大利亚司法和

① 陈攀：《浅论网络洗钱的主要方式》，载《咸宁学院学报》，34－35页，2009（4）。

海关部长阿曼指出："互联网使非法资金可以在瞬间周游全球。"洗钱犯罪分子利用网络信息技术即时快速的特点，可以略去大量烦琐的中间程序，在一天之内完成无数次的资金转移，大大缩短了洗钱所用时间。

（二）跨地域、不受空间和时间限制

贸易全球化程度越来越高，并且网上交易门槛较低，以电子方式进入银行账户可以超越国家界限，通过互联网，洗钱犯罪分子可借虚假国际贸易为背景把犯罪资金转移到全球任何一个地方。特别是犯罪分子在反洗钱监管严格的国家洗钱面临障碍时，他们常利用网络的无国界性把犯罪收益转移到经济体制转轨、反洗钱立法不完善、金融监管水平低的国家（地区）。金融机构很难掌握资金从哪个国家进入，也无法实时审查网上的每一笔业务，即使事后监测到某些交易具有可疑之处，依靠网络的瞬时性，资金早已转移到其他地方。同时，因没有留下任何资金往来凭证，给追查资金流向带来了困难和障碍。

（三）隐蔽性及网络匿名性

虚拟性是网络的重要特征，现实中自然人的性别、年龄、相貌、身份等都能借助虚拟化的网络得到隐匿和篡改。我们面对的不再是一个个活生生的人，而是一行数据或一串字符，网络的这一特点增强了上网者的匿名性和隐蔽性①。经验表明，异常的可疑资金交易，很多是由银行职员在具体业务办理过程中发现的，但电子支付无须银行职员办理，网络间的通信是基于数字技术，而以数字形式保留的记录并不有形存在，在网络虚拟空间里对所有事物的描述仅仅是一组组加密数据，使得洗钱逃避监管和侦查的可能性加大。

---

① 王照华：《网络洗钱犯罪及其法律规制研究》，载《东岳论丛》，156－157 页，2009（5）。

此外，网络经济由于其特殊性，目前还不可能完全实现网络实名制。电子支付系统通过对密钥、证书、数字签名的认证完成交易双方身份的确认，只认“证”不认“人”，更不能审查支付方资金的来源及性质。如果相关信息被加密，执法机构则很难知道该信息的来源、目的地，以及是否包含转移电子货币的行为，更无从在有限时间内调查和追踪洗钱犯罪。

（四）犯罪成本低廉

在传统洗钱犯罪活动中，洗钱犯罪分子为洗钱所花费的费用约为黑钱的25%～50%，成本高昂。利用网络洗钱就简单多了，通过个人电脑使用智能卡或网络电子货币直接兑换外币或购买商品，交易能在瞬间完成，不受任何地域、时间的限制，省时、省力、效率高。通过银行划拨资金需要收取一定比例的手续费，而通过支付宝等手段买卖商品不需要支付手续费，成本低廉。因此，网络洗钱犯罪所耗费的交易成本与风险都大大降低，这一特点必然对洗钱犯罪形成巨大的吸引力①。

（五）科技性含量高

网络银行和电子货币的出现，带来了金融支付方式的变革，极大地便利了经济往来，但网络的高技术性也被洗钱犯罪分子充分利用，使其智能化水平和科技含量大大提高，洗钱的成本大大降低，效率明显提高，安全系数较之传统洗钱更高。洗钱犯罪分子可以十分方便地利用电子自动支付系统快速、匿名地完成犯罪收益的转移。在将来的洗钱犯罪活动中，洗钱者将会越来越多地借助现代电子信息技术以及其他高科技手段加快洗钱速度，摆脱反洗钱相关部门的追查②。

---

① 赵芳：《略论网络洗钱犯罪及其对策》，载《武汉金融》，2009（8）。

② 王照华：《网络洗钱犯罪及其法律规制研究》，载《东岳论丛》，156－157页，2009（5）。

第二节 网络洗钱的主要途径和发展趋势

近年来，各国依照 FATF《四十项建议》等纷纷建立了符合本国国情的反洗钱监管体系，对洗钱犯罪活动打击力度的不断加大，通过货币走私、金融系统等传统手段洗钱的空间受到了限制。犯罪分子转而利用金融领域出现的新金融工具，如网络银行服务、电子货币等进行洗钱，本文依据支付工具的提供方以及资金划转是否依赖银行账户，将网络洗钱的途径划分为三种：一是依赖银行账户并将互联网或公开通信通道作为银行账户间资金划转的途径，如网络银行、手机银行等；二是由非金融机构提供，通过互联网或专有网络间接与银行账户发生关系的途径，如电子商务中的第三方互联网支付；三是由非金融机构提供的脱离银行账户，代替实体现金的途径，如电子货币。

一、依赖银行账户并将互联网或公开通信通道作为银行账户间资金划转的途径

各大银行通过互联网或公开的通信通道为客户提供多样的网上金融服务，这种开放性和匿名性的平台使犯罪分子足不出户就可以完成资金的转移。这种通过金融机构提供或支持的网络平台，仍依赖银行账户进行划转资金的洗钱手段，我们统称为“通过电子银行业务洗钱”。①

① 国际清算银行认为电子银行业务泛指利用电子化网络通信技术从事与银行业相关的活动，包括通过电子渠道提供的银行产品和服务以及提供产品和服务的方式，如商业 POS 机终端、ATM、电话自动应答系统、个人计算机和智能卡等设施。2006 年中国银行业监督管理委员会发布了《电子银行业务管理办法》，办法中规定电子银行业务指商业银行等银行金融机构利用面向社会公众开放的通信通道或开放型公众网络，以及银行为特定自助服务设施或客户建立的专用网络，向客户提供的银行服务。

电子银行业务包括利用计算机和互联网开展的银行业务（以下简称网络银行业务）、利用电话等声讯设备和电信网络开展的银行业务（以下简称电话银行业务）、利用移动电话和无线网络开展的银行业务（以下简称手机银行业务），以及其他利用电子服务设备和网络，由客户通过自助服务方式完成金融交易的银行业务。其中，利用网络银行业务是犯罪分子最常用的一种洗钱方式，也是本文讨论的重点，其他几种方式在国内尚未普及，在此不作讨论。

（一）网络银行的定义

网络银行（Internet Bank or E－bank）不受时间、空间限制，能够在任何时间（Anytime）、任何地点（Anywhere）、以任何方式（Anyhow）为客户提供全天候金融服务，因此又被称为“3A 银行”。其包含两层含义，一是机构概念，指通过信息网络开办业务的电子银行，也叫“虚拟银行”。这种银行是没有实际的物理柜台作为支撑的网络银行，一般只有一个办公地址，没有分支机构，也没有营业网点，采用国际互联网等高科技服务手段与客户密切联系，提供全方位的金融服务。世界上第一家无营业网点的虚拟网络银行是 1995 年 10 月在美国成立的美国安全第一网络银行，它的营业厅就是网页画面，当时银行的员工只有 19 人，主要的工作就是对网络的维护和管理。二是业务概念，指银行通过信息网络提供的金融服务，即传统银行利用互联网作为新的服务手段为客户提供在线服务，实际上是传统银行服务在互联网上的延伸，这是目前网络银行存在的主要形式，也是绝大多数商业银行采取的网络银行发展模式。

我国目前还没有真正意义上的“虚拟银行”，国内现在的网络银行基本都属于第二种模式，即银行利用通信技术，通过网络向客户提供开户、销户、查询、对账、行内转账、跨行转账、信贷、网上证券、投资理财等传统服务项目，使客户足不出户就能够安全、便捷地管理活期和定期存款、支票、信用卡及个人投资等，这种网络银行又称在线银行。

（二）我国网络银行发展的现状

1996 年，中国银行在互联网上设立网站，成为中国第一家提供网络银行服务的金融机构。2010 年，全国城镇人口中，个人网银用户比例达到 26.9%，比 2009 年增长 6 个百分点，交易用户平均每月使用次数高达 5.6 次，企业网络银行用户比例为 40.9%，与 2009 年相比保持稳定[①]，网络银行已经成为商业银行提供服务的重要方式。在网络银行数量和规模扩张的同时，业务品种也在不断增加，除普遍提供一般信息服务外，大部分银行都能为企业和个人客户提供账务查询、资金转账、账户管理、代理支付、网上支付、银证转账、挂失等服务。我国网络银行发展历程见表 1。

表 1　　我国网络银行发展历程

时间	特征	主要事件
萌芽阶段（1996—1997 年）	网络银行服务开发和探索之中	1996 年，中国银行投入网络银行的专项开发 1997 年，中国银行建立网页，“网络银行服务系统”搭建，招商银行开通招商银行网站
起步阶段（1998—2002 年）	各大银行纷纷推出网络银行服务	1998 年 4 月，招商银行在深圳地区推出网络银行服务，“一网通”品牌正式推出 1999 年 4 月，招商银行在北京推出网络银行服务 1999 年 8 月，中国银行推出网络银行，提供网上信息服务、账户查询等功能 1999 年 8 月，建设银行推出网络银行服务，首批开通城市为北京和广州 2000 年，工商银行在北京、上海、天津和广州 4 个城市正式开通网络银行 2001 年，农业银行推出 95999 在线银行，2002 年 4 月推出网络银行 2002 年年末，国有银行和股份制银行全部建立了网络银行，开展交易型网络银行业务的商业银行达 21 家

① 中国金融认证中心发布的《2010 中国电子银行调查报告》。

续表

时间	特征	主要事件
发展阶段（2003—2010 年）	网络银行品牌建设加强，产品和服务改善成为重点，重点业务发展带动各大网络银行业务快速发展	2003 年，工商银行推出“金融@家个人网络银行” 2005 年交通银行创立“金融快线”品牌 2006 年，农业银行推出“金 e 顺”电子银行品牌 2007 年，个人理财市场火热，带动网上基金业务猛增，直接拉动个人网络银行业务的大幅增加 2008 年，网银产品、服务持续升级，各银行在客户管理、网银收费等方面积极探索
成熟阶段（2010 年以后）	网络银行相关法律逐步完善，主要银行的网络银行业务稳定发展	

（三）我国目前有关网络银行的法律规定

1999 年，我国通过了《合同法》，其中第十一条规定了数据电文为合同的书面形式之一，为电子交易形式明确了法律地位，为网络银行的立法创造了法律空间。2001 年 6 月，中国人民银行根据《中国人民银行法》、《商业银行法》制定颁布《网络银行业务管理暂行办法》（以下简称《暂行办法》），这是我国关于网络银行的第一部行政法规，自此，我国终于对网络银行业务有了专门的规定。《暂行办法》主要规定了网络银行业务风险管理规则以及网络银行的法律责任。2002 年 4 月，中国人民银行又下发了《关于落实〈网络银行业务管理暂行办法〉有关规定的通知》（以下简称《通知》），进一步明确了网络银行业务的准入程序、开办网络银行业务审查要点，以及对网络银行业务的监管和报告要求等。《暂行办法》和《通知》在一定程度上填补了我国网络银行立法的空白，为我国网络银行业务的建立和发展提供了基本的法律依据。但是《暂行办法》和《通知》对网络银行风险规制的规定并不完善，仅仅是将网络银行作为传统银行的业务形式之一来规范，未能体现其具有自身独特风险而需要特别法律规制这一现实。

2005年10月26日，中国人民银行发布了《电子支付指引（第一号)》（中国人民银行公告〔2005〕第23号），以规范电子支付业务。2006年中国银行业监督管理委员会颁布了《电子银行业务管理办法》（中国银行业监督管理委员会令〔2006〕第5号）。但从我国网络银行的监管实践来看，相关法规更多地从保障当事人的合法权益、防范支付风险、确保银行和客户资金安全的角度出发，而没有针对网络银行反洗钱监管制定专项法规。就目前而言，涉及网络银行的一些法律问题，仍要使用《中国人民银行法》、《商业银行法》以及相应的传统银行法律制度，而实际上网络银行实践仍有很多风险规制问题是传统银行法律制度所解决不了的，这些迫切需要解决的问题为我国网络银行的风险规制提出了新的课题。

（四）相关案例

【案例一】利用信用卡网上支付系统清洗诈骗所得资金。重庆市一名犯罪分子秦某在发现网上也有银行服务之后，萌生了利用互联网洗钱的念头。首先，秦某找人制作了属于他本人的假身份证，然后通过偷窥、诈骗等手段获取了受害人的信用卡资料。接着通过信用卡网上支付系统开始利用他人信用卡进行网上购物。最后，秦某将购买的部分商品出售，从而将诈骗所得资金转化为实物和合法的销售收入。

【案例二】2012年2月，海南破获一起特大地下钱庄案，涉案金额高达727.17亿元人民币，是全国破获的同类案件中认定涉案金额最高的案件。2008年6月和10月，犯罪嫌疑人刘某使用购买的20张身份证，在海口、三亚、深圳等地开立多个个人账户并开通网络银行，又先后在三亚、海口注册成立20家空壳公司，还在深圳注册和购买部分空壳公司，上述公司均在当地开立了单位账户并开通网络银行。2008年10月至2010年7月，刘某以深圳市某投资有限公司为掩护，使用空壳公司单位账户及个人账户，通过网络银行转账办理资金划转，其中不乏利用网络银行代发工资业务，将巨额资金通过对公转对私的形式迅速转移，非法交易金额高达700多亿元人民币。

（五）网络银行洗钱风险

结合以上两个案例，并与传统的洗钱犯罪方式相比较，网络银行洗钱风险点归纳如下。

1. “了解你的客户”执行难。网络银行交易是一种非面对面的金融交易，这种匿名性使得银行无法确认交易方是否为客户本人。目前，我国网络银行开户手续比较简单，既可以在营业柜面注册，也可以直接登录网络自助注册。即使是柜面注册，银行人员在确保了解开户人基本情况的条件下，也会因在以后网络交易中缺乏面对面的接触而无法保证账户交易人就是最初开立账户的个人。“了解你的客户”是反洗钱的基础工作和核心环节。无法准确了解客户，直接导致银行工作人员无法正确判断客户的交易特征与其身份背景是否符合，而这一判断恰好是决定交易是否可疑的最重要因素之一。案例一中，秦某就是通过诈骗、网络犯罪等来盗取客户的账户信息，并通过网络银行业务洗钱。案例二中，刘某开立大量空壳公司作为幌子，控制大量个人账户作为过渡账户，正是利用了银行在批量代理开立个人银行账户环节把关不严的漏洞，同时通过网络银行代发工资以进一步减少银行与账户使用人接触的机会，最终使得银行无法获悉账户的实际控制人。实践表明，一些有价值的犯罪线索往往是柜面人员在与客户的直接接触中发现的。因此，网络银行的匿名性使得银行难以对客户身份进行持续识别。

2. 甄别可疑交易难。识别并向反洗钱主管部门报告可疑交易是金融机构反洗钱的一项关键工作，是抑制洗钱犯罪的一道重要关口。虽然通过网络银行洗钱也会表现出交易次数频繁、交易金额较大等可疑特征，但是对于银行工作人员来说仍然很难发现。首先，网络银行交易的快捷性使得人工识别网上可疑交易难以实现。网络银行365天全天候提供金融服务的特点，使得银行工作人员无法对网上资金的划转情况进行实时监控，无法核对交易的真实用途，从而导致可疑交易漏报的情况时有发生。部分银行虽然将网络银行数据接入了反洗钱监测分析系统，但都仅凭计算机进行自动提取，没有进行人工主观判断，而最具有价值的可疑交易线索往往都是银行工作人员通过主动识别上报的。案例二中，刘某将资金划入空壳公司再到个人账户，最快的一笔只用了 4 秒，一般划转都在 1 分钟内完成，加大了可疑交易的追查难度。其次，省一级银行无法对网络银行交易进行逐笔查询。国内各银行的网络银行业务都采用大机记账管理的方式，省一级银行往往只能取得当天网络银行交易的汇总对账单，无法逐笔查询交易明细和交易对手，因此也就无法筛选出可疑交易。最后，网络银行交易记录的无纸化增加了识别可疑交易的难度。客户通过互联网可以随意、自主地划转资金，因为没有原始的单证，对是否有真实的贸易背景、是否为可疑交易不便证实。案例二中，从表面上看刘某公司进行的交易没有什么可疑，实际上他控制了收款人的账户，在貌似正当交易的外衣掩盖下从事洗钱犯罪行为。

（六）通过网络银行洗钱的发展趋势

鉴于目前国内各大银行在建设和推广网络银行服务方面所做的努力，越来越多的企业和个人客户愿意选择网络银行进行资金交易，网络银行成为电子银行业务中发展最快也是最为突出的一项业务，因此也成为目前国内犯罪分子选择电子银行业务进行洗钱的主要手段。包括手机银行业务、电话银行业务和数字电视支付在内的新兴支付方式，因存在多种技术标准、缺乏统一明晰的业务规则，发展速度远落后于网络银行。但是随着相关技术环境的改善，这些拥有广阔发展前景的新兴支付方式也将获得蓬勃的发展，从而通过这些新型支付方式进行洗钱的风险也必将相伴而生。

二、由非金融机构提供，通过互联网或专有网络间接与银行账户发生关系的途径——以第三方互联网支付为例

（一）第三方互联网支付的定义

要明确界定第三方互联网支付的定义，首先要了解支付、网络支付、互联网支付、第三方互联网支付这几个概念之间的关系（见图1）。支付是货币资金的转移，通俗地说，就是付款。根据中国人民银行《非金融机构支付服务管理办法》的规定，支付业务包括网络支付、预付卡的发行与受理、银行卡收单以及其他支付服务。预付卡是指以营利为目的发行的、在发行机构之外购买商品或服务的预付价值，包括采取磁条、芯片等技术以卡片、密码等形式发行的预付卡。银行卡收单是指通过销售点（POS）终端等为银行卡特约商户代收货币资金的行为。网络支付是指依托公共网络或专用网络在收付款人之间转移货币资金的行为，包括货币汇兑、互联网支付、移动电话支付、固定电话支付、数字电视支付等。其中的互联网支

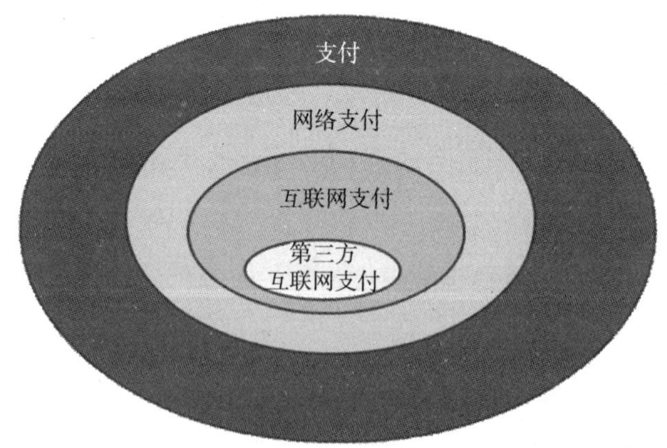

图1　支付概念关系

付包括直接使用网络银行进行的支付和通过第三方支付平台间接使用网络银行进行的支付，后者正是我们想界定的第三方互联网支付。

第三方互联网支付，是指具备一定实力和信誉保障的第三方独立机构提供的网络交易支持平台。在电子商务活动中，第三方支付机构独立于交易双方，通过与银行建立合作关系，为交易双方提供虚拟账户、在线支付、网上查询等服务，通常能起到信用担保作用。在通过第三方支付平台的交易中，买方选购商品后，使用第三方平台提供的账户进行货款支付，由第三方通知卖家货款到达、进行发货。买方检验物品后，就可以通知第三方付款给卖家，第三方再将款项转至卖家账户。

（二）我国第三方互联网支付的发展现状

我国第三方支付行业从 1999 年左右开始出现，最初主要采用服务于交易的支付网关模式，支付公司只提供资金支付的中转服务。真正推动国内第三方支付市场发展的，是 2004 年开始出现的信用中介模式，该模式由支付宝首创。2003 年，淘宝网率先推出支付宝服务，买家先付款到支付宝，支付宝通知卖家发货，买家收货确认后，支付宝才打款给卖家。这种居中担保模式解决了买卖双方之间存在的信任问题。2004 年，支付宝独立发展为浙江支付宝网络技术有限公司，是阿里巴巴集团的关联公司。

目前我国的第三方支付机构有 300 多家，第三方支付产品主要有 PayPal（易趣公司产品）、支付宝（阿里巴巴旗下）、财付通（腾讯公司，腾讯拍拍）、易宝支付（Yeepay）、快钱（99bi11）、百付宝（百度 C2C）、网易宝（网易旗下）、环迅支付、汇付天下等，其中用户数量最大的是支付宝，2010 年 12 月，支付宝宣布用户数突破 5.5 亿。根据 iResearch 艾瑞咨询的统计数据，2010 年中国第三方网上支付行业强劲增长，整体交易规模达到 10105 亿元，突破万亿元大关，比 2009 年增长 100.1%，实现翻番。市场占有方面，支付宝以 50.02% 的市场份额大幅领先其他支付企业，财付通和快钱分别列第二位、第三位。

2010 年 6 月 14 日，中国人民银行颁布《非金融机构支付服务管理办法》，对非金融机构支付服务的范围作出了界定，并要求非金融机构提供支付服务的，应当取得《支付业务许可证》。2011 年 5 月 18 日，支付宝等 27 家第三方支付机构拿到了《支付业务许可证》，支付宝等民营非金融机构从事支付服务的身份问题终于得以解决。

（三）我国目前有关第三方互联网支付的法律规定

2010 年以前，我国没有专门针对第三方互联网支付或第三方支付机构的法律法规，与其相关的法律规定散见于若干法律中。

2004 年 8 月 28 日，《电子签名法》颁布，确认可靠的电子签名与手写签名或者盖章具有同等的法律效力。伪造、冒用、盗用他人的电子签名，构成犯罪的，依法追究刑事责任；给他人造成损失的，依法承担民事责任。2005 年 8 月 15 日，国务院办公厅发布《关于加快电子商务发展的若干意见》，要求推进在线支付体系建设。加紧制定在线支付业务规范和技术标准，研究风险防范措施，加强业务监督和风险控制；积极研究第三方支付服务的相关法规，引导商业银行、中国银联等机构建设安全、快捷、方便的在线支付平台，大力推广使用银行卡、网络银行等在线支付工具；进一步完善在线资金清算体系，推动在线支付业务规范化、标准化并与国际接轨。

2005 年 10 月 26 日，中国人民银行公布《电子支付指引（第一号)》，明确电子支付指令与纸质支付凭证可以相互转换，二者具有同等效力，同时要求银行应妥善保管电子支付业务的交易记录。《电子支付指引（第一号)》规范的主体主要还是银行及接受其电子支付服务的客户，对作为电子支付指令转发人的第三方支付平台的监管并未涉及。

2010 年，中国人民银行相继发布了《非金融机构支付服务管理办法》和《非金融机构支付服务管理办法实施细则》。政策的出台填补了第三方支付机构的监管真空，首次明确了第三方支付服务的法律地位，并为推动行业产品和服务创新，引领电子支付产业持续、健康发展指明了方向。《非金融机构支付服务管理办法》对非金融机构支付服务的范围进行了界定，并要求非金融机构提供支付服务应当取得《支付业务许可证》，成为支付机构；规定从事支付业务的注册资本金最低要求；明确支付机构接受的客户备付金不属于支付机构的自有财产，支付机构只能根据客户发起的支付指令转移备付金，禁止支付机构以任何形式挪用客户备付金等。

《非金融机构支付服务管理办法实施细则》对预付卡的判定标准、支付机构的资质条件、申请资料的相关规定，高级管理人员、主要出资人等相关资质要求，续展支付业务许可证应遵守的审核程序以及许可证在有效期内灭失、损毁时的重新申领程序等方面给予一一明确。随着《非金融机构支付服务管理办法实施细则》的正式出台，非金融机构支付服务业务也将走向规范化，这不仅有利于规范非金融机构支付服务行为，也有利于防范支付风险，促进支付服务市场健康发展。

（四）第三方互联网支付的洗钱路径及洗钱风险分析

1. 第三方互联网支付的洗钱路径分析。洗钱者利用电子商务频繁进行虚假交易的同时，必须利用网络支付平台，以实现资金的流动和转移，达到洗钱的目的。通常，洗钱者会申请一个或多个网络支付账号，通过“自卖自买”行为，在网络上将黑钱洗白。我们可以把利用第三方互联网支付进行洗钱的模式分为简单洗钱模式和复杂洗钱模式（见图 2 和图 3）。

在简单洗钱模式中，洗钱者只开立两个网络支付账户。首先，洗钱者将黑钱存入银行（通过自己或利用别人的账户 1 笔或分多笔存入银行），利用网络银行把银行账户里的黑钱转至网络支付账号 A（买方网络支付账户），进行虚假网上交易，支付给网络支付账户 B（卖方网络支付账户），利用网络银行将网络支付账户 B 中的资金转至指定银行账户，最终进入流通领域，黑钱被洗白。

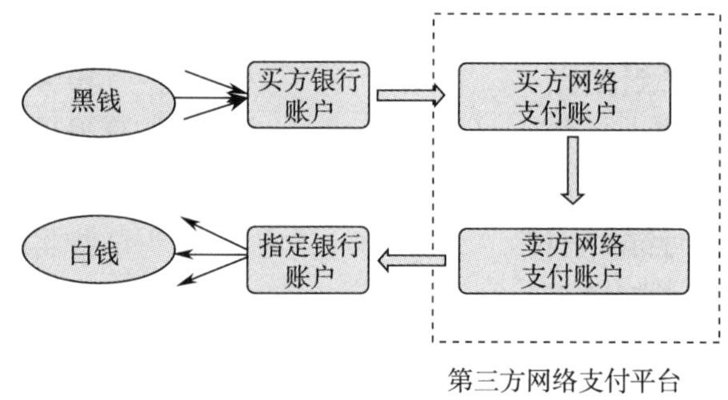

图 2　简单洗钱模式

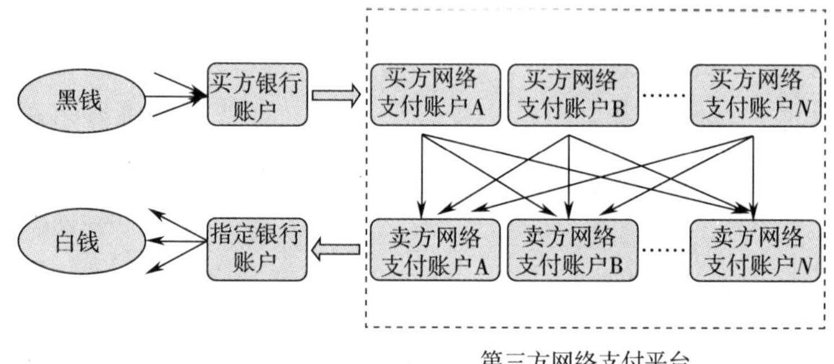

图 3　复杂洗钱模式

复杂洗钱模式和简单洗钱模式类似，但洗钱者利用自己和他人身份开立了多个网络支付账户，并进行多次虚拟的网上交易，使资金进入流通领域，从而达到把黑钱洗白的目的。

2. 第三方互联网支付洗钱风险分析。

（1）切断资金链条，隐蔽资金转移渠道。通过上文洗钱路径分析，我们知道在第三方支付机构参与结算业务之前，资金从买方银行账户直接进入卖方银行账户，银行能比较清晰地了解整个交易过程，但加入第三方支付机构后，银行所了解的资金链条被切断了。以简单洗钱模式为例，资金从买方银行账户转入了第三方支付机构掌握的买方网络支付账户（记为第 1 笔交易），经过第三方支付平台，转至卖方网络支付账户，等资金最终从卖方网络支付账户转出至卖方银行账户时（记为第 2 笔交易），银行已经无法获知这两笔交易实际上属于同一个交易过程。在银行看来，整个过程被割裂为两个看起来毫无联系的交易。事实上这两个交易可以发生在同一银行系统或跨银行系统，即便发生在同行系统，银行也无法确定这两笔交易之间的关系。从这个意义上讲，第三方支付平台屏蔽了银行对资金流向的掌握，任何人只要在第三方支付机构注册了网络支付账户，就可以便捷隐蔽地实现账户间的资金转移。

（2）便利的信用卡套现渠道。以 C2C 交易进行信用卡套现为例，有以下几种方式：第一种方法是通过在 C2C 网站上进行虚拟交易，即一个人同时扮演商家和消费者的角色，用信用卡支付所购买的虚拟商品，同时确认放款至商家的网络支付账户，然后将资金转至商家的银行账户中提现；第二种方法较为简便，即直接利用信用卡向第三方支付平台的账户充值，然后将资金转至银行账户并提现；第三种方法是用信用卡支付所购买的虚拟商品，当买卖双方的交易取消时，买方在第三方支付机构开立的网络支付账户余额相应增加，买方可以将资金从网络支付账户转回他选择的银行账户并提现，即便资金要求必须直接转回与买方网络支付账户绑定的银行账户，如果在转回前付款人修改了绑定账户，资金仍然可以转到买方想选择的银行账户。

（3）潜在的资金跨境支付渠道。随着电子商务和国内第三方支付业务的发展，跨境买卖双方的支付需求（更多的可能是纯粹的跨境转移资金）逐渐显现出来。为了能在竞争中处于有利地位，在缺乏对外支付途径的情况下，一些未取得外汇局批准的第三方支付机构有可能效仿地下钱庄，变相实现资金跨境支付，使用境内境外分别轧差的方式，在不发生资金跨境流动的前提下开展跨境支付业务。所以，第三方支付机构有转变为跨境资金转移渠道的可能性[①]。

① 范如倩、石玉洲、叶青：《第三方支付业务的洗钱风险分析及监管建议》，载《上海金融》，2008（5）。

（五）相关案例

买方A与卖方B彼此认识但居住在不同的国家，双方没有真实的商品贸易发生。A以购买高档奢侈品的名义将犯罪所得存入银行账户后通过第三方支付平台支付给国外的B，B最终将这笔资金转移到了A指定的国外账户。由于并不存在真实交易，B永远也不会发货，但通过上述一系列操作，A实现了将犯罪资金进行跨境转移。

三、由非金融机构提供的脱离银行账户的途径

（一）电子货币定义

近几年电子货币发展迅猛并且形式多样，但对其并没有统一的定义。1998年巴塞尔银行监管委员会把电子货币定义为：“在零售支付机制中，通过销售终端、各类电子设备和公共网络（如Internet、移动电话等），以‘储值’产品或预付机制进行支付的货币。”同年，欧洲中央银行在《电子货币报告》中将其定义为：“电子化存储于技术设备中的货币价值，可以广泛地用于向除了发行者之外的其他方进行支付，且电子货币作为一种无记名的预付工具，在交易中不需要与银行账户相关联。”2002年欧洲议会理事会发布的从2004年起被欧盟国家纳入各国法律并实施的《电子货币指令》将电子货币的法律概念定义为：“存储于电子设备中，是对发行者的债权所代表的货币价值并且作为支付方式能够被除了发行者之外的其他方所接受。”2009年9月，欧盟委员会通过《关于电子货币机构业务开办、经营和审慎监管的指令》（2009/110/EC），指令中将电子货币定义为：“电子货币发行商通过收取货币资金发行的用于支付交易且能够被其他自然人或法人接受的电子化的货币价值，它表现为持有人对发行人所享有的要求权。”我国国内电子货币业务开展较晚，并没有官方的定义，大多是一些学者为研究需要自行总结归纳的。

国内学者认为，电子货币是以电子数据为主要形式，借助金融电子化网络，以电子计算机技术为手段，其功能主要是支付，包括信用卡、电子现金、电子支票、储值卡等。

综合有关国际组织的定义和我国对电子货币的研究，可以对电子货币作如下定义："由合法的发行商按照一定的兑换关系收取货币资金后发行的不需要强制与银行账户相关联的，通过互联网、移动电话网络或集成电路芯片等高技术介质进行支付交易的新型支付工具。"其内涵有几个特点需要注意：（1）电子货币并不排斥传统货币，它是以传统货币为基础，通过其发行主体将货币的价值金融信息化后创造出来的衍生货币，其储藏手段、流通手段职能较为弱化，但具有价值尺度和支付手段两个货币最基本的职能。（2）是否与银行账户相关联不具有强制性，既可以关联银行账户进行支付，也可以脱离银行账户进行交易，这就可能方便犯罪分子利用不关联银行账户的电子货币来切断货币价值的转移路径。（3）电子货币一般通过以现代信息技术为代表的高科技介质进行支付交易，区别于通过一般和传统的金属和纸质物理介质进行支付交易的传统货币。

（二）各类电子货币的行业基本现状

根据载体的不同，电子货币可划分为以储值卡为主体的卡基类电子货币和基于互联网的网基类电子货币。

（1）以IC卡为基础。将现金信息储存在IC卡上一块具有存储、计算、加密能力的集成电路芯片中，主要包括预付卡和电子钱包。欧美等国的预付费卡形式多样，大多用于购物或消费，但有一些多用途预付费卡与银行卡支付网络如VISA和万事达联网，还能从自动取款机上提取现金。我国的预付费卡行业近年来发展相当迅速，但基本上只能用于购物或消费，不能提取现金。

（2）以互联网络为基础。其最大特点是基于软件通过互联网络实现电子货币的支付从而完成交易过程，现在主要有Q币、游戏币等。

根据支付类型的不同，FATF 将电子货币分为预付费卡、电子钱包、移动支付、网络支付服务和数字化贵金属五大类。移动支付一般是指利用移动电话或其他无线通信设备来支付商品或服务费用的方式，验证方式主要是手机号码和手机二维码或密码。我国的移动支付业务目前仍处于试验或推广的市场培育阶段，整体规模较小，使用范围有限。数字化贵金属是一种相对较新的网络价值转移系统，包括贵金属期权交换或以具体价格购买贵金属的权利，消费者根据全球市场的现货即时价格购买一定数量的虚拟贵金属，之后即可将这部分贵金属的所有权或部分所有权转卖给其他个人或商家以交换商品或服务。目前我国的数字化贵金属形式主要是纸黄金业务，但纸黄金业务只是一种投资工具，并不能用于消费、汇兑。

（三）洗钱风险因素分析

电子货币使洗钱变得更加严重，因为通过电子货币可以即时将钱送到世界上任何地方，调查取证十分困难。主要体现在以下几个方面。

1. 电子货币发行主体多元化。电子货币的发行者除了正规金融机构外，信息产业公司、商业公司、通信公司等都可以作为其发行方。而这其中许多行业目前并不在反洗钱监测分析的监控范围之内，并不具有反洗钱的义务和能力。

2. 电子货币具有隐匿性。传统货币经常要面对面交易，不可能完全匿名，而电子货币基本不需要见面，通过电子网络和通信技术进行电子化传递使得追踪到其使用者的个人信息的可能性极低。

3. 电子货币的数字性。传统的货币往往具有地区的限制，币值也相对固定，而电子货币的使用打破了地域的限制，它没有固定的形态限制，只要商家愿意接受，使用者可以随意使用各国货币并且可以任意分割成小的单位，给洗钱分子清洗犯罪所得留下了空间。

（四）相关案例

利用电子货币进行洗钱和恐怖融资的案例近年来在国内外屡有发生，充分显示这一新兴的高科技支付工具已经成为犯罪分子清洗、转移非法收入和恐怖组织获取活动经费的重要渠道。

1. 利用预付费卡洗钱。2004 年，德国税务检查人员发现了一起通过预付费卡形式的电子货币洗钱案。两名涉嫌欺诈的犯罪分子将部分犯罪所得转移到数张预付费卡上，然后在本国通过卡来提取现金和购买商品，这些卡的账户只保留了半年至两年的较短时间，然后两人就关闭了旧账户并开立新账户。在这一过程中，超过 35 万欧元的非法资金被清洗和转移。

2. 利用数字化贵金属洗钱。2004 年，美国联邦执法机关关闭了最大的一家贩卖盗取身份信息和支付卡的非法网站——ShadowCrew.com，并逮捕了 21 人，后有 12 人被判决有罪。这家网站有约 4000 名会员，专门从事恶意侵入计算机盗取和伪造身份信息和各种贷记卡、借记卡卡号并出售的勾当，所取得的非法资金则通过电子黄金等电子货币形式或西联汇款等方式清洗。

第三节　网络反洗钱对策

一、建立健全相关法规制度

（一）完善电子银行业务相关的规章制度

洗钱活动特点的不断变化，相关的制度和执行措施也应及时调整、修订完善。在对客户身份识别和可疑交易报告的规定上，目前主要针对金融机构办理常规业务，而对新兴的网络洗钱活动关注不够。建议研究修订不适用或不合理的可疑交易报告标准，补充电子银行业务相关的可疑特征（应结合特殊时点、账户特征、交易方式、交易行为等因素），强化金融机构自行识别的主观能动性、灵活性和全面性，指导金融机构以主观分析为主，辅以客观指引，提高可疑交易报送的质量。

（二）完善非金融机构网络支付的相关法规

《反洗钱法》实施五年来，中国人民银行相继建立了反洗钱的操作规程和实施细则，在推动金融机构反洗钱工作方面发挥了重要作用。但是《反洗钱法》对非金融机构履行反洗钱义务只是原则性的规定，没有具体规定非金融机构反洗钱义务的范围、内容、实施期限、区别于金融业的特别要求等，亟须将条款细化，建立适应非金融机构行业特点的反洗钱监管工作机制。

（三）完善网络洗钱刑事法律

在反洗钱刑事立法方面，《刑法》第一百九十一条、第三百一十二条和第三百四十九条共同构成了现有的反洗钱刑罚体系。网络洗钱的网络特性，使得在网络洗钱犯罪的界定、证据收集和侦查手段等方面与传统洗钱犯罪存在差异，需要在调查研究网络洗钱司法实践的基础上，总结网络洗钱犯罪立法在法律适用过程中的问题，完善相关刑事立法和司法解释。

二、加强网络洗钱监督管理

（一）贯彻风险为本的理念，明确网络反洗钱监管的重点

2007 年金融行动特别工作组在《基于风险的反洗钱、反恐怖融

资方法指引》[1]（Guidance on the Risk - Base Approach to Combating Money Laundering and Terrorist Financing）中明确指出："通过采取以风险为本的管理方式，监管部门及相关金融机构应能确信其所采取的防止和减少洗钱和恐怖融资的措施与其所具有的风险相称。这使得资源能得到最高效的利用。这一原则要求对资源进行有序利用以便最高的风险能得到最大的关注。"

根据风险为本的指导思想，切实研究网络洗钱的特点，掌握网络洗钱的风险状况，从而实现根据洗钱风险的高低，合理配置反洗钱资源，解决有限监管力量与巨大的业务量之间的矛盾，增强预防和打击网络洗钱活动的针对性和有效性。

按照风险为本的反洗钱工作原则，建议银行机构充分利用客户风险高低的等级划分结果，提供便利的信息查询渠道，使客户风险划分工作不流于形式，有针对性地开展网络洗钱可疑交易的识别。在业务人员对可疑交易进行人工审核时，自动提示客户风险等级，并对高风险客户的业务作出风险预警提示，为业务人员掌握交易的审核尺度提供依据。

建议非金融机构结合客户的基本信息、行业类别、交易频率、交易金额等要素，合理划分客户风险等级，并定期对客户风险进行重新评级，加强对客户身份的持续识别。采用以风险为本的方法，对高风险客户要加强交易监测。

（二）全面落实客户身份识别制度

1. 加强电子银行业务持续客户识别措施。电子银行业务的办理，在最初开立账户时按规定签订协议，要求客户提供相关身份资料，以辨别客户身份的真实性。在以后的网络交易中，通过账户进行交易的人可能不是最初开立账户的人，为不法分子洗钱活动创造了条

---

[1] FATF (2007), Guidance on the Risk - Base Approach to Combating Money Laundering and Terrorist Financing, High Level Principles and Procedures, FATF, Paris, www. fatf - gafi. org.

件。建议金融机构建立有效的持续客户身份识别制度，加强网上大额交易和可疑交易的控制，当发现客户行为或者交易情况异常时，及时采取措施，重新识别客户身份。

2. 严格执行非金融机构客户身份识别制度。目前，在第三方支付中，客户可以随意注册网络支付账户，只要在网上登记有关资料（如个人姓名、联系地址、联系电话、电子邮件；公司名称、营业执照号码、申请人姓名、联系电话等）即可注册。由于缺乏有效的客户身份识别措施，无法保证客户信息的真实性。不法分子往往利用他人身份信息编造虚假资料开立账户，使得网络支付账户成为洗钱者的工具。为此，建议非金融机构按照勤勉尽责的原则，实行网络支付账户实名制，充分履行反洗钱客户尽职调查的义务。

鉴于非金融机构支付业务处于快速发展阶段，要求对所有客户进行严格的身份识别缺乏可操作性，且实施成本较高。按照优先的资源集中投入风险更高的领域的原则，对机构客户采取比个人客户更为严格的身份识别，对个人客户的高风险产品采取相对严格的身份识别，如对个人客户设定交易限额，在限额以下的交易登记其基本信息，限额以上参照机构客户进行身份认证。可以考虑采取网络支付账户与银行已进行面对面实名开户的账户进行绑定，在银行账户审核通过之后，非金融机构才可为客户开通网络支付账号，且保证客户申请资料的一致性。

三、探索网络洗钱监测分析方法

（一）开展典型案例分析，归纳洗钱模式

深入分析已经发生的犯罪案例，总结网络洗钱活动特点，是最直观的研究方法。通过收集、整理公开媒体上有关网络洗钱及上游犯罪活动的实际案例，从中归纳总结网络洗钱手法，同时为后续构建指标模型提供丰富的数据基础。

（二）构建指标体系，量化洗钱风险评估模型

在案例分析直观了解网络洗钱的犯罪活动手法的基础上，通过构建指标体系，实现洗钱风险评估的细化、量化。可按照涉案金额和数量两种统计计算方法，合理确定各指标的权重，例如，通过考察不同行业的网络洗钱分布，设置并计算商贸公司、服务咨询公司、空壳公司、无业个人等行业指标；通过研究不同业务间的网络洗钱风险分布，设置并计算跨境网络支付、投资证券期货交易、投资保险产品、伪造身份信息、虚构交易等业务指标；通过考察洗钱风险在上游犯罪行为中的分布，设置并计算毒品犯罪、黑社会性质的组织犯罪、恐怖活动犯罪、走私犯罪、贪污贿赂犯罪、破坏金融管理秩序犯罪、金融诈骗犯罪等类型指标。此外，可以考虑地域因素、时间因素、客户职业因素、网络 IP 地址因素等设置指标。

（三）深入专题调研，不断优化模型

围绕重点领域的洗钱活动开展专题调研。就网络赌博中的洗钱问题，电子商务交易和支付中的洗钱问题，电子银行证券和保险服务、网络毒品犯罪中的洗钱问题等，突破已有指标模型的限制，开展深层次的理论研究与实践总结，全面深入专题调研，并结合已接收可疑数据的特征，不断调优模型。

四、依靠信息技术手段提升质效

（一）积极探索，有效开展非面对面交易的客户身份识别

基于公钥加密的数字证书部分解决了身份认证问题，但仍存在一些安全问题，如证书可能被复制、共享，另一个人只要得到证书和开启证书的口令，就可以拥有与原持有人同等的权利，证书与用户的身份不能形成唯一性。为解决非面对面交易的匿名性、隐蔽性

与反洗钱监管对交易客户身份真实性的要求，网络交易的客户身份识别应该配备先进高效的客户尽职调查核心业务系统。

利用人体生物特征的电子化识别技术开发基于生物特征的客户身份认证，如虹膜、指纹、声音等，对申请网络交易的客户事先生成客户生物特征，并转化为数字电子的形式存储，在客户交易时，通过光电识别器、指纹录入器、声音传感器等工具，将生物特征录入客户端，再通过网络传输到认证服务器端，与已留存的信息进行比对。

（二）准确定位，采取技术措施防范业务风险点

为加强金融机构对电子银行客户信息的管理和授权工作，防范不法分子利用金融创新服务和支付工具进行洗钱犯罪活动，在电子银行交易系统的技术设计和实现上，对业务风险点采取有针对性的措施：建议对银行卡电子银行交易限制单笔金额，每月或季度等期限的金额和笔数也要进行适当限制；建议对境外电子银行交易采取更为严格的限定，在规定每日每笔金额限额的同时，规定月、季度、年度的限额；建议限定高风险客户到开户行更新、留存或核对客户身份信息；建议对一定金额以上的电子银行资金划拨，要求用户注明用途；建议对企业用户向个人用户转账，达到一定金额时要求注明用途。

（三）注重优化，持续推进反洗钱应用系统的升级改造

随着反洗钱工作的深入，原有的技术系统逐渐暴露出问题和新的需求。及时升级改造反洗钱应用系统，扩充功能模块，同时整合各系统资源，增进系统项目之间的整体性和关联度，加深科技应用的渗透率，是实现反洗钱科学发展的客观要求。

（四）创新科技，研发新产品充分挖掘数据价值

面对海量的大额交易和可疑交易数据，依靠人工逐笔进行筛选

判断难以满足反洗钱工作的要求，如何利用科技手段有效开展数据的综合分析和应用，是提高反洗钱分析工作有效性的重要课题，需要我们在方法上进行探索，在应用上进行实践。

1. 加快反洗钱研究成果的技术转化，为反洗钱监测分析提供技术支撑。反洗钱监测方法的研究应该与反洗钱技术开发紧密结合，必须立足实际需求，组织技术力量进行系统研发。为利用反洗钱监测分析模型的研究成果，开发指标模型系统，自动从收集系统中计算指标评分；为提高现场检查质效，开发现场检查系统，自动检查客户信息和筛查交易信息；对非现场监管报表进行自动化电子报送，为报送数据的横向、纵向分析比较提供技术支持。

2. 应用数据挖掘技术挖掘数据价值。数据挖掘是从海量数据中提取隐含在其中的潜在有用信息。有用的信息可以用于决策支持、信息管理、过程控制。发达国家在反洗钱系统的应用中使用数据挖掘技术已取得了一定成绩。美国金融犯罪执法网络的 FAIS（FinCEN Artificial Intelligence System）系统综合使用了人工智能技术和基于案例的推理等技术，澳大利亚开发的 ScreenIT 系统利用数据挖掘技术实现了可疑交易报告的自动筛选。我国的反洗钱防卫性报送数据较多、数据量巨大，应用数据挖掘技术的难点在于算法的可伸缩性。

五、加强网络反洗钱的国际合作

网络洗钱犯罪的跨国特点集中体现在洗钱活动的跨国性、洗钱主体的跨国性和洗钱对象的跨国性，因此，预防和打击网络洗钱，加强国际合作已成为维护国家利益和国际社会共同利益的迫切需要。建议我国利用已有平台，积极开展国际合作，加大信息交流和信息共享，加强司法协作与援助。

六、加强反洗钱队伍建设

随着反洗钱手段的日益复杂，为有效发挥反洗钱第一道防线的作用，亟须加强报告机构从业人员对电子银行、电子货币等金融创新领域的洗钱手法和规律的认识，提高业务技能，强化风险责任意识。培养一支多层次的反洗钱专业人才队伍，显得尤为迫切。

我国电子支付业务中的洗钱风险浅析[①]

第一节 绪论

一、相关概念

（一）电子支付

电子支付是以电子计算机及其网络为手段，以负载有特定信息的电子数据取代传统的支付工具用于资金流程，并具有实时支付效力的一种支付方式。关于电子支付的界定有很多种，本文主要参照2005年中国人民银行发布的《电子支付指引（第一号）》（中国人民银行公告〔2005〕23号）的界定，认为“电子支付是指单位、个人（以下简称客户）直接或授权他人通过电子终端发出支付指令，实现货币支付与资金转移的行为”。

---

① 本报告是中国反洗钱监测分析中心员工参加中国人民银行团委2011年度青年课题活动的课题之一，获该活动二等奖。执笔人（以姓氏笔画排序）：王兰、邓晓卓、甘露、向路、刘云、孙贞、周小琴；课题组组长：邓晓卓。编入本书时做了大幅删节。

电子支付具有两方面的含义：一是以计算机及其网络为手段，将传统的支付方式电子化，即以电子通信取代传统的信函、电报等进行资金流动的信息传递，如通过 ATM 转账或通过 POS 机用信用卡进行结算；二是以某种形式的电子信息完全取代现金、票据等传统支付工具进行资金的传递。

总的来说，只要以网络为基础，以电子设施和各种交易卡为媒介，以计算机通信技术为支撑，以电子数据存储于银行的计算机系统中并通过网络系统以电子信息传输形式完成的流通与支付都属于本文研究的范畴。

（二）电子货币

既然要对电子支付进行讨论，就必然离不开电子货币这一概念。一般而言，广义的电子货币是指所谓的电子支付或电子资金划拨，即通过电子信息的交换来完成债务清偿的支付工具；狭义的电子货币则是指电子支付手段的一种——储值品种，即由消费者占有的，存储在一定电子装置之中的，代表一定的货币价值的“储值”或“预付价值”的产品。

从结算方面看，电子货币其实是一种新型的电子化支付方式。电子支付系统是将现有支付方法与电子技术相结合的应用系统，而目前的电子货币并不是能代替现金通货或者存款通货的新支付手段，只是以现有的支付手段在电子支付系统中用电子化方法进行传递以实现结算目的的工具和载体。

（三）第三方支付

第三方支付实际上就是买卖双方交易过程中的“中间件”，也可以说是一种“技术插件”，第三方支付机构是独立于金融机构之外、保障交易双方利益的非金融机构。第三方支付是一种新型的电子支付模式，它是在网上交易中居于网上消费者和商家之间的公正的中间人，其主要目的是通过一定手段为交易双方的信用提供担保，从而化解网上交易风险的不确定性、增加网上交易成交的可能性，并为后续可能出现的问题提供相应的其他服务的交易方式。

目前对第三方支付也没有准确的定义，其实这只是一种对连接买卖双方、电子商务平台和银行起到桥梁作用，最终实现网上交易的资金划拨的支付中介的一个通称。虽然其主要依赖网上支付而存在，但已开始向电子支付的其他方面渗透，因此其代表的其实是电子支付的一种趋势和方向。

二、电子支付体系

一般而言，支付行为是指经济行为人之间由于商品交换和劳务关系所引起的债权、债务关系的清偿。支付体系是实现这种货币债权转移的制度安排和技术安排的有机组合。与传统支付行为一样，电子支付行为必须依托电子支付体系存在。

在现代市场经济中，一个完整的支付过程主要由交易、清算和结算三个环节构成。电子支付体系主要包括支付工具、支付系统、支付服务组织和相关的法规制度等。支付工具也是传达付款人支付指令、实现债权债务清偿和货币资金转移的载体；支付系统支撑各种支付工具应用，提供资金清算与资金最终转移通道；支付服务组织向客户提供支付账户、支付工具和支付清算、结算服务，如中央银行、金融机构和专门的支付清算组织等。支付结算法规制度是规范支付结算行为，保证支付结算市场有效性的法律基础设施。维护支付结算体系的安全、高效和稳健运行是中央银行的重要职责之一。

（一）电子支付工具

随着电子银行的兴起和微电子技术的发展，电子支付技术日趋成熟，电子支付工具品种不断丰富。电子支付工具从其基本形态上看是电子数据，它以金融电子化网络为基础，通过计算机网络系统以传输电子信息的方式实现支付功能，利用电子支付工具可以方便地实现现金存取、汇兑、直接消费和贷款等功能。

按照载体不同，我们一般将电子支付工具分为“卡基”型电子支付工具和“数基”型电子支付工具。“卡基”型电子支付工具的载体是各种物理卡，包括银行卡、IC卡、电话卡等，消费者在使用这种支付工具时，必须携带卡介质。“数基”型电子支付工具完全基于数字的特殊编排，依赖软件的识别和传递，不需要特殊的物理介质。随着科学技术的发展，电子支付工具的划分界限也日益模糊，如银行卡既可以使用卡支付，也可以脱离卡使用账号和密码进行网上交易。目前，信用卡、借记卡、电子支票、电子现金等是最为常见的电子支付工具。

（二）电子支付系统

与传统的支付系统类似，电子支付系统也可分为三个层次，分别是支付服务系统、支付清算系统和支付信息管理系统。

支付服务系统是完成银行和客户间的支付与结算的系统，一般在银行柜台完成，是银行为客户服务的窗口。这是支付系统的基础，也是金融系统的数据源点。

支付清算系统是指一种跨行业务与资金清算系统，一般由政府授权的中央银行组织建设、运营和管理，各家商业银行和金融机构共同参加，系统涉及一个地区或国家的所有银行或金融机构，系统庞大而复杂。

支付信息管理系统是广义的金融管理信息系统，它是连接金融综合业务处理系统，对各子系统所产生的基础数据进行采集、加工、分析和处理，为管理者提供及时、准确、全面的信息及信息分析工具的核心系统。支付信息管理系统的建设和完善对提高金融业的经营管理水平具有重要作用，是防范和化解金融风险的必由之路，也是金融现代化的重要标志。

（三）支付服务组织

支付服务组织是指向社会提供支付工具和支付服务的机构，以及为这些机构运行提供清算和结算网络服务的组织。它是支付体系中的能动要素，能直接向社会提供支付服务，其服务水平影响着整个社会金融服务的质量。我国的支付服务组织主要包括中央银行、银行业金融机构和社会化支付清算组织。

（四）支付监督管理及配套法律法规

我国对支付工作进行监督管理的职能主要由中国人民银行承担。通过不懈努力，目前已建立了比较完善的支付法规制度体系，奠定了支付系统运行和监督的法律基础。目前，我国已建立了以《票据法》、《中国人民银行法》、《商业银行法》为基础，《票据管理实施办法》、《支付结算办法》、《人民币银行结算账户管理办法》、《电子支付指引》等为补充的支付结算制度体系。

但随着经济的不断发展，仅单纯从支付业务的角度进行监督管理和法规制定，已不足以保证支付工作的正常有序进行。要规范支付业务参与各方的行为、维护各方的合法权益、保障中国支付体系的正常发展，还需要做好与电子支付体系有关的各类外围环境建设。

三、电子支付业务的基本类型

根据2005年中国人民银行发布的《电子支付指引》的分类，按电子支付指令发起方式，可以把电子支付分为网上支付、电话支付、移动支付、销售点终端交易、自动柜员机交易和其他电子支付等类型。

随着电子支付领域的发展和市场容量的扩大，2010年中国人民银行发布了《非金融机构支付服务管理办法》，把非金融机构支付服务分为网络支付、预付卡的发行与受理、银行卡收单以及人民银行确定的其他支付服务。其中，网络支付行为包括货币汇兑、互联网支付、移动电话支付、固定电话支付、数字电视支付等。

（一）网上支付

从广义上讲，网上电子支付是以互联网为基础，利用银行所支持的某种数字金融工具，发生在购买者和销售者之间的金融交换，实现从买者到金融机构、商家之间的在线货币支付、现金流转、资金清算、查询、统计等过程。

网上支付主要包括四个要素：商户系统、支付工具、支付网关和安全认证。其中，电子钱包、支付网关和安全认证是网上支付的必要条件，如图1所示。

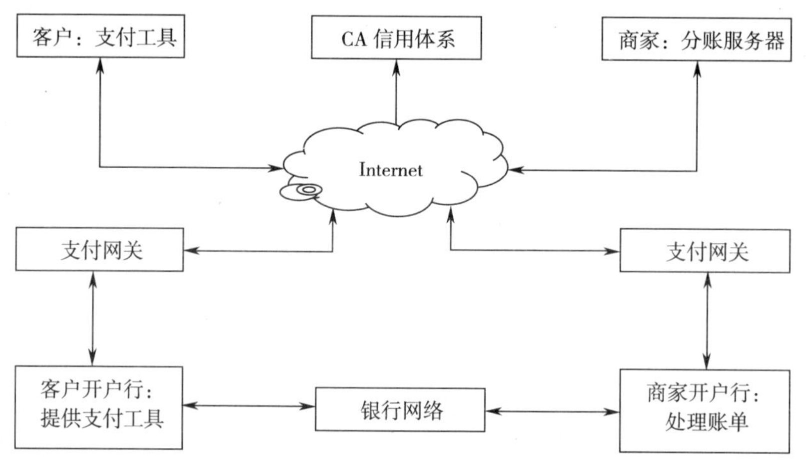

图1　网上支付的构成要素

（二）电话支付

电话支付是电子支付的一种线下实现形式，是指消费者使用电话（固定电话、手机等）或其他类似电话的终端设备，通过银行系统就能从银行账户里直接完成货币支付或资金转移的方式。

目前我国主要的商业银行均推出了电话银行业务，通过电话银行呼叫中心能够向客户提供自动语音服务和人工服务。电话银行使用方便快捷，可节省银行开设更多网点的成本，也可免去客户上门所消耗的时间和精力。通常电话银行向客户提供365天每天24小时的不间断服务。客户通过电话银行进行的操作可以很快生效，如银行卡挂失、转账等。

（三）移动支付

移动支付是一种新的支付形式，现在正处于快速发展阶段，其内容在不断丰富。目前对于移动支付还没有一个标准统一的定义。2002年“移动支付论坛（Mobile Payment Forum）”给出的定义：移动支付就是交易双方使用移动设备转移货币价值以清偿获得商品或服务的债务。其中“移动设备”被定义为一种无线沟通设备，包括手机、PDA、移动PC等。

从电子商务的角度，移动支付的定义可以表述为，支付方为了购买有形的商品或无形的服务，以手机、PDA等移动终端，通过移动通信网络实现资金由支付方转移到接收方的方式。

参考欧洲银行标准化协会在TR603（European Committee for Banking Standards Business and Functional Requirements for Mobile Payments）的定义以及分类体系的互斥性和完备性，诺盛电信咨询将移动支付按照支付金额的大小、地理位置的远近、账号设立的不同、用户与商家交互方式、移动运营商提供的移动支付业务类型等多个角度对移动支付业务进行分类，如表1所示。

表1　　　　移动支付业务的分类

<table>
<tr><th>分类角度</th><th>分类</th><th>定义</th><th colspan="2">区别要点</th><th>应用举例</th></tr>
<tr><td rowspan="2">支付金额</td><td>小额支付</td><td>单笔交易额1000元以下</td><td rowspan="2">基本安全要求</td><td>可使用移动网络本身的SIM卡鉴权</td><td>缴纳手机费等</td></tr>
<tr><td>大额支付</td><td>单笔交易额1000元以上</td><td>需要通过可靠的金融机构进行交易鉴权</td><td>部分手机银行服务</td></tr>
</table>

续表

分类角度	分类	定义	区别要点		应用举例
传输方式	空中交易	支付需要通过移动通信网	是否经由移动通信网络	经过	手机银行等
	WAN（广域网）交易	支付仅需终端具备近距离交换信息功能		不经过	手机通过 wifi 进行网上购物
账号设立	运营商代收费	移动运营商为用户提供信用，费用通过手机账户支付	政策风险和操作难度	属于金融政策的“灰色地带”，仅适用于小额支付；操作简便	第三方提供的铃声下载等
	银行卡绑定	银行为用户提供信用，将用户的银行账号或信用卡卡号与手机号连接起来，费用从用户银行账户扣除		符合金融法规，操作复杂	与银行卡绑定的手机钱包服务
业务种类	卡类应用	购买电信卡、话费充值卡、游戏卡等			
	宽带服务类应用	宽带内容、媒体服务、远程教育服务、网游等			
		移动增值服务领域的移动支付			
	其他类应用	彩票、保险、票务、旅游服务等			
与商户的交互方式	手机—手机	付款方和收款方均为手机银行客户，付款方通过手机银行向收款方支付消费款项，双方均通过手机银行得到结算结果通知	适用范围	有固定营业员的消费场所，如出租车、批发市场等	出租车收取车费
	手机—移动 POS 机	收款方为和银行联网的商城、超市等，付款方通过手机银行支付消费款项		大型商场、超市	超市的刷卡结算
	手机—专用设备	收款方装备了红外线、蓝牙、USSD 等设备		小型商店、摊位等	韩国的自动售货机

移动支付的价值链由金融机构、电信运营商、商家、消费者、移动设备提供商、移动支付服务提供商等多个环节构成，如图 2 所示。

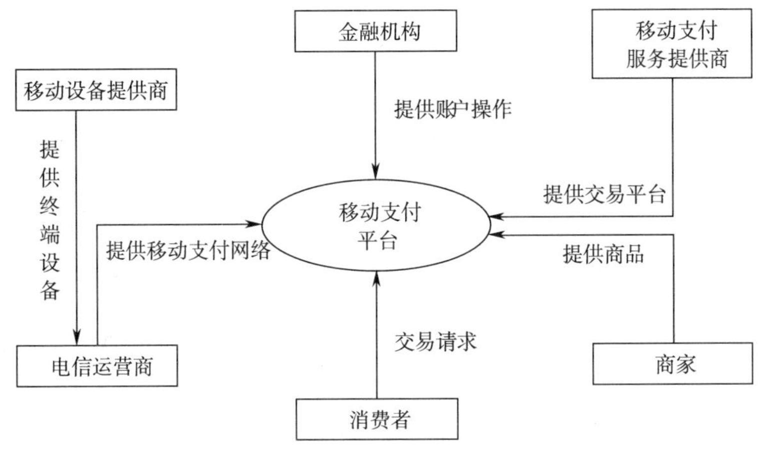

图 2　移动支付的价值链构成

在价值链构成中，电信运营商的主要角色是搭建移动支付平台，为移动支付提供通信渠道。电信运营商掌握着消费者资源，是连接金融机构、服务提供商以及商家和消费者的通道。金融机构也掌握了大量用户资源，拥有较强的议价能力和资金支持。移动设备提供商为电信运营机构和消费者提供移动通信设备，并提供移动支付解决方案。移动支付服务提供商是银行和电信运营商之间沟通的桥梁，实际上，有些时候电信运营商也充当了服务提供商的角色。商家在价值链中基本上属于从属地位，提供等同于传统支付的产品和服务。消费者是移动支付服务的最终使用者，他们的使用习惯和接受程度是决定移动支付发展的重要因素。

第二节　电子支付业务的洗钱风险

随着信息技术的进步和产品的创新，电子支付得到了越来越广泛的应用，同时随着电子支付的应用和发展，风险也不断显现。

一、电子支付业务具有的风险特征

（一）电子支付业务具有较强的隐蔽性

通过电子支付平台进行资金的转换或转移具有比其他资金交易渠道更安全和隐蔽的优势。首先，通过正常的支付体系进行的资金交易具有可追溯性，而电子支付交易的可追溯性较低，导致反洗钱部门难以从银行获取洗钱分子单笔资金的具体交易去向等情况。其次，电子支付服务提供者对用户没有实行金融机构那么严格的身份审查，利用电子支付平台洗钱可以实现完全匿名交易，相关身份信息的缺失增加了监管部门对交易合法性作出判断的难度。最后，通过电子支付平台进行洗钱可以虚拟的商品交易为幌子，比通过实物商品交易更简便、隐蔽和安全，另外，利用网络进行交易时间、空间等因素的不确定性，都增大了监管部门反洗钱工作的难度。

（二）通过电子支付业务可迅速跨国转移不法资金

通过网络，数字化的电子货币可以很容易进行跨国远距离转移，其交易环境的虚拟化，使得无论数额大小的资金都可以在没有笔迹、签名等痕迹的情况下瞬间实现转移。相关部门发现涉嫌洗钱的可疑交易行为时，不法资金可能早已经到达本国司法机关鞭长莫及的地方；即使找到了犯罪的电子交易记录，可能也很难确定不法分子的真实身份。而随着世界计算机通讯网络的发展，电子货币的跨国性交易日益频繁，使得打击洗钱犯罪面临更大的困难和挑战。

二、电子支付业务与传统支付业务在洗钱风险上的不同

电子支付是采用先进的技术通过数字流转来完成信息传输的，其各种支付方式都是采用数字化的方式进行款项支付，而传统的支付方式则是通过现金的流转、票据的转让及银行的汇兑等物理实体的流转来完成款项支付。这一关键区别使得电子支付业务的洗钱风险与传统支付业务具有较大不同。

与传统的洗钱犯罪相比较，利用电子支付洗钱的主要特征体现在以下两点：

第一，电子支付洗钱具有更高的隐蔽性。一方面，电子支付将传统支付方式中面对面的信用关系虚拟化了，交易方是否是获得身份认证的本人无法得到最终确认。案例三中的秦某正是通过骗取他人的信用卡信息来进行犯罪的。另一方面，与传统的货币相比，电子支付也具有较高的匿名性。电子支付工具往往基于开放的系统平台，其无形化和支付的无地域性使得对其的追踪监控难度加大。犯罪分子如果是利用传统支付工具的话，显然实施洗钱行为的难度会较大，被发现的可能性也会增加许多。

第二，电子支付使得有关调查机构难以识辨“真实交易”和“虚假交易”，从而增加了监测可疑交易的难度。案例二中，从表面上看，在线娱乐公司进行的交易并不刻意，但实际上，雷夫控制了智能卡和该娱乐公司，在貌似正当交易的外衣掩盖下从事洗钱活动。

由此可见，隐蔽性和匿名性是电子支付洗钱风险的重要特性，也是与传统支付业务洗钱风险的较大区别。这决定了以传统支付方式的监管视角出台的相关法律法规，未必适应电子支付领域的发展要求，未必能对其可能发生的风险，尤其是洗钱风险进行有效预防。

三、跨境电子支付业务中的洗钱风险

随着跨国交易支付的发展，与电子商务结合的支付业务由于具有网络交易、资金跨境转移方便快捷的特点，电子支付方式跨境业务规模迅速扩大，其中的洗钱风险也日益增加。电子支付方式中的跨境业务主要涉及境外卡网上收单业务和人民币卡境外收单业务。境外卡网上收单业务主要由商业银行开办，针对持有已开通全球通用支付验证功能的境外卡的客户，在该行支持外卡收单的特约商户网站进行消费购物。该业务主要的风险来自伪卡和信用卡套现，但由于特约商户已经被纳入商业银行的监管体系，所以洗钱风险也随之降低。而由第三方支付机构参与的境外收单业务则不同，以支付宝境外收单业务为例，银行凭支付宝提供的购汇清单办理批量购汇，并按照支付宝发出的清算指令向境外商家进行外汇支付，如图 3 所示。

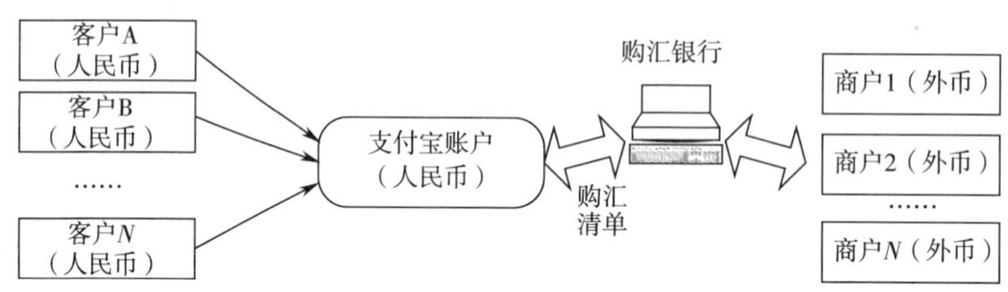

图 3　支付宝境外收单业务示意图

从图 3 可以看出，境内购汇银行只是根据和支付宝的协议和购汇清单，执行购汇和外汇支付的指令，对境内买家和境外商家的基本情况并不知晓，难以遵守金融机构反洗钱措施中“了解你的客户”的原则，再加上网上交易具有虚拟、快速和无国界等特征，使资金可以迅速通过网上支付实现转移，从而容易成为非法资金的流通通道，给反洗钱工作带来难度。

其他的第三方机构为扩展业务规模，虽然并未采取支付宝境外收单业务模式，但也通过一些方式来实现跨境支付行为，其中的风险可能更大。

例如，由网上支付机构线下统一购汇支付。境内居民支付给某第三方支付机构以人民币，而某第三方支付机构在线下通过银行购汇支付给境外卖家，如图4所示。

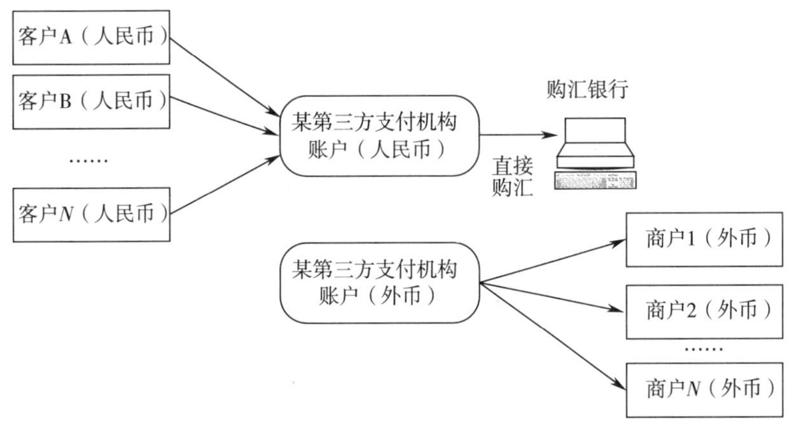

图4　某第三方支付机构境外收单业务示意图

这种购汇方式与支付宝境外收单业务有本质不同。在境外收单业务中，支付宝只起到代理购汇手续的中间人，实际购汇主体仍是买家个人，而在这种购汇方式中，购汇主体是某第三方支付机构。这一行为，掩盖了真实的购汇人，隐藏了其向境外卖家付款的事实，为非法资金流出提供了便利。另外，这种方式还存在一种隐患，由于国内的外汇管制，第三方支付机构有可能不能通过正常的银行渠道完成购汇，那么出于利益驱动，非法购汇或与地下钱庄进行交易等行为就在所难免了，这势必加大其中的洗钱风险，甚至使这种业务成为黑钱流向境外的便利通道。

四、案例分析

【案例一】非法获取客户账户信息，利用网上银行转移客户资金

2006年，元某与潘某商定由潘某通过银行卡转账和提现的方式为元某转移从网上银行诈骗得来的钱款。潘某收集了大量外来务工人员的身份证件，申请办理了近百张银行卡，元某通过非法手段获取网上银行客户多人银行卡号和密码等资料，然后将诈骗取得的资金划入上述银行卡内，并通知潘某取款。潘某及其同伙使用上述银行卡通过ATM和柜面提取现金共计100万余元。

此案经法院审理，认定潘某及其同伙明知是金融诈骗犯罪所得，为掩饰、隐瞒其来源和性质，仍提供资金账户并通过提现、转账等方式协助其资金转移，其行为构成洗钱罪，分别判处了有期徒刑并处罚款。潘某利用了网上银行的交易便捷性和非面对面操作方式的隐蔽性，使赃款的转移更加迅速和难以被商业银行或监管部门发现。

【案例二】利用电子现金网上支付系统清洗恐怖组织的活动资金

欧洲某恐怖组织的洗钱专家雷夫为将组织的走私巨额资金转变为合法的资金，首先建立了一个通过智能卡（电子现金的一种形式）来支付服务费用的在线娱乐公司，然后，指派洗钱雇员们到当地智能卡发行公司购买统一类型的智能卡，接着对该在线娱乐公司的服务进行网上支付，直至该笔资金全部转化成该公司的服务收入。最后娱乐公司向智能卡发行公司申请币值转移登记，登记被核实后，这些资金就转变成了合法的收入，从而达到了清洗的目的。

此案例中，洗钱分子使用了电子现金作为支付工具，在开放的互联网系统中进行支付活动，成功地将犯罪所得的现金经过娱乐公司的清洗，变成公司营业的合法收入。由于购买电子现金的行为可以分散进行，网上支付也没有地域和时间的限制且完全不需要经营人员的面对面销售，因而此类行为很难在洗钱过程中被发现。

【案例三】利用信用卡网上支付系统清洗诈骗所得资金

我国某直辖市的犯罪分子秦某在发现有网上银行服务之后，萌生了利用互联网洗钱的念头。首先，秦某找人制作了属于他本人的假身份证，然后通过偷窥、诈骗等手段获取了受害人的信用卡资料，接着秦某通过信用卡网上支付系统开始实施网上购物，最后秦某将购买的部分商品出售，从而将诈骗所得资金转化为实物和合法的销售收入。

秦某在实施洗钱行为时利用了网上购物无法确认支付人的真实身份这一特性，整个购物过程完全是非面对面的，支付机构对交易主体和交易行为的真实性无从核实，可疑交易行为的判断十分困难，交易监测难度大、风险程度高。

第三节　电子支付业务的国际经验借鉴

网络时代货币支付方式和手段都发生了创新性的变革，电子支付的出现便是这种变革的典型表现。电子商务和电子支付在国际范围内迅速普及并蓬勃发展，形成了全球电子支付的新商机。

一、各国电子支付业务的发展现状

（一）美国

美国是电子商务发展较早的国家，因此美国电子支付也发展得比较成熟。1995 年，美国第一安全网上银行（SFNB）开创了全球银行在线金融交易的先河。2004 年，在美国电子商务交易中，电子支付交易总额为 2800 亿美元。2005 年，美国网上支付市场规模达到

125 亿美元，其中创新支付服务是电子支付产业增长最快的领域，电子支票的市场份额也从 2003 年的 6% 增长为 2005 年的 9%。根据美联储支付研究报告，在 2009 年，电子支付已经占据了美国整个支付交易笔数的 78%。而 PayPal 作为美国乃至世界最大的第三方网上支付服务商，可以以 17 种货币在 103 个市场之间使用，是跨国交易中最有效的付款方式。

（二）欧洲

在欧洲，电子支付产业也得到了较快发展，实现了跨国界在线电子支付的畅通无阻。法国的 Orange、西班牙的 Telefonica、德国的 T－Mobile 和英国的沃达丰欧洲四家移动运营商为了联合推动移动支付业务的发展，建立了旨在促进各国运营商移动支付业务互操作的移动支付服务协会。作为协会成员的各国运营商均可采用这一系统，通过手机提供一种开放的、不同品牌间互操作的界面，向它们的用户提供统一品牌、统一使用界面的跨国界移动支付业务。

（三）日本及韩国

在亚洲电子支付领域，日本和韩国发展较为迅速。日韩企业把创新和消费者培养作为关键，并以其在移动终端的业务创新著称。韩国第一个采用把信用证与手机结合在一起的大规模移动电话支付系统，并建立了基于“金融信息红外线”（IrFM）的行业标准。在日本，NTT DoCoMo 等移动运营商都把移动支付作为重点业务予以积极推进。

可见，电子支付在国际范围内得到快速发展和应用，成为各国电子商务和金融支付的主要手段。

二、国际电子支付业务的监管现状

科学技术的发展使电子支付业务的运用领域越来越广泛，其交易渠道从单纯的网络支付延伸至电话支付、POS 支付等，支付账户及支付介质也从传统的银行账户和卡磁条拓展到了行业性的储值账户和芯片，电子支付业务的运营模式和方式也在不断发生着创新和改变。电子支付业已成为各国金融支付体系的重要组成部分，呈现蓬勃发展的势头。面对电子支付业务中潜在的风险，一些国家相继采取了措施。对国际成熟经验进行归纳梳理，有利于我国建立完善的电子支付监管体系，对于甄别我国电子支付尤其是第三方支付市场的洗钱风险、促进该行业健康发展具有重要意义。

（一）国际电子支付的相关法规

1. 联合国等国际组织。联合国国际贸易法委员会（以下简称联合国贸法会）是联合国负责国际贸易法律协调和统一的组织，由于电子支付具有很强的国际性，因此联合国贸法会和国际商会一直致力于电子支付的国际立法，在电子商务立法领域做了大量推动工作。

联合国贸法会自 1985 年开始主持制定了一系列调整国际电子商务活动的法律文件。1984 年，联合国贸法会向联合国秘书长提交了《自动数据处理的法律问题》的报告，建议审视有关计算机和系统的法律要求，从而揭开了电子商务国际立法的序幕。1985 年，该会在第 18 次会议上提出了《计算机记录的法律价值》的报告，1987 年正式公布了《电子资金划拨法律指南》。为了适应金融业务电子化的需要，促进电子支付方式的规范化，该会又公布了《数字签名统一规则（草案）》。1996 年 6 月联合国国际贸易法委员会通过的《电子商务示范法》为各国立法人员提供了一整套国际上能够接受的电子商务规则。例如，如何消除以无纸方式交流重要法律信息的一系列法律障碍、如何为电子商务创造一个更加安全的运作环境等。它的颁布为逐步解决电子商务的法律问题奠定了基础，为各国制定本国电子商务法提供了框架和示范文本。

2. 欧盟。欧洲地区近年来电子支付业务增长强劲，但各国的发展是不平衡的，丹麦、瑞典、芬兰和挪威等北欧国家处于领先地位，德国、法国和其他中欧国家居中，意大利、希腊等南欧国家相对落后一些。欧洲对电子支付的监管，采取的办法较新，其监管目标主要有两点：一是提供一个清晰、透明的法律环境；二是坚持适度审慎和保护消费者的原则。欧洲中央银行要求其成员国采取一致性的监管原则，欧盟各国国内的监管机构负责监管统一标准的实施。它要求成员国对网络银行业务的监管保持一致，承担认可电子交易合同的义务，并将建立在“注册国和业务发生国”基础上的监管规则替换为“起始国”规则，以达到增强监管合作、提高监管效率和适时监控网络银行风险的目的。

在立法层面上，欧盟于 1997 年提出《关于电子商务的欧洲建议》，1998 年又发表了《电子签字法律框架指南》和《关于处理个人数据及其自由流动中保护个人的指令》（或称《隐私保护指令》），1999 年发布了《数字签名统一规则草案》。欧盟委员会发布《电子支付指引》草案，意图对电子货币控制来实现监管，比如要求电子支付服务商必须在中央银行的账户中留存一定比例的资金，从而加强滞留资金监管。除此之外，2000 年 1 月，欧盟颁布了《电子签名共同框架指引》，确认了电子签名的法律有效性和在欧盟内的通用性。2000 年 10 月，电子货币机构指引文件（MI Directive）正式发布，标志着欧盟关于电子货币的法律框架正式形成，该指令要求非银行的电子支付服务商必须取得与金融部门有关的营业执照，并要求各成员国必须于 2002 年 4 月前实施。

而对于日益发展的第三方支付业务的监管，欧盟的规定首先来自对第三方支付机构主体资格的规定，其要求第三方网上支付公司必须取得银行业执照或电子货币公司的执照才能开展业务。欧盟对第三方支付机构从最低资本金、投资活动限制、业务风险管理及记录和报告制度等方面进行了要求。欧盟要求第三方支付机构必须具备 100 万欧元以上的初始资本金，同时必须持续拥有最低限额以上的自有资金；规定第三方支付机构提供服务的过程中沉淀的资金属于其负债，并对投资活动进行限制；要求第三方支付机构必须具有稳健与审慎管理、行政管理和会计核算程序以及适当的内部控制机制；要求第三方支付机构定期提交财务报告、审计报告等定期报告。

3. 美国。美国监管当局对电子支付采取了审慎宽松的政策，基本上通过立法和补充新的法律、法规使原有的监管规则适应网络电子环境。美国的电子计算机、网络、通信产业在世界上处于领先地位，电子支付得到了广泛的运用。因此，关于电子支付的立法也先行一步，对全球电子支付法律体系具有根本性的影响。

早在1978年以前，美国各州就制定了有关电子支付的法律，但没有这方面的联邦法律。1978年，美国制定了以调整消费性电子支付为目的的《电子资金划拨法》（Electronic Fund Transfer Act of 1978，简称联邦EFT法），这是世界上第一部关于电子支付的法律，对提供电子支付服务的非银行机构进行了规定。此法是以保护客户的利益为出发点的，属于以个人消费者为服务对象的零售银行领域的立法。除了美国的《电子资金划拨法》，与商业性电子资金划拨资金相关的来自1989年8月美国“统一州法委员会”的《统一商法典》已成为美国管辖大额电子资金划拨最重要的法律。1995年，美国犹他州制定了世界上第一部《数字签名法》，美国的全国州法统一委员会也于1999年7月通过了《统一电子交易法》，供各州在立法时采纳。2000年6月国会两院一致通过了电子签名法，表明美国的电子商务立法走上了联邦统一制定的轨道。在联邦层次上，有关电子货币以及消费者的保护方面，还有《银行安全法案》以满足监管需要。

近20年来，美国的第三方支付业务得到了突飞猛进的发展。在美国，第三方支付公司被视为“货币服务机构”，需要由监管机构发放牌照，明确规定初始资本金、自有流动资金、投资范围限制、记录和报告制度、反洗钱等方面的监督内容。美国将监管的重点放在第三方支付机构的交易过程，而不是从事第三方支付机构的主体资格。美国对第三方支付采取的是多元化的监管体制，从联邦层次和州层次两个层面进行监管。美国并没有制定针对第三方网上支付业务的专门法规条例，只是在现有法规中寻求相关监管依据，或者对已有法规进行增补。

4. 亚洲各国（地区）。在立法方面，新加坡颁布了《电子签名法》和《电子交易法》。《电子交易法》参考了美国、德国等多国的已颁布法案，重点包括建立电子交易商业法、鼓励公共单位公开使用电子化应用、订立服务提供者的责任，以及 PKI（Public Key Infrastructures，公钥基础建设）的建立等，同时对验证机构的监督管理部分也有所要求。在机构建设方面，新加坡成立“电子商务政策委员会”，负责相关的法律与政策。虽然亚洲的第三方支付平台较欧美而言出现较晚，但新加坡已率先对第三方支付平台实施了监管。

韩国对所有从事支付业务的企业都实施强化准入条件的许可证制度，并要求接受金融监管委员会的监管，而且在保障交易安全方面也制定了明确的法律条文。一是针对直接参与电子商务的公司，出台了《电子商务消费者保护法案》；二是电子金融交易法案规定所有从事电子金融交易的公司均需获得许可证，接受金融监管委员会的监管等；三是市场运营商受到电信商业法案的规范。

中国香港地区在 2000 年颁布《电子交易法令》，主要在认证方面确认电子交易中的电子记录、数字签名与纸质对应物的法律效力等同，并增补了有关电子货币发行的法律。在机构方面，香港金融管理局对第三方支付采取的监管选择了行业自律的方式。

中国台湾地区对网上支付中适用的电子支票的监管给予了较多重视，颁布了《电子商务中的电子签名法》、《支付工具法》、《从事电子支票交换的金融机构管理条例》以及《申请电子支票的标准合同》。

（二）涉及电子支付的国际反洗钱法规

过去网上支付的产品特点难以吸引洗钱者，但近年来电子货币的出现，为洗钱者提供了一个便利的工具，使其无须携带大量现金就可以转移资金。因此，各国监管当局也加强了对电子支付领域洗钱问题的重视，纷纷修改或出台法规条例，将电子支付业务纳入传统反洗钱法律法规的适用范畴。

2005 年，欧盟通过了新的《反洗钱和反恐融资指令》，并废除了 1991 年制定、2001 年修正的《反洗钱指令》。新的指令对洗钱进行了广泛界定，以保证利用电子支付进行的洗钱行为也能被纳入反洗钱的监管范畴。该指令建立了客户识别制度、报告制度，要求有关企业做好记录，并建立内部控制程序和培训制度。

英国也在 2003 年通过了新的《反洗钱条例》，并于 2004 年开始实施。新条例的适用范围包括电子货币机构。条例要求有关企业建立身份识别程序、交易记录保存程序和内部报告程序，并要求培训职员。此外，英国金融服务局还发布了适用于金融机构的《反洗钱指南》。指南在细化已有程序的同时，对外部报告程序、职员培训及反洗钱报告官员等事项作了补充。

美国早在 1970 年通过的《银行保密法》中就要求各类金融机构披露大额现金交易信息，1986 年通过的《洗钱控制法》又进一步对洗钱的定义进行明确界定。同时被纳入反洗钱法律框架的还有 1984 年的《贸易及商业报告法》，要求使用现金或某些货币交易工具进行的、总价值在 1 万美元以上的贸易及商业交易必须向美国国内税务署报告。美国 2001 年通过的《爱国者法案》更是扩大了反洗钱法律之下“金融机构”的定义，将数以百计在传统上不属于金融机构的机构纳入反洗钱的监管范畴，其中就包括第三方支付业务，要求第三方网上支付平台在美国财政部金融犯罪执法网络注册，接受联邦和州两级反洗钱监管，及时汇报可疑交易，保存所有交易记录。

在中国香港地区，当地金融管理局要求电子货币发行机构采取充分措施以防范洗钱活动，如采取审计追踪、限制进出储值卡的金额、要求储值卡充值时应与特定银行账户相连、限制可以与特定账户交换的金额、监督交易行为并报告可疑活动等手段。同时，香港地区的反洗钱、反欺诈及反会计错误等方面的现行法律同样适用于电子货币。

三、国外先进经验对我国的借鉴意义

随着电子支付技术日新月异地发展，电子支付业务开始呈现向境外发展的态势，第三方支付业务等新的业务发展趋势也对我国的电子支付监管提出了更高层次的要求。如何在较短时间内制定具有指导意义的规范性文件和配套的监管制度，规范现有的电子支付业务，引导电子支付业务的未来发展方向，是中央银行必须面对的问题。为更好地防范风险，创造良好的电子支付市场环境，我们急需借鉴国外的先进监管经验，完善现有的监管体系。

1. 法律法规建设。随着网上银行的飞速发展，各国充分认识到制定网上银行法律规范的重要性，这也是对洗钱犯罪进行防范的根本方法。部分发达国家在这方面已形成较完善的法律法规，有效地保障了网上银行的安全稳健发展，也为反洗钱提供了法律上的依据和保障。

2. 市场准入方面的限制。为了防止洗钱分子通过控制或利用网上银行机构洗钱，需要对网上银行的资格和条件进行审核，包括对初始设立的审批和开展业务的限制，从而在源头上防范洗钱风险。

3. 客户认证方面的经验。任何一个利用网上银行洗钱的犯罪分子首先都必须拥有一个账户，一般都要求到金融机构柜台进行身份的认证和登记，这就成为监管洗钱的第一步，此时要对客户的身份作全面的了解，尤其是要防范与犯罪组织有或近或远关系的客户来开立账户。但是，网上银行业务的身份识别仅有第一步还远远不够，由于网上业务突破了传统银行业务的概念，客户不需要到柜台就可以操作业务，银行无法对每次业务的办理进行身份的识别，即不能保证该客户为初次办理业务的客户，因此，就需要对交易客户的身份进行认证（CA）和对交易进行确认，这才是网上业务防范洗钱的关键，这就要求银行有一套有效的系统，确认客户的资格，客户身份认证涉及认证主体和设计电子证书的技术。

4. 识别和报告可疑交易。网上银行业务通常是无纸化的业务，也没有临柜人员的经手，无法在第一时间查问资金的来源和去向，因此，对电子业务进行事后的可疑交易识别就变得非常重要。但是这就遇到了一个问题，即交易记录的可获得性问题，这可能受到对客户账户的保密和可查性的限制，任何商业交易监控系统都可能被看做对隐私权的侵犯，即使是合法的公民也不愿意其金融交易留下电子痕迹，没有人希望金融机构成为监督的工具，在一定的管辖范围内，执法机关如毫无限制地取得电子交易的数据将会导致合法的资金交易流向其他宽松的管辖范围，因此，执法机关必须在保护隐私和取得信息之间作一个安排。

第四节　我国电子支付领域的监管现状及政策建议

一、我国电子支付领域的相关法律法规

随着我国电子支付的迅猛增长，为规范其发展，我国立法机关和有关政府部门陆续颁布了一系列法律和规章：2004 年 8 月，全国人大常委会通过了《电子签名法》，确立了电子签名的法律效力，给电子商务中的电子支付参与者的身份识别确立了法律规则。2005 年 10 月，中国人民银行发布了《电子支付指引（第一号）》，用于规范电子支付业务和防范支付风险。2006 年，中国银行业监督管理委员会出台了《电子银行业务办法》。上述规章均只适用于银行业金融机构。2009 年，信息产业部（现为工业和信息化部）重新出台了《电子认证服务管理办法》。2010 年 9 月，中国人民银行颁布施行了《非金融机构支付服务管理办法》，进一步对非金融机构支付服务行为进行规范。以上这些法规虽然初步在我国电子支付领域建立起了

一套规则，但是该领域的法律法规还存在着一些不足，主要表现在以下几方面。

（一）电子支付领域尚未建立起系统的法律法规体系

如全国人大常委会制定的《电子签名法》主要规定了电子签名及其认证，只是为电子签名技术应用于电子支付领域，从而保证电子货币支付中交易信息和交易对象的真实性提供了法律保障，没有过多涉及电子支付领域的其他关键概念；中国人民银行颁布的《电子支付指引（第一号）》旨在规范从银行结算账户发起的电子支付业务，即规范银行及其客户在电子支付中的权利、义务关系，不包括非银行机构发行电子货币或不经由银行账户的电子货币支付的规定；2010 年颁布的《非金融机构支付服务管理办法》虽然进一步对非金融机构支付服务进行了规范，但对电子货币等问题未作具体规范；《银行卡业务管理办法》虽然规定了储值卡属于银行卡，但对于非银行机构是否可以发行储值卡也未作出明确规定。

结合上述情况，目前我国虽然已存在若干对电子支付领域相关参与者的职责和权利以及参与方式进行初步规范的法律法规，但是却基本停留在国家相关部委出台的部门规章层级上，都是国家相关职能部门为了规范其所辖领域的相关电子商务行为而专门制定的，各管一块，缺乏有机衔接，无法从全局性的高度规范电子商务行为，面对电子支付平台快速发展的势头和其广泛的影响力与业务涉及面，显然不能满足对其进行全面监管的需要。

（二）电子货币作为电子支付的载体，其主体地位还亟待明确

1. 电子货币发行的合法性问题。货币是主权国家法律确认的法定支付工具，只有法定货币当局才有权发行货币，其他机构没有权力发行。该货币在主权领域内作为偿付债务的工具，必须为所有机构所接受，任何机构和个人都无权拒绝。随着电子商务的发展，作为电子支付的必然工具——电子货币的产生与发展不仅改变了货币

的形态和支付方式，而且改变了货币发行的主体。就我国目前已发行的电子货币情况看，电子货币并非完全体现为国家的信用。虽然绝大部分种类的电子货币是从商业银行的支付和结算业务发展而来，表现为以人民币支付，体现了国家的信用，但也有其他非金融机构提供和参与电子货币的经营业务，电子货币越来越多地体现为一种商业信用。然而，根据我国《中国人民银行法》的规定，“中华人民共和国的法定货币是人民币。任何单位和个人不得印制、发售代币票券，以代替人民币在市场上流通”，因此，电子货币发行和流通的合法性亟须法律规范。

2. 电子货币发行量和支付能力的控制问题。传统货币是以中央银行和国家信誉为担保的法定货币，是标准产品，由各个货币当局设计、管理和更换，被强制接受和广泛使用。而目前的电子货币大部分是不同的机构自行开发设计的带有个性特征的产品，其担保主要依赖各个发行者自身的信誉和资产，风险并不一致，使用范围也受到设备条件、相关协议等的限制。由于目前对非金融机构发行电子货币的主体资格和发行规模没有控制，因而非金融机构可通过信用扩张虚增预付价值。电子货币经“黄牛”的倒卖，实现与法定货币不等值兑换，容易出现电子货币泡沫化的问题。一旦发行机构丧失对电子货币的回收能力和支付能力，电子货币泡沫就会通过双向兑换机制转移其信用危机，影响社会公众对货币转移机制的信心，冲击货币制度。

3. 电子支付跨境流动的控制问题。传统货币的使用一般都有严格的地域限定，一国货币一般只能在该国境内流通，而电子支付信息传递的无形化和跨地域性的特征，导致对电子支付参与主体以及交易信息流监管难的问题日益突出。对于电子支付交易，即使支付交易对象都在该国境内，但如果完成交易的系统中心设置在支付交易客户所在国之外，电子支付的转发、清算行为则可能完全在境外完成，那么由此产生的风险以及随后的损害赔偿都无法按照客户所在国的法律进行。因此，客户所在国的法律有必要对该国客户发起的电子支付的数据流和资金流进行必要的监管。

二、相关政策建议

（一）在国家层面制定专门的电子支付法律，全面规范该领域参与者的责、权、利

综上所述，要解决电子支付领域面临的诸多问题，迫切需要从国家法律层面出台一部电子商务领域的专门法律，全面规范该领域所有参与者的权利和义务，如明确在该领域的具体行政监督管理机关等。考虑到电子支付领域与金融业的密切联系，该机构选择中国人民银行较为合适，同时还需要在法律上明确该领域中其他国家行政部门的职责，如工商行政管理部门、信息产业管理部门以及税务机关等，使监督管理依据从部门规章上升到法律层面，充分调动各方力量形成合力。在该法中，还应以法律形式明确电子支付领域所涉及的电子货币发行和准备、电子货币的跨境转移等关键性问题，考虑到电子支付业务的特性，在制定电子支付相关法律时，首先要以防范金融风险为基本前提，从源头上杜绝缺乏信用能力的机构在电子货币发行中的欺诈活动，避免电子货币危机的“多米诺骨牌”现象。在开放的金融环境下，严格审核电子支付机构的市场准入，防止国内外金融机构电子支付风险的交叉感染。认真借鉴国际经验和深入研究我国现实国情，明确电子支付相关要素的内涵与外延，准确制定电子支付法律条文的具体内容，严格操作程序，对电子支付服务提供者的资质及其支付服务的规范、支付安全的保障、风险的监管、风险责任等问题加以明确，从而在国家层面为电子支付的健康有序发展提供坚强保障。

（二）加强对电子支付领域的监管工作

1. 强化对第三方支付平台的监管。由于第三方支付本身的特点，

使得通过第三方支付成为洗钱、非法资金转移的新的捷径，日益受到犯罪分子的青睐，因此，有必要采取措施，加强对通过第三方支付平台收付资金的监控，将其纳入反洗钱监控范围，要求第三方支付平台履行向反洗钱部门报送交易报告及完整、妥善地保存交易资料的义务。

对第三方支付平台的风险控制和监督管理是一项复杂的系统工程，从现状来看，对其全面监管需要以中国人民银行为主体，工商行政管理部门、信息产业管理部门以及税务机关等积极配合，各部门联动实施风险的监测和管理，扩大监管的深度和广度。一是强化对第三方支付平台内控制度建设的考察。在发放《支付业务许可证》前，应细化对其完善合理内控制度的检查，敦促第三方支付平台在各项业务和管理活动中制定明确的内部控制政策，规定内部控制的原则和基本要求；建立分工合理、职责明确、报告关系清晰的组织机构，明确所有与风险和内部控制相关的部门、岗位、人员的职责和权限。二是对第三方支付平台进行评级。将服务质量、网络安全、客户利益维护等指标作为评级标准，建立健全第三方支付平台评级体系，促使第三方支付平台不断进行技术改造，降低网络风险，提高服务质量。三是依托高科技手段控制风险，建立静态和动态相结合的风险防范监测机制和预警预报系统，对第三方支付公司进行监督管理，及时向第三方支付公司发送风险排查整改意见书和风险预警预报信息。一方面，定期对第三方支付公司所报送的财务报表、重大事项报告、交易纠纷、诉讼案件报告展开分析，并根据分析结果进行合规引导、窗口指导及业务督导；另一方面，经常对第三方支付公司交易、业务经营、沉淀资金和信用担保等情况进行检查与监督，避免网络违法犯罪活动的发生。

2. 对电子支付服务提供者发行的电子货币进行监测和限制。电子支付服务提供者发行的电子货币并非以其信用为基础，而是以收取相应人民币资金为基础，与人民币发行有着本质的区别。因此，为了避免电子货币的发行对货币制度产生冲击，防止电子支付服务提供者通过信用扩张虚增信用规模，一方面，要加强对电子支付服务提供者发行电子货币的监测，将电子货币的发行监测纳入 M_1 监测报表的附加项目，参照人民币监测标准对虚拟货币发行机构和发行量进行实时监控。在具体措施上，需要实现虚拟货币交易机构的业务信息系统与监管当局监测系统的联网，使报表格式统一化和数据转换接口标准化，建立科学的监控指标体系，由计算机自动分析大量的虚拟货币交易业务数据，综合评估虚拟货币交易的风险状况。另一方面，必须严格规定电子货币的流通只能通过电子支付服务提供者到购买人、购买人到特约商户、特约商户到第三方支付机构的单向闭合回路通行，不同的电子支付服务提供者之间不得进行不同虚拟货币的兑换。

3. 推动商业银行加强合规性。第三方支付机构的备付金是直接存放于其在商业银行的账户之中，通过商业银行进行资金转移为用户提供支付服务的，商业银行是这些公众备付金的天然监管者。商业银行应该树立社会责任意识，积极协助配合监管部门，按照《非金融机构支付服务管理办法》中对备付金安全管理提出的具体要求，对支付机构在本行内备付金账户的使用情况进行有效的监督。在预防风险的技术手段上，商业银行可采用数据仓库与数据挖掘技术，将与支付机构备付金账户相关的一系列操作行为进行关联性分析。若有违规操作事件发生，商业银行要及时地将具体情况反馈给监管部门，最大限度地降低对社会的危害程度。

（三）加强国际合作

为了应对电子支付领域资金跨国流动问题，监管主体就必须加强国际合作与交流。一旦资金通过网络交易的模式流通跨越国境，仅靠一国单方面的监管方式很难达到效果。因此，需要针对网络洗钱的国际化特点，加强与国际反洗钱组织的合作。我国是发展中国家，金融体系和金融政策在逐步完善的过程中，需要借鉴西方发达国家的反网络洗钱经验，联合打击洗钱犯罪。

典型非银行放贷机构洗钱风险浅析[①]

第一节　相关概念

非银行放贷机构即不吸收公众存款，利用自有资金、捐赠资金及其他资金从事贷款融资业务的机构或组织。目前我国的非银行放贷机构主要有小额贷款公司、担保公司、典当行以及融资租赁公司等。非银行放贷机构在缓解中小企业经营困难、资金短缺方面扮演着越来越重要的角色。但是，部分非银行放贷机构的违法、违规行为也应引起高度重视。非银行放贷机构行业的洗钱风险日益显现，利用非银行放贷机构行业进行的洗钱、资金欺诈等非法犯罪活动屡见不鲜，某些非银行放贷机构从事高利贷、非法集资、非法吸收公众存款、金融欺诈等活动，还有部分非银行放贷机构与地下钱庄相勾结进行大规模跨境外汇交易和洗钱活动。

非银行放贷机构往往参与主体分散、涉及面广、操作方式不规

---

① 本报告是中国反洗钱监测分析中心员工参加中国人民银行团委2011年度青年课题活动的课题之一，部分内容参考了人民银行研究局“非银行放贷人立法框架研究”对相关行业现状的研究成果。执笔人（以姓氏笔画排序）：张旭辉、陈捷、陈霄、陈静、李黎、高靖、黄海；课题组组长：陈捷。编入本书时做了大幅删节。

范，监管难度非常大，对这一行业的洗钱风险和洗钱活动进行分析和监测，目前仍较为有限。目前的研究主要是针对洗钱的风险进行理论上的一般性描述，对于导致非银行放贷机构的各个细分行业（如小额贷款公司、典当行、融资租赁公司、担保公司）产生洗钱风险的具体因素并没有进行差别化研究，如何对非银行放贷机构行业存在的洗钱行为进行监测分析也没有可行性分析，而这些内容正是本课题研究的重点所在。

综合分析，我国非银行放贷体系可划分为非金融机构类放贷机构、非银行金融机构类放贷机构和民间借贷三个层次。

一、非金融机构类放贷机构

（一）小额贷款公司

根据《关于小额贷款公司试点的指导意见》，小额贷款公司是由自然人、企业法人与其他社会组织投资设立，不吸收公众存款，经营小额贷款业务的有限责任公司或股份有限公司。相对于金融机构的全资型贷款公司而言，非金融机构的小额贷款公司经营的独立性和灵活性更强，人力成本、管理成本和协调成本都相对较低，从而也在整体上降低了交易成本。

（二）贷款担保公司

信用担保是由信用担保机构与债权人约定以保证的方式为债权人提供担保，当被保证人不能按合同约定履行债务时，由担保人进行代偿，承担债务人的责任或履行债务，这是一种信誉证明和资产责任结合在一起的金融中介行为。贷款担保公司即主要以自有资本为基础，不吸收公众存款，主要从事信用担保业务的企业法人。担保实质上发挥了类似于抵押物的作用，在资金需求者抵押物品不足、缺乏信用记录的情况下，通过第三方的介入，减少交易风险，弥补信用不足可能造成的金融堵塞、延长金融交易中信用链条，是担保作为一种金融中介行为发挥的基本功能，它是社会评价和传递信用的金融制度中的重要组成部分。

（三）典当行

典当是以质押一定的动产（特定的物品）、财产权利或以抵押一定的房地产而进行放贷的一种特殊融资活动。其既有金融性质又有商业性质，融资服务功能是典当公司最主要的、也是首要的社会功能。典当业具有以下特点：手续简便、融资快捷，贷款用途不受限制，企业经营不受干预，抵押或质押范围广泛。根据《典当管理办法》，典当行是指依照该办法设立的专门从事典当活动的企业法人，不得吸收公众存款和发放信用贷款，其组织形式与组织机构适用《公司法》的有关规定。

（四）融资租赁公司

融资租赁又称为金融租赁，是指出租人根据承租人对出售人、租赁物的选择，向出售人购买租赁物件，提供给承租人使用，以出租人保留租赁物的所有权、处置权和收取租金为条件，使承租人在租赁合同期内对租赁物取得部分或全部占有、使用和受益权利的交易。融资租赁是以融物的形式实现融资的经济活动，具有融资与融物相结合、金融与贸易相结合的功能性特点，是与银行信贷、证券、信托、保险并驾齐驱的现代金融工具，也是实现商品流通、资本投资的重要渠道。

二、非银行金融机构类放贷机构

（一）财务公司

在我国，财务公司又被称为“企业集团财务公司”。按照《企业集团财务公司管理办法》的规定，财务公司是指“以加强企业集团资金集中管理和提高企业集团资金使用效率为目的，为企业集团成员单位提供财务管理服务的非银行金融机构”。由于财务公司必须依托实体产业，并为实体产业整体战略发展目标服务，一般不对外部企业和个人放贷，洗钱风险较小，因此不作为本课题研究重点。

（二）消费金融公司

根据《消费金融公司试点管理办法》，消费金融公司是经中国银监会批准，在中国境内设立的，不吸收公众存款，以小额、分散为原则，为中国境内居民个人提供以消费为目的的贷款的非银行金融机构。由于消费金融公司发放的贷款无担保、无抵押，风险相对较高，因而中国银监会设立了严格的监管标准。此类主体的出资人为境内外金融机构和中国银监会认可的其他出资人，具有单笔授信额度小、审批速度快、无须抵押担保、服务方式灵活等独特优势。由于我国个人消费信用体系尚处于建设期，主营业务为信用消费贷款的消费金融公司规模较为有限，短期内难有大的发展，因此本课题不将其作为研究重点。

三、民间借贷

民间借贷是指个人、法人以及其他组织之间发生的相互借贷。只要双方当事人意见表示真实即可认定有效，因借贷产生的担保相应有效，但利率不得超过国家相关规定，超过部分不受法律保护。《〈贷款通则〉征求意见稿》（2009）把民间放贷机构定义为既无须批准即取得贷款人资格，也无须在工商管理部门登记即取得营业执照，在不吸收公众存款的前提下以自有资金经营一定贷款业务的非金融企业和个人。民间借贷最早是一种当事者之间简单的、面对面的直接融资方式，但是近年来，随着我国经济持续快速增长，企业和个人财富不断积累，民间资金日渐充裕，同时民营经济、中小企业、“三农”蓬勃发展，各类市场主体资金需求旺盛，在金融机构信贷规模不断增长的同时，民间借贷市场亦日趋活跃，融资规模逐年扩大。由于民间借贷的主体既可以是个人，也可以是法人及其他组织，因此其并不存在一个较为显著的行业特征和行业准入门槛，而且其资金流动既可以是通过个人账户或法人账户，也可以采取现金的方式，致使对其资金特征难以总结归纳，因此本课题未将民间借贷作为研究重点。

第二节　典型非银行放贷机构现状及洗钱风险分析

一、小额贷款公司

近年来，我国小额贷款公司发展迅速，作为金融市场的有益补充，小额贷款公司弥补了商业银行金融服务的空白，对帮助中小企业融资、促进农村金融发展以及拓宽民间资金投资渠道发挥了重要作用。但某些小额贷款公司从事高利贷、非法集资、非法吸收公众存款及金融欺诈等活动，甚至与地下钱庄相勾结进行大规模跨境外汇交易和洗钱活动，其洗钱风险日见端倪。

（一）我国小额贷款公司行业特点

近年来，我国的小额贷款业务及小额贷款公司有了长足发展。截至 2010 年年末，全国小额贷款公司数量达到 2614 家，当年新增贷款 1202 亿元，贷款余额达 1975 亿元。

小额贷款公司在我国都是由一定的发起人设立，组织形式有股份有限公司和有限责任公司两种。小额贷款公司在监管部门的监管下要执行金融机构的会计制度，并保持与国家的金融政策相一致。

与其他金融机构相比，小额贷款公司主要有以下特征。

1. 只贷不存。小额贷款公司和正规金融机构最大的区别在于只贷不存，不吸收公众存款。

2. 额度低、期限短。虽然目前对小额贷款应该“小”到什么程度没有具体的规定，但是比较常见的是以贷款地区的人均国民生产总值为依据，原则是小额贷款额度不超过这一数值。根据不同客户的情况，小额贷款的贷款额度可以有不同的选择，最初申请贷款的新客户的可贷额度比较低，如果该客户还款记录良好，有较高的信用度，小额贷款公司将提高对该客户的贷款规模。小额贷款基本上是针对客户的临时资金需求，期限较短，一般在一年以内。客户可以根据自己对资金的具体要求与贷款机构协商贷款期限，比较灵活。

3. 客户以中低收入者和中小企业为主。小额贷款公司为贫困人口和中小企业提供资金支持，这些客户由于自身条件的限制，无法向商业银行提供抵/质押品并且缺乏担保，很难从银行获得融资，小额贷款公司的出现解决了他们的困境。但是，也正因为小额贷款公司的这些目标客户基本上是商业银行放弃的客户，因此面临的风险也相对较高。

4. 利率较高。为应对信用不高的客户群体，以及覆盖其较高的交易成本，小额贷款公司可以自主确定利率水平，以弥补其风险损失。虽然利率水平较高可能会给贷款客户带来较高的资金成本，但这些贷款客户基本上都是因自己短期资金缺乏而进行融通，通过资金的有效运用完全可以有较高的盈利水平。

5. 风险管理机制独特。与商业银行相比，小额贷款公司对风险管理机制进行了一定创新：一是让贷款人以小组的形式申请贷款，贷款发放之后，小组成员相互监督和担保，如果一个贷款人不还款，其他组员也将丧失贷款资格。二是实行动态激励机制，根据借款人的还款记录决定是否向其发放更高额度的贷款，如果借款人还款记录良好，再次贷款的时候便可以申请更高额度的借款，并且得到更好的服务。三是执行分期还款制度，一般要求客户在借款较短时间后就开始还款，这样一方面降低了客户到期一次还款时面临的压力，另一方面也降低了风险。四是采取特有的担保方式，虽然客户一般无法提供抵/质押品，但是小额贷款公司通过创新担保方式可以大大降低信贷风险。

（二）小额贷款公司洗钱风险分析

从国内外实践看，通常小额贷款公司的洗钱手法有三种：一是洗钱者将黑钱通过缴纳资本金等方式为公司提供资金来源，再利用该公司的合法放贷业务将其转变为合法财产。二是利用虚假贷款项目申请贷款。三是将非法所得通过抵押、质押的方式洗钱。小额贷款公司洗钱的主体有出资人（公司发起人、股东或其他出资人）、公司工作人员、客户。

小额贷款公司所产生的洗钱风险主要来源于以下五个方面。

1. 制度风险。在《金融机构反洗钱规定》和《金融机构大额交易和可疑交易报告管理办法》等反洗钱规章中已列明的各类金融机构并未包含小额贷款公司，且目前尚未明确针对小额贷款公司的可疑交易报告方式。在相关反洗钱法律制度不完善的情况下，小额贷款公司易被地下金融利用制度缺陷从事非法集资、洗钱等违法犯罪活动。由于反洗钱的相关法律制度缺失以及有些地区小额贷款公司市场宣传不够广泛，个别地区甚至出现地下钱庄冒充小额贷款公司开展信贷业务的现象。近几年来，在我国广东沿海地区，一些“贷款公司”向公众发布能提供无须抵押担保贷款服务的信息，其通过熟人介绍或群发手机信息的形式，吸引急需资金的客户，放款程序隐蔽、授信条件宽松、放贷流程简单、放贷金额及利率高，易滋生洗钱犯罪。

2. 主体风险。相对于正规的金融机构，监管机构对小额贷款公司的监管不力。一方面，小额贷款公司唯一的业务就是办理贷款发放，具有明显的金融企业基本特性，其准入与监管制度方面的规定由中国银监会和中国人民银行颁布，但是地方银监局和人民银行的分支机构在对小额贷款公司的监管中发挥的作用仅仅是对其业务运作进行备案和跟踪，未将其纳入金融监管；另一方面，小额贷款公司的身份是有限责任公司或股份有限公司，属于工商企业而非金融机构，政府按非金融机构对小额贷款公司进行监管，监管人员没有金融专业知识，不能很好地履行监管职能。

3. 客户风险。作为正规金融体系的有益补充，小额贷款公司填补了我国农村地区金融供给的缺口，这样的市场定位决定了小额贷款公司贷款对象的多样性和复杂性，其贷款客户是整个信贷市场中一般无法提供抵押品或无法提供合格抵押品、无系统性正规财务记录、信息不透明的中低端市场客户，而这些客户通常是整个信贷市场中防范、承受各种风险能力最薄弱的群体。目前，小额贷款公司还不能访问人民银行征信系统，无法获得申请贷款客户的信用记录。其对客户所做的贷前调查，只能是基于人缘、地缘优势，对借款人的经营状况、还款能力、信誉和道德品质等只能进行定性地了解。这种利用对客户软信息收集的比较优势，运用“社会资产”取代“经济资产”的做法，信息收集成本高、时间长、不全面、不准确，在很大程度上加大了风险控制难度，使小额贷款公司面临的洗钱风险大大提高。

4. 资本金风险。资本金风险包括股东出资风险和后期融资风险。由于小额贷款公司贷款手续相对简便、资金回笼周期短、利率高、具有高利润回报，且金融监管机构不能像对银行业那样对其进行有效约束和监管，区分合法的资本和非法的资本极其困难，因此，小额贷款公司成为不法分子清洗犯罪收益的理想渠道。此外，根据规定，小额贷款公司的资金来源只能是自有资金、捐赠资金以及从银行融入的不超过自身资本金50%的资金，很多小额贷款公司开业不久就将自有资金发放完毕，处于无钱可贷的局面。为了生存，一部分小额贷款公司可能会采取非法融资手段，洗钱风险较大，在此条件下，合法贷方的资金安全也得不到充分保护。因此，资金来源的合法性成为小额贷款公司反洗钱监管的关键，同时也是监管的盲点。

5. 信息风险。在现阶段的实际运作中，小额贷款公司以信贷员收集的“软信息”作为贷款决策的主要依据，运用商业银行传统的客户信用等级评分表进行信用风险评估。软信息通常不易观测、获取，具有不确定性和随机性的特征且难以量化，无法通过较为成熟、精确的信用风险模型进行评估。由于小额贷款公司一般成立时间较短，信贷员无法全面、充分地掌握经营区域内贷款申请客户的相关信息，无法根据客户信用等级评分表对客户信用风险水平进行精确、有效地评分，因此，这种以人为主收集不确定性信息，以人的主观判断进行信息识别，进而进行贷款决策的信用风险评估方法使小额贷款公司面临的洗钱风险问题更为突出。

二、担保业

我国担保业经过十几年的发展，目前已构建起以政策性担保机构为主体、以商业性和互助性担保机构为两翼的中小企业信用担保体系的基本框架，对缓解中小企业融资难、降低银行信贷风险发挥了重要作用。实践中担保机构通常被冠以“融资性担保公司”、“信用担保公司”、“贷款担保公司”、“投资担保公司”等名称，但其核心业务都是与银行业金融机构等债权人约定，当被担保人不履行对债权人负有的债务时，由其依法承担合同约定的担保责任，本质上都是为企业融资提供担保以赚取利差的金融中介公司。本部分以贷款担保公司为切入点，管窥整个担保行业的洗钱风险并探讨对其进行反洗钱监管有关问题。

（一）贷款担保行业特点

1. 发展态势迅猛。中商情报网研究显示：2003—2008 年中国信用担保机构数量年均复合增长率（CAGR）为 34.5%。[①] 根据中国银监会统计数据，截至2011 年5 月31 日，全国共发放融资性担保机构经营许可证5888 张。[②]

2. 个体差异明显。以陕西省榆林市为例，2009 年 3 月末该市 115 家担保公司中注册资本在1 亿元以上的有1 家；5000 万元至1 亿元的有 3 家；1000 万元至 5000 万元的有 87 家；1000 万元以下的有 24 家。新注册担保机构户均资本呈递减趋势，说明担保业务门槛较低，众多的中小企业或个人投资开始涉足担保领域。

3. 组织形式简单。目前担保公司组织形式和股权结构比较简单。受资本和规模限制，大多数担保公司采用有限责任公司形式，股份制担保公司比较少见。

4. 衍生业务突出。据调查，由于担保费率不高，且担保业务规模偏小，多数民营担保机构运作存在偏离主业的倾向，资金流向存在重大隐患，资金运用风险难以掌控。

5. 经营活动隐蔽。从调查情况看，众多担保公司以投资顾问、投资理财、信贷服务等作为主要经营业务，在规避非法吸收公众存款和高利贷法律风险的同时，借助法律盲区提供中介服务，收取中介费，且大部分从事担保业务的机构为未注册机构，无固定营业场所，主要依靠报纸广告和网站宣传推广业务。

6. 监管力度不够。对目前已经出台的关于担保体系建设的各项政策和实施意见进行梳理和分析发现，目前的法律法规对担保机构的法律地位、服务对象、支撑体系和运作未作规定；在监管方面，并未明确谁是融资担保机构的监督管理主管部门，只是笼统要求“谁审批设立、谁负责监管”，由省、自治区、直辖市人民政府负责确定本地区融资性担保机构的设立审批、关闭和日常监管的部门，这势必会延续多年存在的多头监管、政事不分、权责不明的问题，

---

① 参见《2010—2013 年中国担保业运行态势及投资前景分析报告》，http://www.cir.cn/R_2009-12/2010_2013danbaoyeyunxingtaishijitouzi.html。

② http://www.gov.cn/gzdt/2011-06/15/content_1885040.htm。

致使各项风险管理措施不能有效贯彻落实，担保机构的运营风险得不到及时监测和有效控制，不利于担保行业及机构的稳健运营。

（二）担保行业洗钱风险分析

从上述对担保行业的现状分析我们可以看出，担保是资本密集型行业，其产生高额利润的预期吸引大量资金涌入其中，往往不可避免地成为黑钱企图漂白的渠道。

一些公司手续并不完善就开始营业，加上目前没有相关政策约束，不少投资客蜂拥而至。这些资金大部分属于个人资金，但也有相当一部分资金来路不明。正是借助担保公司这一法人实体，许多来自上游犯罪的所得及其收益得以和正常资金混同并实现增值。此外，部分银行高管通过亲戚朋友自办融资性担保公司，通过指定担保业务进行利益输送，担保公司本身成为洗钱工具。吸纳来源不明资金的担保公司在退出市场时，投入其中的“黑钱”已经实现了形态和性质转换，达到了漂白的目的，如果此类担保公司被并购或重组，其中的“黑钱”又投入新的循环，进入更复杂、更多层的洗钱阶段。

担保行业也存在一定的洗钱风险，具体来说有以下形式。

1. 虚假出资、抽逃出资。实践中，一些房地产开发商或房地产中介公司虚假出资注册“空壳”担保公司，再由担保公司在其向银行贷款时提供信用担保。而事实上，这些担保公司在成立后，其注册资金可能就已经被抽走了。

2. 非法经营。融资性担保业务属于特许经营的范围，对于非融资性担保公司而言，其只能作为普通工商企业进行工商登记，借贷融资和借贷中介业务不能纳入其法定经营范围，但实际上不少担保公司名为“担保”，实则从事民间借贷以及风险投资和直投业务，并大量介入股市和房地产市场。在四川，不少担保公司直接吸收资金，理财客户每年可获得 15% 左右的固定收益，已类似于江浙一带的“地下钱庄”。

3. 高利转贷、非法吸收公众存款、集资诈骗。实践中，部分担保公司以18% ~24%的高息揽储，以50% ~70%的高息拆借，净利息收入30% ~50%，“担保公司”这张皮已经成为掩盖其非法高利贷业务的外衣。

担保公司这种谋取高额利差的行为，根据资金的来源和去向分析，可以给予不同的法律定性：如果以转贷牟利为目的，套取金融机构信贷资金高利转贷给他人，违法所得数额较大的，可能构成高利转贷罪；如果面向不特定对象揽储，从揽储的数额、对象范围以及给存款人造成的损失等方面判断，严重扰乱金融秩序的，可能构成非法吸收公众存款罪；如果具有非法占有揽储资金的目的，并且明知没有归还能力而揽储或者非法获取资金后逃跑，肆意挥霍骗取资金，使用骗取的资金进行违法犯罪活动，抽逃转移资金、隐匿财产，以逃避返还资金等，可能构成集资诈骗罪。

4. 挪用资金。银行提供给客户的贷款按照规定应该转入借款人账户，但实践中，担保公司总是通过各种方式将银行贷款划入担保公司账户，这就为担保公司挪用资金提供了便利。

实践中，担保公司有时串通其找到或设立的装修公司，由装修公司出具客户房屋装修的相关合同文本，指明银行资金用于大额装修费用，将银行贷款直接划入装修公司账户，如果装修公司恶意拒付资金或者携款潜逃，那么借款人将承担全部信贷损失。

5. 贷款诈骗、票据诈骗、金融凭证诈骗等。担保公司在贷款诈骗、票据诈骗、金融凭证诈骗等非法活动中可能担任主使、同谋或帮凶等共犯角色。

例如，四川省某投资管理有限公司与某担保有限公司借融资之名，以高息为饵“钓”资金富余公司的胃口或许诺给拉款人好处费，为银行拉存款并赢得银行信任。然后它们再利用个别银行的漏洞，采用伪造印鉴、转账凭证等手段从银行转走款项。在不到一年时间里，该团伙共作案8起，涉案金额高达2.4亿元。

6. 其他犯罪。担保公司资金链断裂后，极易引发社会性问题。

还有一些因“高利贷”无力偿还的，铤而走险，走上了抢劫、盗窃的犯罪道路，给社会稳定造成很大冲击。担保公司不择手段甚至非法暴力追债等也屡禁不止，甚至诱发刑事案件，影响到社会稳定和谐。

三、典当业

典当业具有金融和商业双重性质，随着市场经济的发展，已成为我国中小企业融资服务体系建设的重要组成部分。在非银行业金融机构反洗钱监管要求日趋严格的情况下，如何防范典当业的洗钱风险成为摆在反洗钱监管部门及典当业管理部门面前的一个亟待解决的问题。本文立足于中国典当业的现状，分业务环节对典当业潜在的洗钱风险进行了逐一分析，并在 FATF《四十项建议》的框架下，对如何防范典当业的洗钱风险给出了对策建议。

（一）典当业行业特点

典当业既有金融性质又有商业性质，其融资服务功能是典当公司最主要的也是首要的社会功能。典当融资具有手续简便、融资快捷、经营方式灵活、服务性强、安全性高、融资数额和用途不受限制、企业经营不受干预、对信用不作要求、抵押或质押范围广泛等诸多特点，具有其他融资方式无法比拟的优势。典当融资及时弥补了商业银行融资服务方面的短板，为广大中小企业和个人提供了一个短期和应急融资渠道，并有效地抑制了非法民间借贷行为。

从 2003 年起，典当行划归商务部管理。2005 年 2 月，商务部和公安部共同颁布了《典当管理办法》。2011 年 5 月，国务院法制办公室公布《典当行管理条例（征求意见稿）》，要求“县级以上地方人民政府应当将典当业纳入中小企业融资服务体系”。截至 2010 年年末，全国共有典当企业 4433 家，2010 年度累计发放当金 1801 亿元。

（二）典当业洗钱风险分析

《反洗钱法》实施后，直接利用反洗钱监管日趋严格的银行业金融机构进行洗钱已经非常困难，洗钱分子开始有意识地利用其他金融业、特定非金融业等还没有纳入反洗钱监管体系、存在监管漏洞的行业进行洗钱犯罪活动。为依法惩治洗钱，最高人民法院《关于审理洗钱等刑事案件具体应用法律若干问题的解释》（法释〔2009〕15号）将“通过典当、租赁、买卖、投资等方式，协助转移、转换犯罪所得及其收益的”界定为“以其他方法掩饰、隐瞒犯罪所得及其收益的来源和性质”。如何防范典当业的洗钱风险成为摆在反洗钱监督管理部门面前的一个亟待解决的问题。基于典当行业的业务特点及监管现状，典当业潜在洗钱风险主要包括以下几点。

1. 行业准入门槛较低，缺乏反洗钱审查。《典当管理办法》规定：“典当行注册资本最低限额为300万元；从事房地产抵押典当业务的，注册资本最低限额为500万元；从事财产权利质押典当业务的，注册资本最低限额为1000万元。”《典当行管理条例（征求意见稿）》拟定典当行“注册资本应当为实缴货币资本，并且不少于500万元；经营财产权利质押或者不动产抵押业务的，注册资本不少于1000万元”，典当行业市场准入门槛不高，在缺乏反洗钱审查的情况下，容易吸引各种来源不明的资金通过投资设立典当行从事洗钱活动，更容易吸引洗钱分子进入典当行担任股东、董事、高级管理人员等。一些政府官员可以利用亲戚朋友出面开办典当行或担任典当行高层管理人员，将贪污受贿所得通过典当行进行清洗，利用企业提供的职位获取所谓的薪酬。

2. 自身融资渠道有限，非法经营风险较高。典当的融资业务特点决定了其资金饥渴现象始终存在并难以缓解。在典当行上市融资时机还不成熟、“不得吸收或者变相吸收公众存款”、“从商业银行取得的贷款余额不得超过其资产净额”等融资约束下，典当行为解决自有资本不足的问题，吸引社会投资，可能对资金来源的合法性把关不严。具有较高风险的资本补充渠道主要包括：（1）通过调整股本结构、转让股权、变更注册资本甚至违规贩卖牌照的方式来获得资本补充；（2）通过地下钱庄、高利贷等地下金融体系获得资本补充；（3）违规吸收存款、高息揽储、非法典当、非法融资；（4）违规拆借资金等，滋生了洗钱的上游犯罪。

同时，部分典当行非法经营、违规发放信用贷款等现象时有发生，变相成为高利贷工具，扰乱信贷市场。此外，有的典当行不理会放款的具体用途，更不会去监督款项去向，放款容易投向高风险行业，由此引发贷款投向经常出现与国家法律法规政策相悖的现象。

3. 业务流程便捷，缺乏可疑行为识别。作为一种以实物所有权质押或抵押的形式取得临时性贷款的融资方式，典当融资不以信用为条件，“只认物不认人”。与银行贷款手续繁杂、审批周期长相比，典当融资手续相当简便，常见的珠宝首饰、有价证券等典当贷款几乎立等可取，机动车贷款两三天即可放款，耗时最多、手续复杂的房产获得贷款的时间一般也在5~7天，而同样的房产在银行贷款一般需要1~2个月。快速融资是典当融资相比银行贷款的最重要优势所在。

而洗钱风险恰恰在这种“简便快捷”中高度聚集。银行可以在层层审批环节收集、整理、分析贷款人的各种信息，及时发现各种可疑行为，从而避免各种风险。而典当行却由于上述业务便利，缺乏对客户的身份、业务、资质进行充分的调查和风险评估，由此引发因对客户缺乏尽职调查而造成的洗钱风险。

4. 典型业务环节潜藏洗钱风险。典型的典当业务流程包括建当（审当和验当）、赎当、续当、绝当、库存处理等关键环节，这些环节在缺乏反洗钱监管的条件下容易被洗钱分子利用。新条例要求“对典当行按照特种行业进行治安管理，典当行应当按照国务院公安部门的规定向公安机关申请取得特种行业许可证”，但仍然缺乏反洗钱相关约束，潜在风险主要体现在以下几方面。

（1）当物范围广，洗钱方式多样。新条例规定当物应当是依法可以质押的动产、财产权利或者依法可以抵押的不动产，范围有限。实践中，当物形式呈多样化趋势，已经由传统的实物扩展到股票、债券、房产居住权、汽车使用权、“借”款、委托理财、存折、购物卡、代币券等。有的典当行在承接典当物品时，为了获取最大收益，不查验有关证明，不履行登记手续，承接赃物、非法所得等国家禁止典当的物品、财产权利等，充当转移、隐匿赃款、赃物、走私物品的媒介。例如，过年过节会有大量奢侈品进入典当行不再赎回，实际上很有可能是利用典当行将来路不明的灰色收入洗白。因此，典当行可能成为商业贿赂的重要渠道。

（2）当物保管安全隐蔽，增加案件取证困难。典当过程转移当物的占用权而不转移其所有权，典当行对典当物承担保管义务，保证典当物的安全。通常情况下，当户到典当行里都会要求得到更多的资金，可是现实中却有不少客户希望能把自己的典当物价格压低，不时出现万元钻戒当百元的情况。出现这种超低值典当现象的主要原因是客户并不真正打算典当，而是看重典当行的保管费、保险费相对银行“保管箱”而言较低，期限灵活、当赎自由，想把典当行当成贵重物品的“保险箱”。

洗钱分子更加看重典当保管的“安全性”和“隐蔽性”，典当行可能成为洗钱分子保管非法所得的仓库。例如，一些腐败分子将索贿、受贿所得诸如名贵箱包、手表、裘皮等奢侈品和珠宝首饰、古玩、艺术品等通过典当保存在典当行，一方面典当资金数额较少，相对容易掩人耳目，另一方面贵重物品保管相对安全，能够充分享受典当行的专业养护服务，通过续当或多次典当不仅可以达到安全保管的目的，其价值还可以随时间保值、增值，最重要的一点是当赎自由，当物随时可以赎回和转移，在被有关机关调查期间难以找到物证。

（3）操纵鉴定评估定价，监管难度较大。典当行对当户提供的当物进行鉴定评估定价，是典当程序最重要、最关键的环节。《典当管理办法》规定，“典当物的估价金额应由双方协商确定，必要时可以委托独立第三方评估机构评估”。但是，由于缺乏诚信体系和配套机制，实际操作中问题较多。

在实践中，特别是房地产、古玩字画、艺术品、珠宝首饰等市场波动较大，对其进行鉴定评估定价时存在人为操作空间，洗钱分子容易通过内幕交易，串通、控制、垄断典当物的评估价值，为各种典当洗钱行为提供便利。例如，通过关系人评估，评估价格可高可低：一是腐败分子将收受的艺术品可以以很高的评估价获得更多收益，二是走私分子可以以较低的评估价格快速获得收益。

典当行特有的鉴定评估能力吸引了大量的珠宝首饰、古玩字画、艺术品等贵重物品频繁在典当行进行鉴定评估和交易，其中不乏各种来路不明的文物、珍品，同时赝品泛滥现象突出，隐藏着各种洗钱犯罪，监管较难。

（4）赃物绝当处理销售，隐秘方式利益转换。洗钱分子可以利用典当行典当环节的金融性质和绝当物品销售环节的商业性质这一双重性质，短时间内将大量的资产和资金实现实质性的所有权转移，典当行成为非法利益转换的桥梁。尤其是将赃物、行贿受贿财物等典当后进行绝当处理，然后通过绝当物品的销售完成交易过程。例如，部分赃物通过典当销售变现。也有可能，行贿者与典当行预先确定典当物的买方，将高价值物品低价典当给典当行，故意形成绝当事实，受贿者低价购得，以此达到收受贿赂的目的。随后受贿者可以通过拍卖、典当、交换、行贿等多种方式获得较高收益。

四、融资租赁业

（一）融资租赁行业特点

1. 监管主体不统一。我国的融资租赁公司从监管主体来说主要分为以下两类：一类是作为非银行金融机构有金融牌照的金融租赁公司，由中国银行业监督管理委员会审批并监管[①]；另一类是没有金融牌照的中外合资及外商独资融资租赁公司和一般的内资租赁公司，由商务部审批并监管[②]。从中国银监会的角度而言，明确了经其审批的融资租赁公司的非银行金融机构性质，对其从事的融资租赁这种特殊的金融业务要进行严格监管。而从商务部的角度而言，则认为融资租赁就是一种与其他租赁交易没有区别的交易行为，回避了将其作为金融业务进行严格监管的要求。即使是正在进行中的《融资租赁法》的立法过程中，对融资租赁行业及其业务的认识也仍然没有提高到作为金融业务必须加以严格监管的高度。当前在我国，只有经过中国银监会批准成立的金融租赁公司和商务部批准设立的外商投资融资租赁公司和内资融资租赁公司，才可以主营融资租赁业务。经中国银监会批准，其他非银行金融机构也可以兼营融资租赁业务。如果所订立的融资租赁合同的计价货币不是人民币（本币）而是外币，我国当前除了商务部批准设立的外商投资融资租赁公司外，其他机构还必须首先从中国人民银行取得经营外汇业务的许可，否则将不具备订立这种融资租赁合同的主体资格。

2. 投融资功能突出并兼具资产管理功能。租赁公司具有比较强的融资能力，其风险资产可以是净资产的10倍[③]，承租人采用融资租赁，通过“融物”达到“融资”，改进企业装备；通过融资性的经营性租赁，还可实现表外融资。租赁公司掌握着大量租赁资产的所有权和租金收取权，而且“买卖”、“破产”不破租赁，租赁公司具有明显的、安全的资产管理优势，能够使银行贷款“化零为整”，并降低银行的管理成本和金融风险。

3. 业务品种单一。国际上通行的融资租赁方式较为多样化。首

---

① 中国银行业监督管理委员会令2007年第1号《金融租赁公司管理办法》。

② 中华人民共和国商务部令2005年第5号《外商投资租赁业管理办法》。根据国务院办公厅下发的商务部“三定”规定，原国家经贸委、外经贸部有关租赁行业的管理职能和外商投资租赁公司管理职能划归商务部。

③ 2006年11月《融资租赁法（草案）》（三次征求意见稿）中称，“融资租赁企业经营应当遵循风险资产不超过净资产的15倍”的原则，即资本充足率可以为6.67%。

先，按经营方式划分，融资租赁可分为直接租赁、转租赁和售后回租。其次，按融资风险程度划分，融资租赁分为联合租赁、杠杆租赁、委托租赁。

由于国内管理体制和政策的限制，我国融资租赁业目前大多采用了直接租赁业务中的自营租赁这种简单形式，具体包括自营进口租赁和自营国内租赁，即出租人自行筹资购买设备，再出租给承租企业使用的租赁方式。

（二）融资租赁行业洗钱风险分析

金融行动特别工作组（FATF）《四十项建议》的词汇表中，“金融机构”这一术语的解释的第三点特意提到融资租赁（不包括与消费品相关的融资租赁协定），这表明 FATF 已经注意到了融资租赁行业潜在的洗钱风险。

当前融资租赁行业的洗钱风险主要有以下几方面。

1. 市场准入把关不严格。我国《金融租赁公司管理办法》规定：申请设立金融租赁公司应具备“规定的最低限额注册资本金”；金融租赁公司的最低注册资本为 1 亿元人民币或等值的自由兑换货币，注册资本为实缴货币资本。虽然市场准入门槛较高，但仍然给洗钱分子以可乘之机，洗钱分子为达到洗钱的目的，借机筹措大量资金合作，不排除通过暗中出资或参股成立金融租赁公司从中获利，从容完成黑钱漂白的过程，其最大特点是可以“边洗钱边赚钱”。

2. 融资过程中的资金缺口。我国融资租赁机构的性质属于非银行机构。没有银行股份的租赁公司的中长期资金来源严重不足，加之租赁公司的内部管理水平不高、资金预算能力差等原因，造成租赁机构资金不足成为常态。融资租赁中，由于大多数的租赁设备都是价格昂贵的专业大型设备，其购买价格少则数百万美元，多则数亿美元甚至数十亿美元，要求初始投入的资金数额巨大，融资租赁公司的自有资金对于租赁项目来说往往不够，有时仅仅依靠国内融资还不够，甚至需要通过国际融资渠道进行融资。融资租赁的业务特点决定了资金缺口现象始终存在，而其同样属于非吸储放贷机构，融资租赁公司为解决资金来源就可能与洗钱分子相勾结，利用融资租赁的合法形式来清洗犯罪资金。

3. 租金价格调整和租赁期限改变可能导致的利益输送。在融资租赁交易中，出租人和承租人都有购买人的资格，承租人是租赁物件实质上的购买人，其在购买设备的实质性内容如供货人的选择、对设备的特定要求等都由承租人享有和行使。承租人和供货人联合起来，恶意抬高或降低设备的价格，再由出租人买单。出租人在最初的几个月能够获得不菲的租金收益，但是同时存在严重的风险。在信息不对称的情况下，出租人承担的设备价格往往与设备本身价值严重不符，一旦承租方毁约不按照既定合同支付租金，承租人故意不根据融资租赁合同的规定履行完全部义务的风险，即使出租人根据“在租赁期内租赁物件的所有权属于出租人所有”占有设备的所有权，当承租人违约时可以收回租赁资产，通过市场退出机制得到补偿，以挽回经济损失，这也势必占用出租人大量资金，造成短时间资金无法收回，资金周转困难，也将承担设备无法变现或变现很差的风险。发达的二手设备流通市场是租赁业赖以生存和发展的基础，但是，国内的二手设备流通市场不发达，缺少权威的设备价值评估机构，交易过户手续繁杂，租赁公司收回来的设备很难按照市场价值迅速变现。

评估租赁物的价值决定洗钱成本，特别在融资租赁行业多数的租赁设备都是价格昂贵的专业大型设备，其购买价格少则数百万美元，多则数亿美元甚至数十亿美元，其价格伸缩空间巨大，存在较大的操作空间。洗钱分子通过内幕交易，串通、控制、恶意评估设备价格，抬高价，压低价，任意调整租金和租赁期限，让相关利益者在某个价位上顺利获利，完成洗钱的输送和转移过程。

4. 双重监管体制带来的跨境洗钱风险。我国当前对融资租赁业的监管实际上是一种双重监管体制：中国银监会审批并监管作为非银行金融机构有金融牌照的金融租赁公司，商务部审批并监管没有金融牌照的中外合资及外商独资融资租赁公司和一般的内资租赁公司。商务部认为融资租赁是一种与其他租赁交易没有区别的交易行为，并未将其作为金融业务进行严格监管的要求，对于外国资金进入融资租赁行业持比较欢迎的态度。1999 年以来，境外很多企业对我国融资租赁行业非常看好，如通用、日立、西门子等大的跨国公司都在中国设立了独资的租赁公司，在非银行放贷机构的各个行业中，融资租赁业引入的外资规模是最大的。但与此同时，也有国外的热钱和非法资金借助这一途径进入国内，通过设立独资或合资的融资租赁公司掩盖其资金的不法来源，或在融资租赁交易中通过“进口低报、出口高报”或“进口高报、出口低报”的方式进行资金跨境转移，双重监管体制带来的跨境洗钱风险值得高度关注。

私人银行业务的洗钱风险分析及对策研究[①]

第一节 绪论

一、研究目的

私人银行业务是向高净值个人提供的，以财富管理为核心的专业化、个性化、高层次的金融服务，具有高准入门槛、专业化服务和注重私密性的特点。私人银行业务以收费产品为基础，资本占用率低、利润率高，近年来资产规模飞速发展并已成为金融业竞争的核心领域。但在当今经济金融全球化、资本流动国际化的背景下，也存在洗钱犯罪分子利用私人银行的渠道、业务、人员来进行洗钱的问题，对私人银行业务的洗钱风险应高度关注。有关私人银行业务中的洗钱问题，联合国在2003年1月发表的题为《转移非法来源资金，尤其是

① 本报告是中国反洗钱监测分析中心员工参加中国人民银行团委2012年度青年课题活动的课题之一。课题组组长：黄海；课题组成员：黄海、陈捷、邓智、余平、许智飞、潘宏晶、唐晓雪（条法司）。执笔人：黄海、陈捷、邓智、余平、许智飞、潘宏晶、唐晓雪。编入本书时做了大幅删节。

腐败行为所得资金问题》的全球研究报告中曾有专门论述："私人银行业务给洗钱活动提供了易于利用之处，会被腐败的官员所利用。私人银行业务可能会因为腐败官员是大客户，而不对这些账户进行彻底的审慎调查，而且银行可能会协助其将存放的资金用于投资。"

私人银行业务在我国尚属于新兴业务，国内各家银行这方面业务发展规模不一、操作方式不尽规范，如何对这一领域的洗钱风险和洗钱活动进行有针对性地分析和监测，目前基本处于研究空白。加强对私人银行业务洗钱风险及对策的研究，不仅可以有效打击洗钱及相关上游犯罪，促进中国私人银行市场的健康发展，同时也有利于创造良好的金融生态、防范金融风险，更对商业银行建立有效的反洗钱内控机制和风险防控体系具有较强的现实意义。

二、私人银行的概念

私人银行起源于16世纪的瑞士日内瓦。法国的一些经商的贵族由于宗教信仰原因被驱逐出境，形成了第一代的瑞士私人银行家，欧洲的皇室高官们开始享受到这种私密性很强的卓越的金融服务。还有一说法，17世纪的欧洲贵族出外打仗，家中财产由留守的贵族代为管理，这些贵族逐步形成了第一代私人银行家。总之，私人银行起源于一种私密性极强的专门提供给贵族和富人阶层的金融服务。

一直以来，私人银行并没有一个确切和统一的定义，专家、学者、业内机构对私人银行都有着不同的理解（见表1）。

表1　　私人银行定义

学者或机构	对私人银行定义
中国银监会①	私人银行服务，是指商业银行与特定客户在充分沟通协商的基础上，签订有关投资和资产管理合同，客户全权委托商业银行按照合同约定的投资计划、投资范围和投资方式，代理客户进行有关投资和资产管理操作的综合委托投资服务。

① 2005年《商业银行个人理财业务管理暂行办法》征求意见稿。

续表

学者或机构	对私人银行定义
摩根士丹利	私人银行是服务于拥有高净值资产的个人、家庭及控制巨额可投资资产的信托基金，为其提供设计精密、量身定做的财务解决方案，并让他们也能享受到只提供给大公司、金融机构和政府的公司资源。
普华永道	私人银行难以界定，既可以按照客户财富规模、在岸或离岸或地理区域来划分，也可以按行业从业机构的类型来划分，比如传统的合伙制私人银行、综合性银行或家庭办公室等。
美国众议院	私人银行就是向拥有高净值资产的私人客户个别提供的金融产品和金融服务，包括接受存款、贷款、个人信托、遗嘱处理、资金转移、开立转付账户、在外国银行开立账户以及其他不向一般普通公众提供的金融服务。
维基百科	私人银行服务最主要的是资产管理、规划投资，根据客户需要提供特殊服务，也可通过设立离岸公司、家族信托基金等方式为顾客节省税务和金融交易成本。因此私人银行服务往往结合了信托、投资、银行、税务咨询等多种金融服务。通过私人银行服务，客户可以接触到许多常人无法购买的股票、债券等。而私人银行服务的客户们往往可以拥有投资一些私人有限公司的机会，并获得许多优先购买IPO 的机会。
百度百科	私人银行是银行服务的一种，专门面向富有阶层，为富豪们提供个人财产投资与管理，一般需要拥有至少 100 万美元以上的流动资产才可在较大型的国际金融公司或银行中申请开设此类服务。私人银行服务最主要的是资产管理、规划投资，根据客户需要提供特殊服务，也可通过设立离岸公司、家族信托基金等方式为顾客节省税务和金融交易成本。
Lyn Bicker	私人银行是为拥有高额净财富的个人提供财富管理、维护的服务，并提供投资服务与商品，以满足个人的需求。
连建辉、孙焕民（2006）	私人银行是商业银行面向社会富裕人士提供的以财富管理为核心的专业化一揽子高层次金融服务。
曹彤、张秋林（2010）	私人银行是一个“从摇篮到坟墓”的金融服务，是专门针对富人的一种私密性极强的服务，根据客户需求量身定做投资理财产品，对客户投资企业提供全方位投融资服务，对富人及家人、孩子提供教育规划、移民计划、合理避税、信托计划的服务。

从表 1 可以看出，私人银行业务在三个方面明显不同于一般银行业务：第一，客户特殊，私人银行所提供的服务对象都是社会中特定的富有人士及其家庭；第二，服务特殊，私人银行所提供的是个性化和专业化的服务，是严格根据富裕阶层的需求量身打造的服务，注重服务的私密性，并非大众化服务；第三，业务特殊，私人银行业务范围很广泛，呈现综合化，凡是富裕人士有需求的都会涵盖，主要涉及财产保护、财富积累和财产传承。

第二节 私人银行业务的行业和监管现状

一、总体情况

（一）行业概况

私人银行发端于瑞士，专门为富有的客户群体提供个性化、全方位、私密性极强的顶级金融服务，服务内容包括资产管理、规划投资、合理避税、遗产计划等。私人银行作为高端财富管理行业，其行业内外的竞争一直都是从业者所面对的关键性挑战。全球财富管理的年度排名显示，排名前十位的私人银行管理的高净值资产已达 9.214 万亿美元。

表 2　　2011 年全球私人银行基准 10 强　　单位：10 亿美元

排名	机构名称	管理资产总额	年增长率
1	美国银行	1944.74	4.2%
2	摩根士丹利	1628.00	7.96%
3	瑞士联合银行	1559.90	6.6%
4	富国银行	1398.00	14.78%
5	瑞士信贷银行	865.06	11.56%
6	加拿大皇家银行	435.15	14.81%
7	汇丰银行	390.00	6.27%
8	德意志银行	368.55	35.31%
9	法国巴黎银行	340.41	45.68%
10	J. P. 摩根	284.00	5.19%

数据来源：《中国私人银行发展报告（2012）》。

随着全球财富的进一步积累以及新兴市场私人财富规模的迅速膨胀，高净值人群的财富管理目标、资产配置和服务需求也日益多元化，并且越来越倾向于使用专业金融机构进行财富管理，整个私人银行业务呈现出巨大的发展潜力。一些其他金融机构如券商、第三方独立理财机构、信托公司和基金公司等也都试图进入私人银行业务，这就使得竞争进一步强化。为了在激烈的竞争中生存并获取更多的盈利，绝大部分私人银行都在产品、定价和营销渠道等各方面进行改革，包括进行产品创新以提供更多多样化、个性化的产品，改进定价模式，采用更精确的定价模型等。

（二）监管概况

私人银行业务是一项高风险业务，需要较高的风险监管能力。从全球范围来看，监管的加强正席卷方方面面，包括理财产品限制、会计标准、资本充足率，而反洗钱监管更是重中之重。私人银行必须要审视整体战略、改造 IT 系统、审慎选择客户、建立反洗钱合规队伍，这些都将增加私人银行运营的合规成本。

“风险为本原则”（Risk Based Approach）的概念已发展成为重要的监管主题。因此在这一原则指导下，私人银行和财富管理业务等客户关系的监控机制应有别于其他那些高交易量零售业务（如零售银行、保险等）的监控手段。沃尔夫斯堡集团[①]在 2003 年发布了《私人银行业全球反洗钱指引》，对私人银行部门反洗钱基本原则和程序作了较系统和严谨的总结。在《私人银行业全球反洗钱指引》中主要有以下几方面凸显了沃尔夫斯堡集团对私人银行业务不同于一般的银行业务而具有的特殊性的深刻认识：

---

① 沃尔夫斯堡集团（The Wolfsberg Group）是花旗银行、汇丰银行在内的 12 家国际一流跨国银行于 1996 年组建的反洗钱国际组织，总部位于瑞士的沃尔夫斯堡，其最初成立的主要目的就是推进和加强私人银行和财富管理领域的反洗钱工作。该集团通过的《反洗钱原则》、《禁止资助恐怖主义原则》、《代理行原则》等提供了私人银行反洗钱自律行为的国际标准，大大加强了私人银行的反洗钱自律。

1. 推荐客户的私人银行人员承担着连带责任。在指引第一部分的总则中指明："银行应制定政策，防止其全球业务被用作犯罪途径。银行应尽力合理确定客户的财富和资金来源均属合法之后，方接纳对方作为客户。推荐客户的私人银行人员须为此承担主要责任。单纯完成内部审核程序并不免除该人员此项基本责任。"

2. 相对于一般银行业务，在尽职审查中必须收集及记录更多资料。至少包括：开户目的和理由、预期该账户处理的事务、财富来源（说明所涉资产净值来自何种经济活动）、估计资产净值、资金来源（说明开户时存入资金的来源和转账方式）。

3. 列举了需进行强化尽职调查的人士。具体包括：居于和/或资金来自某些已被可靠信息来源列为反洗钱水平较低或者犯罪和贪污风险较高的国家或地区的人士；从事某类已知易被用作洗钱活动的商业活动或行业的人士；政治人物，即目前或曾经拥有较高政治地位的人士，如政府官员、国有企业的高层行政人员、政客、政党要员等，同时还包括此类人士的家人和密切伙伴。

4. 设立监察计划，明确监控责任。在《私人银行业全球反洗钱指引》第五部分明确指出："必须设立完善的监察计划，私人银行人员须负主要责任，监察各个账户的活动，并应掌握账户的重大交易和活动增多的情况，尤须审查不寻常或可疑的活动。银行应决定在何种程度上运用自动系统或其他方式辅助履行此等责任。"在第六部分规定："应设明文监控政策，确立各个监控层级的标准监控程序（私人银行人员、独立营运单位、合规监督部门、内部稽核）。监控政策应写明监控时间、程度、范围、责任、跟进工作等。监控政策所订的各个程序，应由独立的稽核部门（可以是银行内部单位）测试。"

二、中国私人银行业务发展状况

（一）发展现状

1. 发展历程。中国经济的快速发展和富裕人群的增加为中国私人银行业务的发展奠定了基石。2005 年 9 月 27 日，美国国际集团旗下专门从事私人银行业务的瑞士友邦银行上海代表处成立，这是我国首个外资私人银行代表处。2006 年 2 月 18 日，花旗银行是中国第一家正式获准开业的外资私人银行，其在中国的私人银行部在上海正式营业，开户门槛为 1000 万美元，私人银行正式“登陆”中国内地。之后渣打银行、汇丰银行都在中国内地开设了私人银行部，竞争境内高端客户。

中资银行在外资银行的刺激及示范下开始向私人银行领域挺进。2007 年 3 月 28 日，中国银行私人银行部在北京、上海两地开业，成为国内首家设立私人银行部的中资银行，填补了我国中资银行在私人银行领域的空白。经过五年的发展，截至 2012 年 3 月底，共有 12 家中资银行成立私人银行部门，中资银行在国内成立的私人银行服务中心或分部达 158 家，主要集中在沿海城市或经济发达的省会城市。

2. 行业规模。中资私人银行的客户数量和客户资产规模迅速增长。2007 年开业之初，中资银行私人银行客户数量只有几百位。2008 年，披露数据的 6 家中资银行私人银行的客户数量已达 30315 位，截至 2011 年年末，7 家披露数据的银行的私人银行客户数量达到 140227 位（见表 3）。2012 年 4 月 12 日，中央财经大学中国银行业研究中心与中信银行私人银行中心共同发布的《中国私人银行发展报告（2012）》中显示，截至 2011 年年底，我国高净值人群数量达到 118.5 万人。预计到 2015 年，我国高净值人群（指个人可投资资产超过 1000 万元的人群）数量将达到 219.3 万人。同时，管理的客户资产规模增长同样迅速，6 家银行在 2008 年的管理资产只有 5736 亿元，而 7 家银行在 2011 年的管理资产达到 21405 亿元，规模增长 3 倍多（见表 4）。

表 3　　部分中资银行私人银行的客户数量　　单位：位

银行名称	2008 年	2009 年	2010 年	2011 年
中国银行	5029	9500	14250	22800
招商银行	6398	8905	12645	16493
中信银行	2000	5233	10055	23152
工商银行	9289	12000	18000	22000
建设银行	6991	10486	15729	20132
民生银行	608	1229	2485	4650
农业银行	—	—	—	31000
合计	30315	48353	73164	140227

数据来源：银行年报及官网公开数据。

表 4　　部分中资银行私人银行客户资产规模　　单位：亿元

银行名称	2008 年	2009 年	2010 年	2011 年
中国银行	1077	1500	2100	3000
招商银行	1299	1841	2703	3699
中信银行	495	1787	2403	3891
工商银行	1835	2550	3543	4345
建设银行	870	1297	1946	2386
民生银行	160	254	403	684
农业银行	—	—	—	3400
合计	5736	9229	13177	21405

数据来源：银行年报及官网公开数据。

3. 客户标准。我国商业银行私人银行的服务对象一般是金融资产达到某一个标准的高净值人士。根据各家银行年报和网站的公开数据，各家银行对高净值人士的门槛界定不尽相同。目前私人银行接受客户资产的门槛总体上分为四个等级：第一个等级为交通银行的 200 万美元；第二个等级是以招商银行为代表的 1000 万元人民币；第三个等级是800万元人民币；第四个等级是中国银行的100万美元和浦发银行的600万元人民币。高净值人士最低门槛计值货币大多为人民币，只有中国银行和交通银行以美元为标准。目前中国银监会颁布的《商业银行理财销售办法》中规定的私人银行门槛最低的是600万元人民币。

4. 组织模式。我国私人银行的组织模式主要有两种：大零售模式和事业部模式或准事业部制。大零售模式是指把私人银行部设立为隶属于零售银行部的二级部门，总行只对私人银行业务进行宏观指导，具体运作、经营等方面由各分行零售银行部门操作。事业部制是指将私人银行业务视为一个独立开发产品、独立营销和独立核算的部门，与行内其他部门或相关分支机构通过内部转移价格来进行模拟市场交易。

大零售模式适合于私人银行初级阶段，私人银行业务能够得到各分行零售部门的支持，就能更好地开发客户资源，但是难以为客户提供差异化的服务和产品，更难以培养专业的私人银行家。而在事业部制下，私人银行部是独立的部门，实行独立核算，其优点是能够为客户提供差异化的产品和服务，满足客户的需求，也能够更好地培养专业的私人银行家，但问题在于如果没有好的内部转移价格和内部协调机制，可能难以得到分行和其他部门在营销和产品以及客户方面的支持。

5. 服务内容。中资私人银行大都是建立在商业银行财富管理业务的基础上，并且某些私人银行业务还是以原来的财富管理的模式为客户进行服务。目前中资私人银行的服务内容相对比较广泛，没有一个统一的标准，根据客户的需求目标，总体上分为两大类：一是投资类，二是增值服务类。投资类主要是利用私人银行的产品，实现资产的保值和增值。增值服务是私人银行为了吸引高净值客户，为客户日常生活提供便利。国内私人银行特别注重为客户提供丰富的特殊增值服务，医疗健康服务和机场贵宾服务成为每家私人银行的必备增值服务，此外可能还有如子女教育管理、海外移民、高尔夫俱乐部、游艇租赁、投资文化讲座等内容。

6. 服务模式。有效的服务模式是私人银行发展成功的关键。部分中资私人银行服务模式正由简单投资服务转向多方面立体服务。我国私人银行专业服务模式有以下几种：一是以中国银行为代表的“1+1+1”的专业服务模式，指一位贴身的私人银行经理、一位经验独到的私人银行投资顾问和一位私人银行助理共同为客户提供专业化和个性化的金融资产管理服务。二是以招商银行为代表的“1+N”的专业服务模式，“1”是指一位资深、专业、稳定的客户经理，一对一地对私人银行客户贴身服务，在招商银行称为私人银行高级经理。“N”指每一位客户经理后面有一组专门投资顾问团队提供支持，团队中每一位都是金融专家。三是以交通银行为代表的“1+1+N”专业模式，也就是一位私人银行客户既有一位贴身的私人客户经理以及投资顾问服务，背后另有一个财富管理专家团队做支持。国外成熟私人银行的服务模式是第三种，我国目前大部分私人银行也逐步向第三种服务模式过渡。

（二）监管现状

1. 私人银行机构牌照的申请方式和准入要求均有待明确。目前国内监管法规体系尚未就私人银行业务制定专门的规定。2009 年 7 月，中国银监会发布《关于进一步规范商业银行个人理财业务投资管理有关问题的通知》首度提及私人银行，并为私人银行产品投资二级市场和股权投资保留了一定空间。2009 年 6 月，上海通过了《上海市推进国际金融中心建设条例》，其中重点提出要“积极推动离岸金融、私人银行等业务的发展”，鼓励有序开发私人银行等“跨机构、跨市场、跨产品的金融业务”。2011 年 9 月，中国银监会银行监管二部起草了《中资银行专营机构监管指引（征求意见稿）》，首度将私人银行业务连同小企业金融、贵金属、票据、资金运营、信用卡纳入商业银行分行级专营机构类型，但目前该指引尚未出台。目前，国内私人银行机构牌照的申请方式和准入要求均有待明确。

2. 尚无对私人银行业务专门的反洗钱规范。从反洗钱的角度看，私人银行业务的自身特性使该项业务具有较高的洗钱风险，其资产配置功能给洗钱活动提供了可利用之处，因此，有关的国际反洗钱组织和发达国家均对私人银行业务反洗钱作出了专门规定。而我国现行反洗钱立法没有专门针对私人银行业务进行规范，不足以有效防范私人银行业务的洗钱行为。

以客户身份识别的规定为例，若仅依据现行反洗钱立法的规定，在与客户建立业务关系时，只需拥有高净值资产的客户提供其有效身份证明并记录的话，若客户资金来源非法，则银行面临巨大风险。

以可疑交易监测为例，由于私人银行业务总是尽可能根据客户需求为其量身定做产品，为其提供全方位综合性的金融服务，同一客户往往拥有多个不同行的交易账户，单一账户的监测并不能有效识别洗钱风险，只有对其资金交易进行全面的、整体性的监测才能有效发现可疑交易，而现行立法缺乏这方面的规定。

同时，私人银行业务所服务的高端客户往往有较强的跨境调动资金或投资的需求，在私人银行所能提供的综合性金融服务中，跨境服务是其中的主要卖点，但洗钱分子往往也利用境内外的法制差异、地理距离跨境转移非法资金来逃避打击。联合国有关公约和反洗钱国际组织——金融行动特别工作组（FATF）高度重视跨境资金流动监控。联合国《打击跨国有组织犯罪公约》第7条第2款规定："缔约国应考虑采取切实可行的措施调查和监督现金及有关流通票据出入本国国境的情况，……这类措施可包括要求个人和企业报告大额现金及有关流通票据的跨境划拨。"FATF《四十项建议》第19条规定：各国应考虑"实施可行措施，发现和监控现金和不记名可转让票据的跨境运输活动"。因此，私人银行业务跨境服务中潜在的洗钱风险也应高度重视。

显然，我国现行立法对私人银行业务这样具有较高洗钱风险的业务没有规定更为严格的反洗钱规范实为立法之不足。

3. 混业经营的发展趋势对私人银行反洗钱立法提出挑战。随着金融改革的深化发展，现行的分业经营、分业监管模式正逐渐被突破，综合经营成为必然趋势。跨行业、跨市场和跨区域的交叉性金融产品和金融工具不断推出，作为为客户提供全方位金融服务的私人银行业务对此类交叉性金融产品和工具有着更迫切的需求，不少私人银行实际上已经涉及此类产品和业务。同时，可提供私人银行服务的机构包括了银行、证券公司、保险公司、信托公司、第三方机构及家庭办公室等。目前，面对混业经营的发展趋势，相关反洗钱立法还不完善，甚至存在监管真空。

三、美国私人银行业务发展状况

（一）发展现状

1. 市场规模。美国私人银行市场是全世界最大、最成熟和竞争最激烈的市场，这主要是因为美国的财富集中度、高端客户数量比绝大多数成熟市场都要高。2005 年《福布斯》全美富豪排行榜的前四百位所拥有的财富高达 1.13 万亿美元（相当于美国 GDP 的 9.6%），私人银行潜在高端客户数量估计达 249.8 万人。美国私人银行业务属于在岸主导型，财富主要集中在以下几个地区：加利福尼亚州（信息技术和娱乐业）、纽约州（金融业和工业）、佛罗里达州（退休人员）、得克萨斯州（石油业）和伊利诺伊州（农业）。

2. 客户特点。美国私人银行客户大都是以自力更生为主，在 20 世纪 80 年代早期，多数新创造财富都来自企业家，在 80 年代中后期，随着通过杠杆收购来增加收益率的倾向快速发展。在 2002 年 6 月美国信托（U. S. Trust）的“富有美国人调查”中，三分之一的受访者表示他们的收入来自公司职业、私人商业因素、专业工作和证券投资，另外有四分之一的受访者表示来自不动产，而来自继承的财富则并不多。

3. 投资偏好。美国的超高端客户的财富增长在次贷危机之前尤其显著，许多最富裕家庭已经成立了私人投资办公室，或称为“家族办公室”（Family Offices），有专业雇员为他们提供多种理财服务。同时，美国的客户更偏爱非传统性投资，有着更多元的经纪人关系。

4. 产品定价。美国私人银行的收入中，交易手续费所占比例较大，平均能够占到60%左右，这是因为美国私人银行的盈利模式大多属于手续费型，即以收取客户手续费为主，无论投资产品盈亏状况如何，投资者都必须缴纳申购、赎回的手续费。但在近年来客户投资意愿较低的情况下，这一收费模式开始导致客户流失率提高，因此美国私人银行也开始借鉴欧洲管理型收费模式，即以客户资产规模为基础，按产品类别收取管理费，每次交易不再另外收取交易费用。

（二）监管现状

美国作为一个实行混业经营的典型国家，有一套十分细致和严格的法律法规作为后盾。监管当局主要是依据美国联邦储备银行所制定的手册和指引对私人银行在内的整个银行业务进行监管。

为深入了解私人银行，纽联储曾于1996—1997年对纽约第二区的40余家国内外银行进行过大检查，对各家银行识别和管理与业务相联系的潜在声誉风险和法律风险能力进行评估。结果发现各家银行所存在的上述风险主要是因为对客户及其业务的背景、财富来源、私人银行账户管理缺乏足够了解和认识。于是，纽联储对一些保障私人银行健康发展的基本要素进行提炼，在《私人银行业务健全风险管理指引》和《银行控股公司监管手册》中对于私人银行业务以及银行控股公司的子公司从事私人银行业务的风险管理作出了特别规定。[①] 1998年年底，美联储基于《私人银行业务监管风险管理指引》，对《银行控股公司监管手册》进行了修改补充，专门增设了《私人银行职能和业务的监管》一节，对私人银行的业务范围、职能

① 甘功仁、王雪曼：《私人银行业务发展中的法律问题》，载《中国金融》，2008（2）。

及监管客体、监管程序进行了明确的规定。美联储指出："健全的风险管理流程和强有力的内部控制对于银行业务尤其是私人银行业务的安全和健康至关重要"。在监管方式上，主要通过实施现场与非现场稽核等，切实强化对私人银行业务的风险监管。

四、欧洲私人银行业务发展状况

（一）发展现状

与美国的情况正好相反，欧洲尤其是西欧地区拥有全球很大一部分"旧"财富——主要与遗产继承和其他更传统的资产增长相联系，而不是企业创造的财富。在欧洲，特别是在德国和意大利很大比例的产业公司仍然是私人所有而并未公开上市。加之其财富大多与土地和房地产相联系，在很大程度上导致了该地区的财富缺乏流动性。因此，欧洲的私人银行客户往往是保守的投资者。此外，欧洲私人银行也还呈现以下特点：

1. 从离岸业务转向在岸业务。一般情况下，离岸业务是欧洲私人银行的核心业务之一，甚至在过去很长一段时间内，以离岸为导向的私人银行如瑞士银行等正是凭借其强大的离岸市场而获得飞速发展。但总体上看，欧洲私人银行业务的发展趋势将从离岸转向在岸。这是因为两方面的原因所导致：一方面，近年来各国监管机构在全球范围内合作打击洗钱的力度不断加大，各国政府为了根除恐怖分子的资金来源并增加国家税收而极力压制离岸资金，同时私人银行客户对保密性的需求也在减少，这使得离岸私人银行业务的发展受到较大阻力；另一方面，瑞士等发达国家私人银行业务越来越注重提供本地化的金融产品和服务，发展国际在岸业务。同时，在新兴市场国家，由于各国私人银行业务的迅速崛起，很多客户都从离岸服务大规模转向在岸服务，越来越多的资产逐渐从境外账户转移到境内账户。

2. 并购频繁。随着私人银行业务经营环境的变化，欧洲私人银行业务的竞争极其激烈，从业者往往通过并购来降低经营成本、获取客户资源、扩大经营规模从而提升自身竞争力。例如，总部在英国伦敦的汇丰银行从1999年开始，一共进行了5次与私人银行业务相关的大规模收购，通过跨国并购有效地扩张了业务的地理覆盖，吸纳了专业人才，提升了其在全球范围内的竞争力。

3. 综合一体化。随着私人银行业务的发展，一些欧洲最大的私人银行机构开始将私人银行业务与其他银行业务进行整合，进行共同协调的综合一体化服务模式。综合一体化模式能够基于不同业务种类之间的协调配合来创造出较强的协同效应，包括降低运营成本、共享客户资源、分散风险等。

（二）监管现状

欧洲私人银行的开户人审核较为严格，一般对于客户开户都必须审核该客户是否符合开户条件，其审核的主要内容或者说开户尽职调查中，特别注意调查客户的以下背景：

1. 客户是否来自FATF列举的“不合作国家和地区”（Non - complying Countries and Territories，NCCT）。FATF在定期检查的基础上，会每年更新“不合作者”黑名单，如果客户来自NCCT国家或地区，一般都会被拒绝开户。

2. 客户是否被列在国际组织黑名单上。FATF和其他一些国际性反恐组织会定期公布一些客户黑名单，在黑名单上的客户会被拒绝开户。一般银行都会建立自己的黑名单监测系统并定期更新，客户审查系统称为“World Check”系统，所有银行的合规主管会登录这个系统，严格审查客户开户资料。

3. 客户是否是重要政治人物。各银行会建立政治公众人物（Politically Exposed Persons，PEPs）名单库，如果该客户是政治公众人物，开户审批就更为严格，一般要经过最高级的合规主管签字确认才能开户。这些政治公众人物要提供明确的收入来源证明才能被批准开户。

4. 普通客户开户审查。客户经理要在开户申请调查报告中详细描述客户的受教育背景、从业背景、资金来源等情况，用于证明客户拥有的资金都是合法正常的收入来源，私营企业主还需介绍他们原始资本的来源以及每年的利润和分红是多少。对于高收入的白领阶层，要调查其收入及支出情况、客户投资及其收益情况、所属国家的税收状况。总之，客户调查报告非常重要，不但要说明客户符合私人银行客户标准，并有足够的风险识别和风险承受能力，还要说明客户的资金来源是清白的、无污点的，避免合规风险和当地国家法律风险。

五、离岸金融中心

（一）发展现状

离岸金融中心是第二次世界大战后逐步形成和发展起来的一种新型国际金融市场，主要指经营非居民之间的国际金融业务而基本不受所在国金融法规和税制管制的一种新型的国际金融市场，脱离于所在国，故有离岸之称。离岸金融中心主要包括一些传统的金融中心，如伦敦、卢森堡、列支敦士登、瑞士、纽约、中国香港、新加坡等；还包括很多小岛国或自治领土，如安提瓜、巴巴多斯、英属维尔京群岛、开曼群岛、格林纳达、马恩岛、泽西岛等。

离岸金融中心所具有的管制度低、灵活性高与注重客户隐私和个性化服务的私人银行业务具有天然的亲和性，近年来，离岸金融中心的私人银行业务发展迅猛。私人银行客户之所以想把自己的资产保存在常驻国以外，往往出于多种原因——避免财务风险、资产组合的多样化、偷逃税、躲避本国可能的法律制裁以及洗钱等。

（二）监管现状

由于普遍认为离岸市场业务可以帮助逃税，监管者们为此制订了各种新的税收方案，在过去十多年来出现了各种税收新方案，如OECD消除有害税收实践计划、国际税收豁免等的实践，使得多年来逃税资金一直呈下降趋势，而且这一趋势还可能保持下去。一些国家宣布的综合税收减免措施，给离岸金融中心带来巨大压力，导致离岸资金大量回流。这些监管政策对私人银行业务产生了极大的影响，离岸金融中心的私人银行受到较大的冲击，需要采取多项措施来保持并加深与现有客户的关系，包括提供出众的客户服务、采用专家技术等。总体而言，监管政策的加强在整体上增加了离岸金融中心私人银行的合规成本。

第三节　私人银行业务的行业特点和洗钱风险

一、行业特点

（一）私密性

“私密性”一直是私人银行最为自豪和经常标榜的优点。私人银行一般都是一对一的“一站式”服务，客户经理根据客户的理财需求制订个性化的解决方案，整个过程只有银行与客户了解，资料绝不公开。这无疑也是高净值客户青睐并最终选择私人银行的原因。作为私人银行发祥地的瑞士，一度可以允许客户使用化名或者数字代替真实姓名，甚至可以用虚拟的办事处、公司等形式开户，财产的真正拥有者甚至可以做到永不露面。这些保密措施和制度让富豪们颇为青睐，但却使得监管机构的反洗钱制度往往得不到落实。

（二）定制性

大多数私人银行机构都为客户提供广泛的产品和服务，同时根据客户特殊需求，设计满足客户需求的极具针对性的产品和服务。对要求资产及账户交易保密的客户，私人银行会通过离岸信托、空壳公司以及特别名称账户等手段帮助客户掩盖真实身份。

（三）复杂性

私人银行业务所能提供的金融产品和服务是一种综合解决方案，专为满足高端富豪客户复杂多样的金融需求、延长客户关系价值链而设计。其产品服务内容一般包括：第一，传统的银行业务和产品，如现金业务、存款业务、货币市场业务、保管业务等；第二，资产管理业务或投资管理服务；第三，保险服务；第四，信托服务；第五，税务咨询和计划；第六，遗产咨询和计划；第七，房地产咨询。这种产品结构的多元化，在为客户提供综合服务的同时，也扩大了收费业务基础，即业务越复杂，收费项目越多，并可以通过贷款获得利差收入。

二、洗钱风险分析

（一）客户群体的洗钱风险

私人银行的客户群体一般为高净值客户。高净值客户一般指个人金融资产等可投资资产较高的社会群体。传统的私人银行客户群体一般包括：新生富裕人士、企业高管、私营企业主和体育影视明星等。私人银行客户的政治、经济和社会影响一般比较大，这使得银行更急于去满足客户的要求，而不愿提出疑问。例如，某客户是对银行的经营管理有影响的政府官员，银行的客户审查措施往往避重就轻，免招抱怨。当私人银行被问及为什么从不就某些交易对客户提出询问时，其理由是受到“礼节和协议”的约束。私人银行客户经理对客户的调查了解难以深入。

从我国私人银行业务发展现状来看，目前我国私人银行客户群体主要有三类：一是以“煤老板”为代表的能源开采型企业、房地产等近年来高利润率行业的企业所有者；二是从事贸易、IT 等行业的民营企业家；三是部分政府机关、事业单位、大中型国有企业的领导人员。

【案例一】花旗银行①

20 世纪 80 年代后期，花旗银行在伦敦接受了两个年轻的自称为“商品与石油经纪人”的私人银行客户——Ibarhim 和 Mohamid Sani Abacha。银行的记录显示，这兄弟俩是 Zachary Abacha 的儿子，但没有提到老 Abacha 是尼日利亚的高级将军和参谋长联席会议主席。到 1998 年，Sani Abacha 兄弟俩已经在花旗银行存入了 6000 万美元。据后来调查，Abacha 集团的其他成员们在几十年的时间内偷窃了约 43 亿美元——其中大约一半来自尼日利亚的中央银行。

【案例二】渣打银行②

2012 年年初，中国警方对农业银行江苏江阴支行行长孙锋发出国际通缉令，指控其涉嫌于 2011 年年底通过渣打私人银行等途径转移 5000 万美元巨额资金潜逃。而渣打银行私人银行部新加坡籍员工吴伊甸因涉嫌帮助孙锋洗钱、窝藏包庇而被刑事拘捕，这一事件开始将公众的注意力聚焦在私人银行为国内富人提供海外投资、跨境咨询服务中的法律和道德风险上。

在中国严格的金融监管体制下，在国内开展私人银行业务的一些较为激进的外资银行惯于打“擦边球”。为拓展市场，渣打银行私人银行部曾在 2011 年进行了一系列大力拓展离岸私人银行客户的动

---

① ［英］戴维·莫德：《全球私人银行业务管理》，265 页，北京，经济科学出版社，2007。

② 根据《21 世纪经济报道》2012 年 4 月 20 日报道《私银离岸业务“洗钱”拷问：谁帮孙锋转移了 5000 万美元》和《投资者报》2012 年 3 月 26 日报道《渣打私人银行员工被拘涉嫌帮客户洗钱》整理。

作，其中不乏一些较为激进，甚至有违规嫌疑的行为。吴伊甸正是在此期间入职，而她的外籍身份也更便于为国内客户办理离岸业务。为了发展更多离岸私人银行客户，渣打银行为内地客户直接在内地开设离岸私人银行账户，尽管这与相关法律有所冲突。为了推进这一策略，渣打银行中国区私人银行还在香港设立了结算中心，把中国内地推荐来的海外客户的需求放在同一个结算中心，产生的利润可以为境内的业绩评定加分。

据称，如今渣打银行已经修改策略，不再向客户经理下达离岸客户指标，重新转向在岸业务。与此同时，渣打银行中国区私人银行业务条线也已经整体降级，由直接向新加坡总部汇报改为向香港汇报，中国私人银行业务在渣打银行的总体业务中也有逐渐边缘化的趋势。

（二）产品服务的洗钱风险

私人银行产品服务所具有的以下特点蕴涵着潜在洗钱风险：

1. 账户复杂，渠道多元。私人银行的客户常常在多个地点的多家银行中拥有多个投资账户，资产账户复杂分散，难以监控。同时，交易渠道多元化，既有传统的柜面交易，也有大量的网上银行、信用卡等电子渠道交易。对于私人银行的客户而言，拥有多个私人投资公司，并通过该公司来持有账户和进行交易的情况并不少见。有些私人银行仅为其所掌管的私人投资公司开设账户，也有一些为其他人（如客户）掌管的私人投资公司开设账户，而后一种账户更易涉及洗钱活动，因为私人银行并不控制甚至并不知道这些账户的活动、资产及实际拥有者等情况。

2. 跨境交易较多。由于私人银行客户资产投资的分散化、多元化需求，其账户的跨境交易往往较多，而洗钱分子总是倾向于利用不同国家、不同司法管辖区的法律、制度差异来跨境转移、藏匿资金。我国私人银行客户跨境交易的主要目的是支付子女留学费用、境外消费和投资移民等，但其中也存在偷逃税款、清洗不法资产的现象。

3. 交易金额大，交易速度快。一般来说，私人银行客户的资产规模极为可观，因此其交易还呈现单笔交易金额高、交易总金额较大且交易频繁的特点，这使得涉及大量资金的洗钱交易并不特别显眼，增大了银行卷入洗钱的风险。同时，私人银行客户对交易速度等服务质量要求极高，其交易要求通常会被优先满足，因此完成交易的速度相比较一般银行客户要迅速得多，反洗钱部门难以实时和全面进行监控。这就往往会吸引要转移大笔资金又要不被注意的洗钱分子。

4. 提供银行贷款等融资支持服务。私人银行提供的金融服务常常包括对客户的融资支持，即客户可以将存款、现金等价物、某些理财产品甚至包括股票和基金作为质押物，在一定比例内申请银行贷款。因此，客户可以把可疑资金存在银行，借此获得正常的银行信贷，资金贷款业务也带来了洗钱机会。此外，由于客户的贷款是用其在银行账户上的资产进行抵押或质押的，银行往往会忽视其贷款意图及放松还款来源的审查等，这可能将协助洗钱分子以看似合法的方式来进行洗钱。

（三）业务流程的洗钱风险

一个完整的私人银行业务流程，往往包括以下十个步骤：

1. 基本资料收集，包括客户信息、客户家庭信息、客户事业信息等。

2. 资产现状分析，包括对客户的收支状况、储蓄状况、借贷状况、保障状况、投资状况、税务状况等方面的分析。

3. 风险分析，包括经济风险、事业风险、个人风险、财务风险、投资风险、市场风险、风险承受力等。

4. 资产管理目标分析，包括阶段性目标、服务需要目标、财务目标等。

5. 客户资产预测与评估，包括资产未来预测、现金流预测、市场机会与威胁、资产状况评估等。

6. 目标确认，包括服务需求、财务目标和服务目标的确认等。

7. 基础规划，包括基本财务策划、税务策划、保障策划、个人事业财务策划等。

8. 建立投资组合，设计包括固定资产、私有和上市公司股权、金融凭证、贵重金属、收藏品、继承和信托资产等。

9. 实施计划，包括实施时间表、实施步骤、实施目标等。

10. 绩效评估，包括建立评估条件、考核业绩、调整资产配置、修正目标等。

业务流程中存在的洗钱风险一般有两个方面：

首先，客户尽职调查工作难度大。在尽职调查中，部分客户不愿意说出职业、家庭住址等信息，即使说了，客户经理也难以去核实其真实性。私人银行服务本身具有私密性的特点，对个人信息的获取都比较谨慎，如客户对尽职调查相关问题表示反感，客户经理一般很少能坚持继续询问。

其次，真实的“资金来源”信息难以获取。发达国家私人银行业务主要是因为跨境资金转移便利、金融工具和金融产品的复杂化而难以确认资金来源，但我国高收入人群的成长路径明显有别于西方国家，尤其是民营企业有所谓“资本原罪”一说，还有个别政府官员、国有企业领导存在灰色和非法收入，我国私人银行客户普遍有比较严重的“害怕露富”心理。再加上大多没有合法的税收证明，因此我国私人银行客户对询问资金来源的问题比较敏感或反感，回答大多是模棱两可，甚至直接拒绝回答。

【案例三】顾资银行[①]

2012 年 3 月 27 日，为包括英国女王在内的英国众多社会名流和

① 根据《21 世纪经济报道》2012 年 4 月 6 日报道：《私密性博弈反洗钱 私人银行保密制度亟待破题》整理。

富豪提供金融服务的英国老牌私人银行——苏格兰皇家银行旗下私人银行苏格兰皇家顾资银行（Coutts Bank，以下简称顾资银行）因为反洗钱工作方面存在巨大缺陷被英国金融管理局处以875万英镑罚款。

2010年10月，英国金融管理局对英国国内银行机构在防范洗钱犯罪风险方面的作为进行过一次评估。根据对顾资银行的评估，英国金融管理局发现该行在与发生洗钱犯罪几率较高的客户形成主顾关系之后，对于客户的金融活动未能加以有效监管。英国金融管理局执法与金融犯罪科主管特雷西·麦克德默克（Tracey McDermott）在3月26日发表的一份声明中表示："顾资银行在金融监管方面所存在的缺陷是巨大的、普遍的，同时也是不可接受的。顾资银行的行为标准要大大低于我们的预期水平，而我局对顾资银行处以875万英镑的罚款也显示出该家银行所作所为之恶劣。"

实际上，在2011年11月因产品销售问题而受到英国金融管理局630万英镑处罚后，顾资银行本次罚款金额本来应该高达1250万英镑，但因为顾资银行已经开始对自身的反洗钱机制进行提升和改善，而针对金融管理局向其开出二次罚单的后续事宜，顾资银行也与前者达成了初步的和解协议，故金融管理局网开一面，降低了对其的罚款金额。

值得注意的是，顾资银行的名字也曾出现在陈水扁家族洗钱案中。2008年8月，据中新社报道，国民党"立委"蔡正元表示，得到岛外金融界的消息，指出台湾某个企业通过"奇怪汇款路线"，在陈水扁担任第二任台湾地区领导人时将上千万美元（相当于3亿元新台币）汇入以黄睿靓或陈致中为名的位于瑞士苏黎世的顾资银行账号。

（四）业务人员主观意愿的洗钱风险

由于私人银行业务尚处于起步阶段，市场竞争激烈，私人银行业务人员的主要精力集中在客户拓展、产品创新和机构扩张上，对包括反洗钱工作在内的内控工作重视程度不高。私人银行客户对反洗钱工作的敏感度比较高，存在抵触和反感，这就导致客户经理普遍担心反洗钱工作影响私人银行业务发展，反洗钱意愿不高。而如果私人银行业务人员被贿赂收买而为洗钱分子提供专业化建议和规避措施，那么洗钱渠道就更是畅通无阻了，这看似极端，但在现实中屡有发生。

【案例四】瓦莱国家银行①

2002 年 7 月，瓦莱国家银行（Valley National Bank）的国际私人银行部门的一位女性主管——玛利亚·诺拉斯科被美国联邦当局逮捕，原因是她在接受了 120 万美元的佣金之后，在美国新泽西州和巴西两地的银行间通过转账的形式主动帮助犯罪分子清洗了 1500 万美元。

第四节　监测分析方法和政策建议

温家宝总理在 2012 年全国金融工作会议上明确指出："构建符合国际标准和中国国情的反洗钱工作体制"。在新的 FATF《四十项建议》中，第一条即强调了风险为本的方法（Risk Based Approach, RBA），即将有限的反洗钱资源优先配置到风险最大、需求最迫切的领域。不管是从私人银行的发展历程、行业现状来看，还是从其行业特点、风险暴露来看，私人银行所面临的洗钱风险相对于银行一般业务更突出、更敏感，因而更需要高度关注和警惕。

加强对通过私人银行进行的洗钱活动的监测分析，建立健全相

① ［法］玛丽·克里斯蒂娜·迪皮伊·达依：《金融犯罪》，127 页，北京，中国大百科全书出版社，2006。

关的政策、制度和措施，不仅可以有效打击洗钱及相关上游犯罪，维护社会公平正义，同时也有利于促进中国私人银行市场的长远健康发展，创造良好的金融生态环境、防范金融风险。

一、监测分析方法

（一）监测分析思路

1. 以“通过私人银行向境外转移资产”为监测重点。
2. 加强对重点地区、敏感行业、特定群体的监测。
3. 依托、拓展和加强中国反洗钱监测分析系统。

（二）监测分析规则

模型所使用的规则是中国反洗钱监测分析中心根据以往的监测分析经验并结合私人银行业务的特点设置的，每个规则中参数的选择、系数的设置、算法的定义需要根据实际工作不断调整，以达到最优化效果。随着模型的不断完善，所使用的规则将不断扩充和成熟。

根据对目前私人银行存在洗钱风险点的总结归纳，结合中国反洗钱监测分析中心的分析实践，相应监测规则如对高风险私人银行客户名单交易的监测，设置私人银行可疑交易主体相关特征的可疑触发参数，对向境外转移资金活动的监测，对特定地区、行业、群体的监测等。

二、政策建议

（一）法律层面

应从法律层面明确私人银行定位和相关制度安排，制定私人银行反洗钱管理办法。目前国内私人银行所适用的反洗钱监管法规主要依据现有的《反洗钱法》和《金融机构反洗钱规定》、《金融机构大额交易和可疑交易报告管理办法》、《金融机构客户身份识别和客户身份资料及交易记录保存管理办法》等部门规章，在投资方向、风险管理等领域并未体现私人银行的特点。同时，分业经营的模式使私人银行业务涉及的多元化资产管理难以顺利开展，与私人银行相关、客户定位具有相似性的第三方理财、PE 等机构因非金融机构的身份而面临相对宽松或模糊的监管环境。

因此，制定专门的私人银行反洗钱管理办法已成为当务之急。管理办法应至少包括以下内容：一是私人银行的界定，二是私人银行反洗钱工作的主管部门和协管部门，三是私人银行的经营范围，四是私人银行的内控制度要求，五是私人银行履行反洗钱义务不同于一般银行业务的特定职责和措施，六是违反反洗钱义务的处罚措施。

针对混业经营的趋势和实践中对分业经营的突破，私人银行反洗钱管理办法还须具有一定的前瞻性，将综合经营、交叉金融产品和金融工具纳入反洗钱监测，并制定相适应的反洗钱风险防控机制和资金监测手段将私人银行跨市场、跨行业、跨地区的资金交易有效纳入监测。

（二）监管层面

从反洗钱监管部门的角度看，加强私人银行业务的反洗钱工作应从三方面着手：

1. 健全私人银行业务反洗钱的监管协调机制。由于私人银行业务为客户提供全方位的金融服务，不仅涉及银行、证券、保险、信托、私募股权（PE）等金融机构，还涉及海关、税务、律师事务所等部门，因此，必须建立多部门的全面监管协调机制。中国人民银行作为国务院反洗钱行政主管部门，可与国内相关执法部门和监管机构签署合作安排或工作机制在安全、保密、高效的前提下实现监管合作，有效提高私人银行反洗钱监管效率。

2. 加强信息的整合与共享，及时获取反洗钱数据信息和相关匹配信息。

应建设中国反洗钱监测分析中心和其他反洗钱相关部门之间的信息共享与互动机制。

3. 应加强私人银行反洗钱工作检查。人民银行反洗钱监管部门可考虑与私人银行机构联合开展私人银行业务反洗钱工作检查，并对其可疑交易特征和防范措施进行针对性的调研，通过检查，督导私人银行业务部门认真落实反洗钱要求，有效防范洗钱风险。

（三）行业内控层面

由于私人银行业务的综合性、服务的私密性及强大的利益驱动，建立更为完善和严格的反洗钱内控制度显得尤为必要。在私人银行机构，应建立完善内部监督管理体系、客户授权检查与管理体系、风险评估与报告体系，并及时对相关体系的运行情况进行检查，还应配备人员以多样化方式对客户经理和投资经理的服务进行调查和监督。

1. 客户身份识别。应当明确如下原则，验证和确认客户及受益人身份，获取客户有关交易目的和意图的信息，否则不应开设私人银行账户或者应终止业务关系。客户身份识别的重点环节应包括：接受客户时，应充分了解客户职业、收入状况、住所、开户原因与目的，资金的主要来源、真实受益人等，明确对空壳公司、离岸公司、政治敏感人物等高风险客户的审批权限；持续识别客户，包括掌握客户交易实质、交易背景的核实及确定主要的客户对象。

2. 强化的客户尽职调查。对于高风险客户必须进行强化的客户尽职调查。鉴于私人银行业务的特殊性以及在商业银行中的特殊地位，针对私人银行的客户要履行更高、更严格的尽职调查措施。推荐客户的私人银行人员须为此承担主要责任，单纯完成内部审核程序并不免除该人员此项基本责任。

银行必须在内部政策中界定需接受额外尽职审查的各类人士。如客户可能对银行构成高于一般的风险，尤须进行额外审查，例如，居于和/或资金来自已被可信地列为反洗钱水平较低或者犯罪和贪污风险较高的某些国家和地区的人士；从事某类易被用做洗钱的商业活动或行业的人士；目前或曾经拥有政治敏感身份的人士，如政府官员、国有企业或事业单位的高层管理人员及其家人和密友等。私人银行应明确规定，如出现上述一个或多个类别的情况，必须由高层管理人员审批是否建立业务关系。

3. 严禁不当利用集中账户等内部账户。应借鉴国际先进立法，规定银行不可允许适用并非为客户而设的本身内部账户（有时称为集中账户），以切断客户身份与客户资金流动之间的关联。即银行不得允许集中账户等内部账户被不当利用，妨碍对客户账户的有效监测。条件成熟时，可要求私人银行整合各类业务系统，建立客户电子信息数据库，提高反洗钱工作中可疑交易的分析、判断水平，提高反洗钱工作效率。

4. 加强员工管理培训。综观国际国内，凡是涉案金额巨大、影响极其恶劣的金融犯罪案件，绝大多数涉及金融机构"内鬼"的操控或配合，从美国瓦莱国家银行洗钱案到近期的渣打银行私人银行部员工案等，几乎无一例外。从金融机构自身防范风险的角度来看，"了解你的员工"（Know Your Employee，KYE），其重要性并不亚于"了解你的客户"（Know Your Customer，KYC）。

对于私人银行而言，员工的专业培训、反洗钱意识的强化和综合专业素养的提升工作，应该是常态的、制度化的、可持续的。应加强对内部员工的管理和培训，设立针对私人银行业务客户经理的辨别及反洗钱的培训计划。定期常设培训的内容应包含判别不寻常或可疑活动的方法及处理流程。此外，反洗钱法律和法规有任何重大变化和调整时，银行应通报各级员工。

特定非金融机构的洗钱风险及对策研究[①]

第一节 概述

一、特定非金融机构的基本定义

“特定非金融机构”（Designated Non－Financial Business and professions）是反洗钱领域中专用的一个术语，由反洗钱金融行动特别工作组（FATF）在其2003年发布的《四十项建议》中首次提出，意指面临较高洗钱风险、需按照FATF要求全面建立反洗钱制度的非金融行业及专业人士。最新的2012年版建议对特定非金融机构的定义进行了扩展，具体包括以下5大类：

（1）赌场[②]（包括互联网网上赌博和游轮赌博）；

① 本报告是中国反洗钱监测分析中心员工参加中国人民银行团委2012年度青年课题活动的课题之一，获该活动三等奖。课题组组长：陈玲；课题组成员及执笔人：陈玲、邓晓卓、丁唯、丁俨、刘晓娜、张旭辉、周小琴。编入本书时做了大幅删节。

② 很多国家对特定非金融行业和职业中的赌场定义较为宽泛，其范围除了有固定场所的赌场外，还包括互联网网上赌博（即网络赌博）、公海游轮赌博、纸牌俱乐部以及其他博彩行为。鉴于目前赌场在我国大陆尚属非法，所以下文中将对博彩业展开分析，而不仅限于赌场。

（2）房地产代理商；

（3）贵金属和珠宝交易商；

（4）律师、公证人以及其他独立的法律专业人士和会计师（个体从业者、合伙人或受聘于专业事务所的专业人士）。此处不包括受聘于其他类型企业的“内部”专业人员，及在承担反洗钱与反恐怖融资职责的政府机构工作的专业人士。

（5）信托和公司服务提供商。[①] 这里涉及的业务包括：担任法人设立的代理人；担任（或安排他人担任）一家公司的董事或秘书、合伙企业的合伙人，或其他与法人相关的类似职务；为一家公司、合伙企业或其他法人安排提供官方注册地址，营业地址或办公场所、通信或行政地址；担任（或安排他人担任）书面信托的受托人或在其他法律安排中履行同等职能；担任（或安排他人担任）他人的名义持股人等。

根据FATF的建议，上述机构应在日常业务活动中履行客户尽职调查、可疑交易报告等反洗钱义务。

目前，各国对特定非金融机构的定义不尽相同，但基本都以反洗钱金融行动特别工作组（FATF）作出的定义为标准，在此基础上结合本国国情作适当调整。

二、特定非金融机构的洗钱特点

相比传统金融机构，通过特定非金融机构进行的洗钱活动具有以下四个特点。

① 信托投资公司在国内是一种以受托人身份代人理财的金融机构，属于金融行业，业务范围与FATF新四十项所列也不尽相同。但鉴于本文从国际视角出发，以FATF建议中的特定非金融机构定义为框架，通过分析国内外利用特定非金融机构进行洗钱的风险和路径，提出针对我国特定非金融行业的反洗钱政策建议，所以本文仍将信托并入特定非金融机构范围。具体其他理由详见第二章第四节相关内容。

（一）以现金交易为主要形式，脱离金融机构的大额和可疑交易报告制度

特定非金融机构的洗钱行为往往依托现金密集型行业，如房地产、贵金属和珠宝等，利用不通过金融机构和支付工具监管的有利条件，洗钱者通过多次交易后，就能将非法所得融入合法的金融和经济体系，以隐瞒非法资金的真实来源以及犯罪收益与犯罪人的联系，也即实现洗钱的离析和融合，洗钱行为的隐蔽性比较强。

（二）大量使用匿名交易

特定非金融机构中，有些交易是实名的，如房地产交易等，而更多的交易则是匿名的，如黄金、珠宝的零售交易等，因为匿名交易不保留交易客户的基本信息，即使判断该交易属于可疑交易，也无法实现交易信息的报送。

（三）跨行业使洗钱行为更为复杂、隐蔽

在特定非金融机构中实施洗钱不是单纯依托一个行业或机构进行，往往在多个机构之间进行复杂的多向操作，同时通过多个行业间的跨行业操作达到隐瞒资金来源的目的，洗钱手法较为复杂，与金融行业洗钱行为相比更为隐蔽。

（四）中介机构的参与使洗钱犯罪更为专业

律师业、公证业、会计师业、资产评估业、税务师业、拍卖业等中介机构的从业人员普遍具有高学历、高智商、专业性强等特点，如果这些不直接参与市场交易的智力服务提供机构被洗钱人员利用为洗钱罪犯提供服务，将会使洗钱犯罪更为专业化，从而增加反洗钱监测和分析的难度。

特定非金融机构具有的复杂性、专业性等不同于传统金融领域的洗钱特点，使得传统的监管办法、资金监测思路不再适用。因此

有必要对特定非金融机构的洗钱风险进行详细的分析，从中总结洗钱风险点，制定行之有效的监控办法。

第二节　特定非金融机构的洗钱风险、途径分析

一、律师行业洗钱风险、途径分析

FATF“新四十项建议”将律师、公证人和其他独立的法律专业人员及会计师定义为“个体从业人员、合伙人或受聘于专业事务所的专业人员，而非受聘于其他类型企业的‘内部’专业人士，也非政府部门工作的专业人员。”将上述四类专业人员并列在于其具有类似的业务特点和职业准则，因此本文仅选取更具代表性的律师行业进行深入探讨，以求为专业服务提供者行业整体的反洗钱部署提供参考。

根据我国《律师法》的规定，律师可以从事下列业务：（1）接受自然人、法人或者其他组织的委托，担任法律顾问；（2）接受民事案件、行政案件当事人的委托，担任代理人，参加诉讼；（3）接受刑事案件犯罪嫌疑人的委托，为其提供法律咨询，代理申诉、控告，为被逮捕的犯罪嫌疑人申请取保候审，接受犯罪嫌疑人、被告人的委托或者人民法院的指定，担任辩护人，接受自诉案件自诉人、公诉案件被害人或者其近亲属的委托，担任代理人，参加诉讼；（4）接受委托，代理各类诉讼案件的申诉；（5）接受委托，参加调解、仲裁活动；（6）接受委托，提供非诉讼法律服务；（7）解答有关法律的询问、代写诉讼文书和有关法律事务的其他文书。

可见，我国律师业尚处于浅层次的发展阶段，律师提供的法律服务多限于提供咨询、参与诉讼、准备法律文件性质，相对于西方

发达国家来说，我国律师并不参与一般的“金融活动”。在西方极易被用来洗钱的信托业务，我国律师一般并不涉足。但律师从事的业务中的确存在易受洗钱犯罪侵蚀的薄弱环节，并且也发生过实际的案例，所以，我国迫切需要解决律师等法律服务专业人员参与洗钱犯罪这一问题。

（一）律师行业的洗钱风险

律师行业容易受到洗钱犯罪活动侵蚀是由洗钱犯罪的固有属性和律师的职业特点共同决定的。第一，洗钱犯罪是高度复杂的国际性犯罪，其专业性强，往往会涉及国内外错综复杂的金融制度和法律制度，律师凭着专业知识和专门技能不但可以为洗钱犯罪分子提供专业帮助，而且可以为犯罪分子化解法律风险。第二，律师的业务范围广泛，可以担任法律顾问，可以代为参加诉讼，也可担任刑事辩护人，还可接受非讼委托，提供法律服务。在非诉讼业务中，大量涉及经济活动，如不动产买卖，证券、期货交易，创立、经营和管理公司等，而这些业务无一不是易受洗钱犯罪活动侵蚀的薄弱环节，律师即使不是故意帮助洗钱，也有可能在不知不觉中参与了洗钱犯罪。第三，律师有着严格的职业道德和执业纪律的约束，而且也有着令人尊重的社会地位，由他们代表客户从事金融交易或其他经济活动不会轻易受到怀疑，他们出面帮助洗钱不容易被察觉。第四，律师是一种地位独特的法律工作者，很多国家都规定律师享有职业秘密特权。① 客户不必担心自己的违法犯罪活动会被律师揭发，律师也可以利用这种特权帮助犯罪分子洗钱。

---

① 例如，我国《律师法》第三十三条、第三十四条的规定。另外，在欧盟的绝大多数国家中，都规定有律师的职业秘密权，见 Helen Xan thaki，Lawyers’ Duties under the Draft EU Money Laundering Directive：Is Confidentiality a Thing of the Past? Journal of Money Laundering Control，Vol. 5 No. 2，2001， pp. 105 – 106.

（二）通过律师行业进行洗钱的途径分析

从20世纪90年代后期开始，律师等专业人员涉及洗钱犯罪的现象不断被揭露，根据FATF近年公布的反洗钱报告显示，洗钱分子利用律师进行洗钱的案例多种多样，现选取如下典型略作介绍。

1. 通过律师账户进行洗钱。律师一般享有较高的社会声誉和地位，律师账户的资金流动通常不会引起他人的关注，容易被洗钱分子利用。利用律师账户进行洗钱的方式主要表现为：

（1）通过更改付费方式洗钱。即洗钱分子先通过家庭成员账户转账向律师支付费用，转账成功后，向律师提出改以支票支付律师费用，并要求律师将先前转账支付的费用退还。律师应要求将一部分费用以支票形式返还给洗钱分子的家庭成员，剩余部分则汇入洗钱分子的寿险保单账户。随即该洗钱分子对该保单退保，并将退保金转入其家人账户，从而完成洗钱过程（见图1）。

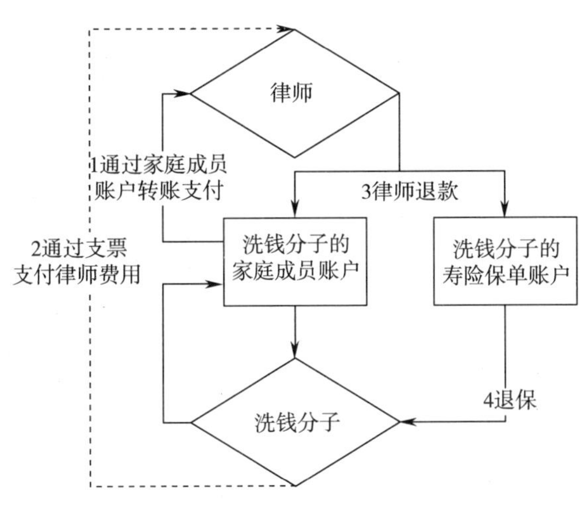

图1　通过律师账户洗钱途径

（2）通过律师理财服务账户洗钱。即洗钱分子先从A国一公司账户将非法资金汇入某律师账户，律师收到款项后，即将该非法资金兑换成B国货币后汇至B国的一家银行，随后该律师使用这笔资金进行私人投资，并将投资所获本息扣除佣金后汇入洗钱分子的账户，完成洗钱过程（见图2）。

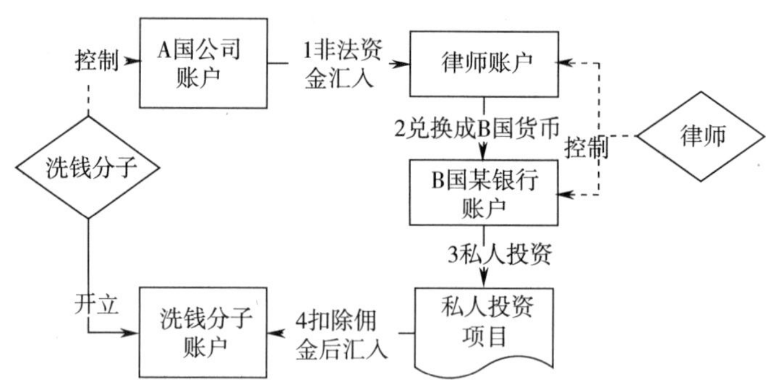

图2　通过律师理财服务账户洗钱途径

（3）利用律师信托账户洗钱。即律师在毒贩的指示下，将毒贩的现金存入其信托账户，然后进行抵押支付交易，使毒贩成为实际受益人，律师从交易中获取经纪人佣金，律师拒绝提供其信托资金的来源。

2. 通过律师协助进行洗钱。洗钱犯罪往往具有高度的国际化、专业化特征，洗钱分子通常会借助律师的专业知识和专门技能为洗钱提供帮助，而且还能化解风险。FATF成员国已经发现有些律师直接为洗钱分子设计洗钱方式、方法和流程，主动帮助洗钱分子清洗非法收入。主要表现为：

（1）通过购买年金计划进行洗钱。如律师帮犯罪分子设计年金计划，由犯罪分子购买一份形式上合法的年金，然后取消并获得保险公司的退保，从而达到清洗非法收入的目的。

（2）通过设立离岸公司进行洗钱。如A国的一个贩毒组织聘请律师协助清洗贩毒收益。该律师首先选择在对公司股东身份及财务状况监管比较宽松的B国建立一个离岸公司，并让贩毒组织通过持有无记名股票的方式实际拥有该公司100%的股份，然后将该公司委托给当地的一家管理咨询公司代管，用于专门为贩毒组织清洗毒资。离岸公司成立后，该贩毒组织持续将大量的资金通过管理咨询公司转入离岸公司账户，然后再将部分资金汇回至 A 国专门帮助该贩毒组织贩毒的贩毒分子乙的账户，以支持其继续开展贩毒活动（见图 3）。

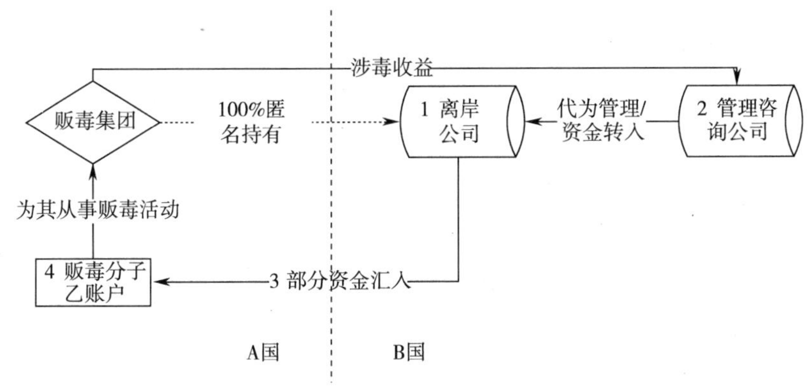

图 3 通过律师协助设立离岸公司的洗钱途径

（3）通过律师在离岸金融中心设立空壳公司进行洗钱。律师在离岸金融中心为洗钱分子开设空壳公司及多个银行账户，通过伪造并签订该空壳公司与洗钱分子指定的毒贩之间的贷款协议的方式，完成洗钱过程。①

二、房地产业的洗钱风险、途径分析

房地产是指土地建筑物上不可分离的部分及其附带的各种权益，又被称为不动产。房地产业是从事房地产的投资、开发、经营、物业管理和房屋中介服务的总称。根据 2005 年经济普查的统计口径，国家统计局把房地产业划分为四个细分行业，分别是房地产开发经营、房地产中介服务、物业管理和其他房地产活动。

① 《国际视角：洗钱渠道研究》，238－240 页，北京，中国金融出版社，2011。

（一）房地产行业的洗钱风险

1. 行业资金密集，洗钱空间较大。房地产业是资本密集型行业，产业开发要求大量资金注入。首先，房地产项目开发周期长，具有高杠杆性，开发企业通常自有资金不多，对资金需求强烈，通常吸引高额融资进入。其次，房地产单价高，现金交易额巨大，为洗钱犯罪提供了充分的容纳空间。

2. 房产具有保值、增值、易变现等特点，洗钱成本较低。房地产因其稀缺性，价格呈现长期上涨的趋势。同时，非法收入购买房产后可以通过变更、转让、买卖、继承、产权分割、交换、互换、赠与、销售、租赁等途径转变为合法的资金形态，资产变现相对容易。

虽然目前的调控政策增加了房地产交易在开发环节、流转环节甚至持有环节上的税费成本，但考虑到增值功能、监管环境、变现难易程度等综合因素，其洗钱成本是相对较低的。

3. 交易信息透明度低，洗钱过程隐蔽。与银行等其他可能涉及洗钱的行业相比，房地产行业信息透明度低，往往洗钱分子在甲地的非法收入可以转移到乙地买房置业，具有极强的隐蔽性。

4. 监管措施不足，洗钱违规成本低。我国对房地产行业的监管重在产权界定的清晰性以及交易合法性的行政审批环节，而对房屋购置资金的来源合法性以及资金交易的监测手段几乎空白，这就为非法资金进入房地产领域提供了可乘之机。

（二）通过房地产行业进行洗钱的途径分析

通过房地产市场洗钱主要集中在两个环节：一是房地产开发环节，将非法收入披上合法经营的外衣达到洗钱目的；二是在房产交易环节，使用非法收入购置房产，再通过卖出房产获取收益，将黑钱洗白。

1. 在房地产开发环节的洗钱手法。在房地产开发环节进行洗钱，主要指通过投资创办或参股房地产开发公司的方式将资金漂白。

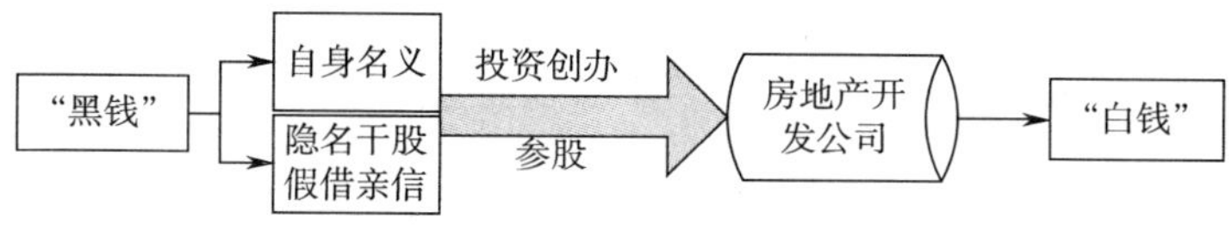

图 4　房地产开发环节的洗钱

这种方式属于典型的利用合法经营机构从事洗钱活动的一种，已纳入金融机构的反洗钱机制当中。在这里简要介绍两种常用的手段：

一是以自身名义投资创办或参股已有房地产开发企业进行房地产开发的方式洗钱。例如，2006 年的陈凯贩毒、洗钱案便是此类典型案例。陈凯贩毒集团以凯旋房地产集团为名从事房地产开发、经营，伙同中国特大毒贩"亨江 125"王坚章贩毒，并将高达百亿元的贩毒所得通过投资开发经营房地产的形式进行漂白。

二是以他人名义投资房地产进行洗钱。这种方式多为贪污受贿或挪用公款等公职人员所用，他们在投资房地产时往往把非法所得转入自己亲信的账户内，利用已有的房地产公司进行秘密合股（或所谓的暗股、干股）；或利用其所信任的人成立房地产公司，自己幕后操纵，在正当经营的掩护下通过做假账、开发新项目或跨地区投资等手段，让"黑钱"变成合法收入。

2. 在房地产交易环节的洗钱手法。一般而言，在尚未建立全国联网的房地产登记系统或对房地产没有建立严格的交易记录制度的国家，洗钱分子可以用自己的名义进行房产买卖并实施洗钱；而在已经建立严格的房地产交易记录制度的国家，洗钱分子可以用亲属或朋友的名义，或虚假身份证件进行房地产交易，实施洗钱。中国大陆许多贪官常用后者进行洗钱，而我国目前现有的反洗钱机制还未覆盖这一领域。

（1）现金购房，出售变现。由于房地产行业反洗钱监管的缺位，使得现金购房较为容易，再通过变卖房产，将其转化为合法的货币

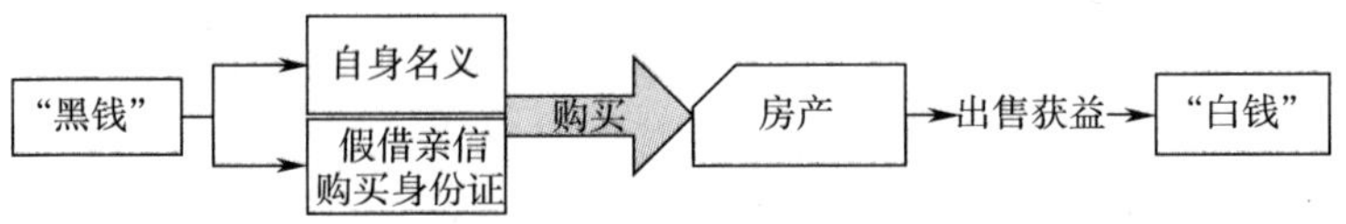

图5　房地产买卖环节的洗钱

资金，完成洗钱的过程。

（2）按揭购房，提前还贷。随着近年房地产价格的不断上涨，房产的单位价格较高，洗钱者在购房时全部使用现金目标过大，因此洗钱者往往故意选择将部分房款通过银行的个人住房按揭贷款支付，随后采用提前偿还的方式将手中的非法所得及其收益用于还款。通过这种方式洗钱虽然比现金购房过程复杂、耗时长，但比大额现金购房隐秘得多。

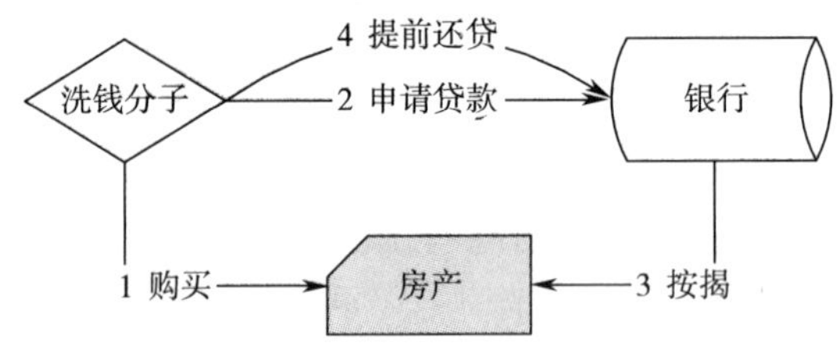

图6　以按揭和提前还贷方式购房洗钱

（3）他人名义，购置房产。利用他人的身份证件购置房产，主要是为了隐瞒实际身份，避免出现身份与收入不符的嫌疑，而这一类的洗钱手段主要集中在公职人员的经济腐败案件中。例如，重庆市巫山县交通局原局长晏大彬利用职务之便，多次收受他人贿赂合计2226万元，除窝藏现金1192万元之外，购置房产7处，清洗资金746万元。购置房产中，有6处均为以其妻弟或朋友等人的名义购买。

（4）专业人士，协助搭桥。寻求专业人士协助洗钱是目前国际洗钱流行趋势之一。洗钱分子可以利用中介机构的专业人士熟悉房地产交易相关法律以及运作规程，且不易引起监管当局怀疑等优点进行洗钱。例如，贩毒分子 C 为了清洗其贩毒收入，采用委托 A 国的 B 律师以房地产交易的形式进行洗钱。洗钱途径：C 将贩毒收入以现金形式存入律师 B 的信托账户，用于支付 C 所购买房产的按揭贷款。待按揭完成后，C 再委托 B 将房产卖出，并划走销售收入，完成洗钱。

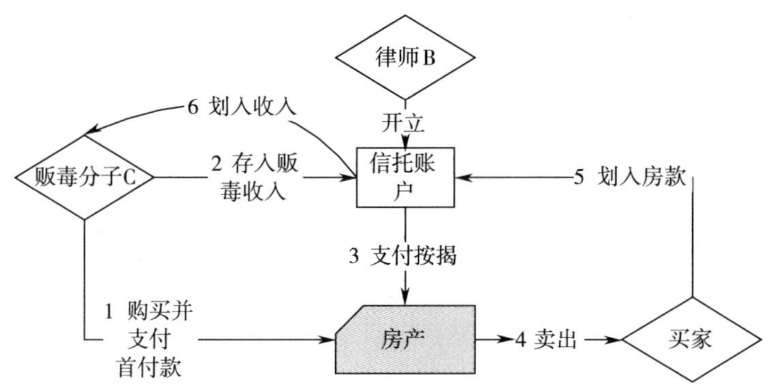

图 7　利用专业人士协助洗钱

（5）跨境置业，出售获利。当洗钱分子认为在国内通过房地产市场洗钱不够安全时，他们便将目光移向国际市场。近年来随着国际房地产市场的快速发展，国际跨境炒买房地产活动也随之发展得如火如荼，使得通过跨境房地产买卖进行洗钱也成为当前国际洗钱的主要趋势之一。例如，2005 年，A 国诈骗分子为了清洗其诈骗收入，委托其开户银行将大额诈骗资金电汇到欧洲 B 国其开户的银行账户后，通过签发支票形式将收到的所有汇款转移到几个拉丁美洲国家进行房地产买卖，以此达到洗钱目的。

三、博彩业洗钱风险、途径分析

根据 FATF“新四十项建议”对特定非金融机构的界定，赌场被

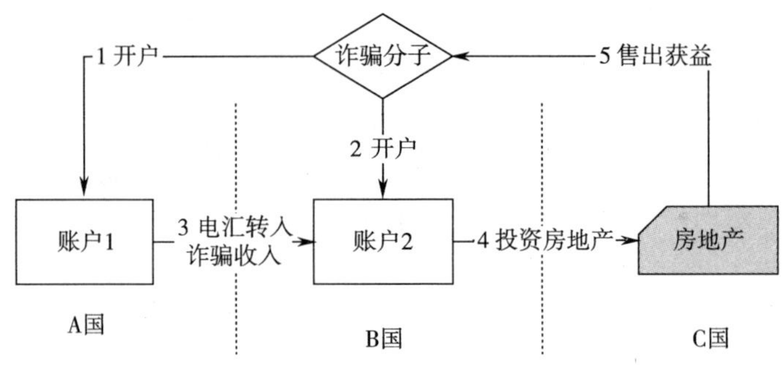

图 8　跨境置业洗钱

纳入反洗钱监管范围，其中包括网络赌博和邮轮赌博。实际上很多国家对特定非金融机构中的赌场定义较为宽泛，并不仅限于有固定场所的赌场，还包括纸牌俱乐部等其他博彩行为。再加上目前赌场在我国大陆尚属非法，所以下文中的分析将针对博彩业（而不仅仅是赌场）进行。

博彩，即赌博，是以游戏的胜负来决定参与者共同预定的钱物的归属，胜者获得，负者丧失。由此可见，博彩实际上就是一种通过游戏转让财务的活动。

（一）博彩业洗钱风险分析

1. 博彩业的赌博性容易诱发洗钱及其他犯罪。渴望“以小博大”、“一夜暴富”的博彩参与者往往不惜投入大量资金进行博彩行为，这就容易增加他们铤而走险走上犯罪道路的概率。其中就不乏一些公职人员利用掌握资金支配或保管的职务便利贪污、侵占、挪用公款来购买彩票或去赌场赌博，一旦他们获得巨奖或在赌场中赢钱，便可轻易将“黑钱”洗白。

2. 博彩品种繁多，利用博彩进行洗钱的方法相应地也多种多样。博彩种类有公立彩票、地下私彩、网络赌博、境外赌场等，每种博彩方式又可细分为许多品种和玩法，这就为洗钱分子提供了多条洗钱途径。

3. 博彩业规模日益扩大，为洗钱者成功洗钱打下基础。在西方发达国家尤其在美国，博彩业起步较早，为当地吸引了大量游客，带动了经济发展。近年来，部分国家和地区为了发展经济、增加税收，开放并促进了博彩业的发展。在中国周边国家和地区，赌场生意异常火暴。

4. 博彩业洗钱成本低，被洗钱者经常利用。将黑钱洗成白钱，资金要有一定的损耗率，传统方式下这一比率很高，一般达到20%~50%。但如果利用博彩中的“对冲”机理，一个洗钱者欲将100万元黑钱合法化，他可以向同一场比赛的两个球队同时投注100万元。以95%的返奖率来计算，不管比赛结果如何，洗钱者都会稳定地得到95万元的白钱，损耗率仅为5%。①

（二）通过博彩业进行洗钱的方式分析

有学者根据洗钱者与博彩机构的接触程度，将利用博彩进行洗钱的行为分为参与型、买壳型、平台型和借口型4种②。参与型是指洗钱者通过参与各种博彩来将黑钱洗白，这种方式要求损耗率不能过大，即博彩的返奖率要高；买壳型是指洗钱者用黑钱来购买其他博彩参与者赢家特别是巨奖得主的兑奖权，然后以此再向博彩机构兑换奖金；平台型是指洗钱者并不参与博彩，只是先将黑钱暂时转移至博彩机构，如换成筹码，过些时候再将筹码换成现金从而洗白黑钱；借口型是指洗钱者与博彩机构没有任何联系，而仅仅以参与博彩所得作为黑钱来源的借口。

（三）通过博彩业进行洗钱的途径分析

1. 利用公立彩票洗钱。在我国大陆，购买公立彩票是唯一合法的博彩行为。公立彩票的种类按发行机构分类有社会福利彩票和体

---

① 李刚：《博彩业：洗黑钱的“黑匣子”》，载《检察风云》，2010（7）。

② 李刚：《非金融行业洗钱问题研究——以博彩业为例》，载《上海师范大学学报（哲学社会科学版）》，2010（5）。

育彩票两种。

(1) 通过购买中奖彩票兑奖清洗黑钱，属于买壳型洗钱。洗钱分子通过各种途径查明中奖者后，用高于中奖奖金扣税后的金额买下中奖彩票，然后到彩票发行（管理）中心兑换彩票。这种洗钱方法隐蔽、安全，且能为洗钱者提供法律上的依据，再加上中奖金额巨大，公立彩票很容易受到洗钱分子的青睐。

(2) 以大量资金购买彩票，以中奖收入掩盖资金性质，属于参与型洗钱。洗钱者通过对不同彩票类型的研究，将大量黑钱投入到概率较大的彩票类型中，但这种洗钱方式成本相对较高。

2. 利用地下私彩洗钱。在我国境内，所谓地下私彩，是指除了福利彩票和体育彩票之外的一切个人或机构发行的进行抽奖形式的彩票。一般以公立彩票的中奖号码作为中奖依据，是公立彩票的外围彩。地下私彩的活动十分隐蔽，主要集中在熟人之间，一般采用先投注后结算的形式，且由于不需提取公益金，所以地下私彩返奖率相对高于公立彩票，于是受到洗钱者的青睐。地下私彩的兑奖记录往往会被迅速销毁，而政府对于参与者的处罚相对较轻，故容易被借口型洗钱利用。

3. 利用网络赌博洗钱。网络赌博是指以盈利为目的，利用网络和现代金融交易手段聚众赌博、开设赌场或者以赌博为业的行为。与传统赌博相比，除行为方式不同外，实质上是一样的。[①]

网络赌博组织体系严密，一般有开放型、代理型两种运作模式。开放型网络赌博模式下，赌客自己登录赌博网站并注册，然后将赌资打入赌博网站指定的银行账户，购买虚拟筹码进行赌博，直接与庄家结算，中间无层级结构（见图9）。

代理型网络赌博组织架构呈金字塔形，一般按照“赌博网站—股东—总代理—代理商—会员”的链条式分级管理，采用公司化方

① 杨恩国：《论网络犯罪的概念和特点》，载《福建公安高等专科学校学报》，2004(1)。

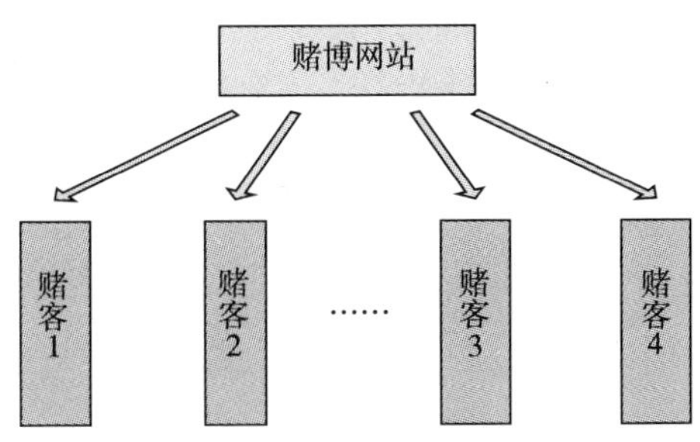

图 9　开放型网络赌博组织架构

式运营（见图 10）。赌博网站设在境外，利用境外赌博公司赌博网站投注。各种赌博网站都能通过与国际赌博公司网站联网，会员在家中通过视频就可以进行网络投注，并用信用卡交割赌资。

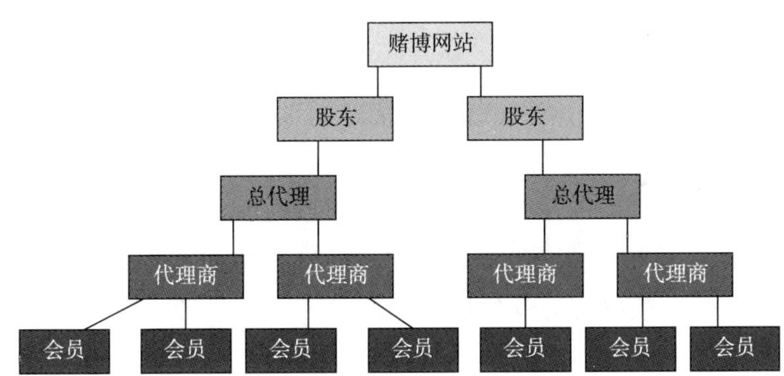

图 10　代理型网络赌博组织架构

（1）洗钱者通过电子支付工具将犯罪所得资金用于购买赌博筹码进行赌博，赌博结束之后，再要求赌场将筹码兑换成支票退回，以达到将黑钱洗白的目的，属于参与型洗钱（见图 11）。

（2）洗钱者通过电子支付工具将犯罪所得资金在赌博网站上匿名开立账户，作为黑钱的临时隐蔽场所，然后再通知网站把自己账户里的钱以网站的名义开出一张支票或银行汇票将账户余款退回来，将黑钱洗白，属于平台型洗钱（见图 12）。

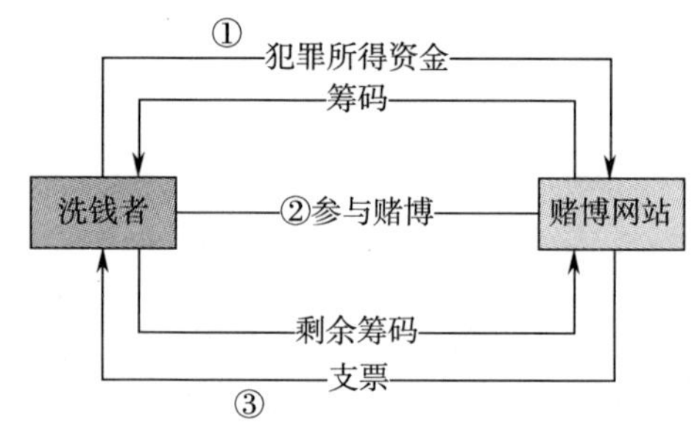

图 11　网络赌博洗钱

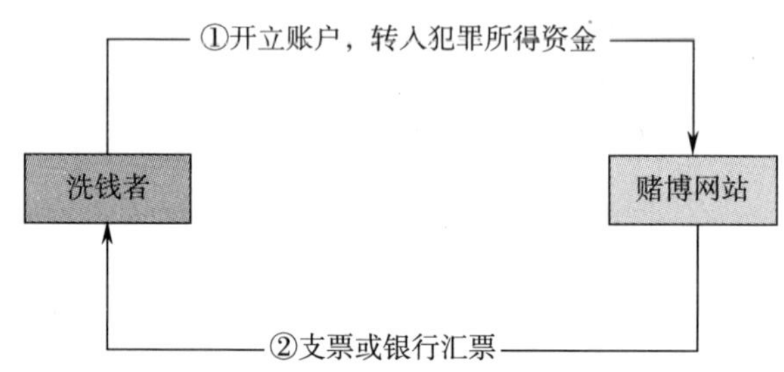

图 12　平台型洗钱

（3）网络赌博也可被用做借口型洗钱。

4. 利用境外赌场洗钱。前三种方式的洗钱行为都是在中国境内进行的，而境外赌场洗钱则是指我国公民出境至将赌场定为合法的国家或地区进行赌博，从而把黑钱洗白的行为。

利用境外赌场洗钱可以分为两大类：第一类，洗钱者与赌场勾结所进行的洗钱活动；第二类，洗钱者在赌场不知情或睁一只眼闭一只眼的情况下从事洗钱活动。

第一类，例如一个毒贩将 200 万元现金交给赌场，让赌场为其开出 190 万元的赌场赢钱支票，洗钱者将赌场赢钱支票存入银行，黑钱洗白。显然，这属于平台型洗钱。

第二类，洗钱者真实地参与赌博，即洗钱者在赌场将黑钱换成泥码[①]，然后上赌台赌博，将换来的泥码全部用光，同时赢回一定数额的现金码，最后将赢来的现金码换成赌场赢钱支票，从而将黑钱洗白。属于参与型洗钱。

四、贵金属和珠宝行业的洗钱风险、途径分析

贵金属系指黄金、白银和铂族金属（PGMs）：铂、钯、铑、锇、铱和钌，在这8种贵金属中，黄金是最容易被用来洗钱的。珠宝主要以钻石、宝石为代表，钻石是一种独特的物品，其价值通常由钻石专业评估专家根据钻石的大小和物理特征进行评估；宝石包括红宝石、蓝宝石、祖母绿、黄宝石、坦桑黝帘石、绿宝石和翡翠等品种，其价值起伏不定且千差万别，高质量的宝石售价可达上万美元。

（一）贵金属和珠宝行业的洗钱风险

与一般行业相比，贵金属、珠宝行业的洗钱风险成本较低，主要在于：一是单个产品价值大，具有投资品性质。单个产品价值大，决定了其管理成本较小；具有投资品性质的商品能实现保值增值，减小洗钱成本。二是涉及资金量大。资金量越大，将非法收入混入合法收入被发现的可能性越低。三是流通性强，流通性好的商品能够快速变现，便利违法收入的转移和转换。四是与购买普通商品一样，不受限制。具体表现在，我国商业银行对办理贵金属交易的客户遵循反洗钱客户身份识别的一般规定，但在商场、银楼等非银行场所购买贵金属或珠宝，与购买普通商品一样，没有客户身份识别环节，不进行实名登记，资金交易方式也不受任何限制，客户可以以现金、刷卡等各种形式自由进行购买。部分商场对自行销售的贵金属或珠宝提供回购服务，回购时客户不需要提供任何证件，只要

① 泥码又叫做死码，是一种只能用来下注，不能用来兑换现金的筹码。与之相对的概念是现金码，是既可以用来下注，也可以用来兑换现金的筹码。

持有该商场销售的指定贵金属产品即可办理回购业务。回购后资金可以以现金或转账形式交付给客户。因此，贵金属、珠宝行业已日渐受到洗钱分子的青睐。

（二）通过贵金属和珠宝行业进行洗钱的途径分析

1. 通过黄金宝石买卖洗钱。洗钱者利用贵金属、珠宝体积小、价值高、便于运输，交易时可以切断买卖双方关系，价值难鉴别的特点把现金换成黄金珠宝走私到海外，再变卖为现金存入银行或委托专业理财公司理财，最后实现将非法所得合法化。

2. 利用黄金加工公司作掩护进行洗钱等非法活动。例如，A 国某犯罪集团为了清洗犯罪收入，在本国注册成立了一家黄金加工公司，声称从 B 国的金属批发商进口黄金，并以此为借口伪造黄金进口交易凭证，将大量的贩毒现钞收入转到 B 国，向当地海关申报为支付黄金进口款项。实际上这些货款最后被存入该集团在 B 国开立的账户上。为了有效掩盖其犯罪活动，该集团一方面真实地从 B 国进口少量黄金金锭，并在黄金黑市出售。此外，该集团还通过伪造的黄金进口交易凭证向 A 国当地政府申请增值税退税，获取非法收入。

3. 通过钻石走私资助国际恐怖组织。例如，某恐怖组织为了筹集恐怖分子活动资金，委派 A 先生在 B 国注册成立了一家钻石贸易公司。该公司在收到恐怖组织巨款资本金后，迅速汇往 C 国购买大量钻石，并通过走私进入 D 国，然后在市场销售，获取巨额利润后将利润分散汇回该组织在各国金融机构开立的账户中，以资助恐怖分子购买武器炸药等物资。①

① 《国际视角：洗钱渠道研究》，259－264 页，北京，中国金融出版社，2011。

五、信托和公司服务商洗钱风险、途径分析

FATF“新四十项建议”将具有类似业务特点的信托和公司服务商一同列入特定非金融机构范围。而在我国，一般认为信托业属于金融行业。究其原因，我国自 1979 年以来，在各个层面的实践中，更多的是将信托公司（受托人）而不是委托人、受托人、受益人等所有当事人看成是信托行业的主体和监管对象，将信托公司（受托人）的投资管理行为、信托公司与被投资领域或项目之间的关系作为信托业被监管行为和被监管关系，而不是将委托、受托、受益的行为、所有信托当事人之间的信托关系当做被监管行为和被监管关系。目前我国已经将信托公司作为金融机构纳入反洗钱监测领域，而所谓信托和公司服务商在我国基本上是信托公司的内部业务部门，因此不作进一步分析。

第三节　我国特定非金融机构反洗钱监管的政策建议

虽然 2006 年《反洗钱法》颁布之时，就已将特定非金融机构纳入了反洗钱义务主体范围，但在过去的数年时间里，我国反洗钱监管的重心一直集中在金融行业，还没有发布针对特定非金融行业及职业的专门的反洗钱和反恐融资的规定。

经过多年的努力，目前金融行业的反洗钱监管措施日趋完善，犯罪分子通过金融机构进行洗钱的成本和风险日益增大，洗钱活动和风险有向特定非金融机构转移的趋势。因此，为满足反洗钱法律法规的客观要求和经济金融形势变化的实际需要，应将特定非金融机构的反洗钱监管尽快纳入议事日程。

一、目前我国对特定非金融机构的监管现状

《反洗钱法》第三条规定，“按照规定应当履行反洗钱义务的特定非金融机构”是反洗钱的义务主体，具有“依法采取预防、监控措施，建立健全客户身份识别制度、客户身份资料和交易记录保存制度、大额交易和可疑交易报告制度”等反洗钱义务。但是考虑到当时在特定非金融领域开展反洗钱工作的实践经验不足，当时并没有对特定非金融机构的范围、应履行的反洗钱义务以及对其监督管理方面进行具体的规定。从目前开展反洗钱工作的实际情况来看，在我国，洗钱活动所涉及领域和行业逐渐扩大，已经呈现出向房地产、典当、拍卖、贵重金属交易等现金密集型领域和行业渗透的趋势，这些非金融行业存在着巨大的洗钱风险，应该适时出台对特定非金融机构的反洗钱实施具体办法。

根据国际反洗钱专业组织金融行动特别工作组 FATF 在《四十项建议》中的分类，特定非金融机构主要包括博彩业，房地产经纪，贵金属、珠宝交易，律师、公证人、注册会计师，信托和公司服务提供者等五大类。在研究讨论我国特定非金融机构的反洗钱监管思路前，对这五类行业的发展现状和相关配套法律法规进行梳理是十分必要的。

（一）博彩业

《刑法》明确规定赌博属违法行为，开设赌场属非法经营，应追究刑事责任。我国没有公开设立的赌场，但不排除存在非法的地下赌场。我国的博彩业仅限于彩票业，目前只有中国福利彩票和中国体育彩票。我国对彩票业实行严格管制。分国务院、财政部、民政部和体育总局四个管理层次。彩票单注最高奖金 500 万元，实行大额交易报告制度，一次投注 10000 元的，需报上级彩票机构。禁止利用互联网销售彩票，只能用现金和银行借记卡投注。

（二）房地产经纪

我国已建立了以《城市房地产管理法》为基础的较为完善的管理体系。建立了以房地产企业资质管理制度、商品房预售许可制度、商品房买卖合同备案登记制度、房地产成交价格申报制度、房屋租赁备案登记制度、房地产价格估价人资格认证制度为主的房地产交易管理制度框架和业务规范，对房地产及其从业人员实行全方位监管，对客户进行较为严格的身份验证。这些制度的落实在一定程度上可起到防范洗钱风险的作用。

（三）贵金属、珠宝交易

我国进出口金银由中国人民银行统一管理。上海黄金交易所是国务院批准的组织黄金、白银和铂金等贵重金属交易的自律性管理的法人，实行会员制。黄金交易所的内部章程要求会员执行客户尽职调查、记录保存的相关要求，并制定了惩戒措施。宝石由国土资源部指导和管理。对贵金属、宝石的交易没有履行反洗钱和反恐融资义务的具体规定。

（四）律师、公证人、注册会计师

按照中华人民共和国《律师法》、《公证法》、《注册会计师法》的要求，担任律师、公证人、注册会计师必须参加全国统一的考试，申领执业证书，并采取行业管理和行政管理相结合的管理方法。《律师法》对律师的职业操守和客户尽职调查、记录保存规定了具体的义务。在我国，注册会计师主要从事法定审计业务，未获授权开展代理理财、信托、对外投资等业务，基本不存在被利用进行洗钱的相关交易问题。我国对公证人的反洗钱义务也没有规定。

（五）信托和公司服务提供者

我国法律允许设立专门的信托投资公司从事信托业务。我国信托投资公司的日常监管工作由中国银监会承担，其反洗钱工作已经被归类为金融机构。但对非信托公司承担的一些信托性质的业务以及公司服务提供者没有规定具体的反洗钱义务。

（六）其他非金融行业和职业

对于可能被洗钱和恐怖融资利用的拍卖和典当行业，虽然并不在FATF的建议范畴，但同样属于反洗钱的高危行业。我国政府已注意到对其进行监管的必要性，制定了有关规定并采取了相应的防范措施。依据《拍卖法》、《拍卖管理办法》、《典当管理办法》，对拍卖和典当的客户尽职调查、记录保存和可疑交易报告有较为具体的规定，商务部组织制定有关拍卖行业、典当业的规章、政策，指导拍卖行业的规划。①

可见，我国目前虽然尚未明确特定非金融机构的反洗钱义务，但并不代表相关行业的反洗钱工作完全处于缺位状态。以上六个行业的行业主管部门都从专业管理的角度制定过相关管理制度和措施，能在一定程度上起到反洗钱和反恐融资的作用。

二、目前监管工作中存在的主要问题

（一）特定非金融机构反洗钱立法的难点

1. 特定非金融机构的概念、范围及法律定位的界定问题。世界各国反洗钱立法和国际组织公约对反洗钱义务主体范围规定不一，在我国，许多带有金融服务性质的业务和机构并未纳入非金融机构范围监管，或者未制定法律进行规范，以律师和会计师行业尤为明显。

---

① 冯怡：《特定非金融行业反洗钱和反恐融资：国际规则与我国的实践》，载《财会学习》，2011（8）。

2. 明确特定非金融机构的具体反洗钱义务问题。《反洗钱法》规定了特定非金融机构应当履行与金融机构同等的义务，但在现实中，两者是履行同等的义务还是适当区分，有所差别，特定非金融机构是否需要承担特有的义务，涉及许多复杂的因素，如特定非金融机构业务复杂而宽泛，内容各不相同，如按照对金融机构的要求全面履行反洗钱义务，势必加大其运营成本，影响特定非金融机构的正常经营。

3. 特定非金融机构反洗钱义务的法律规定出台方式问题。《反洗钱法》规定了特定非金融机构的范围、其履行反洗钱义务和对其监督管理的具体办法，由国务院反洗钱行政主管部门会同国务院有关部门制定，如果以法律修正案的形式发布，则要随着特定非金融机构内容的不断拓展和延伸，随时修改法律，影响法律的稳定性；如果以部门规章颁布，则法律级次太低，损害反洗钱法律体系的完整。

（二）特定非金融机构反洗钱操作的难点

1. 报告主体数量众多，监测难度大。与金融机构相比，特定非金融机构数量众多、资质各异、经营业务范围差异较大。面对众多的特定非金融机构，要制定统一的反洗钱可疑交易监测报告制度难度较大。

2. 行业主管部门各异，行业间协调难度大。国内外反洗钱工作的成功经验表明，反洗钱工作需要全社会的广泛支持，尤其需要各职能部门的密切合作。目前，我国已经建立了反洗钱部际联席会议机制，在整合资源和协调有关机构和部门的工作方面起到了一定作用。

3. 难以确定可疑交易类型，信息获取难度较大。已经披露的有关特定非金融机构的可疑交易案例很少，加之洗钱的隐蔽性，决定了难以准确界定特定非金融机构的可疑交易的判断标准与类型。一些可疑交易，如购买房屋总价是否超过购房人的购买能力，是很难进行量化的，需要可疑交易的报告主体根据自己行业的工作流程、业务经验和掌握的情况进行判断，主观性较大。同时，要从特定非金融机构获取能够判断交易是否可疑的足够信息，难度较大。

三、建议

（一）尽快将特定非金融机构纳入反洗钱监测范围

首先，人民银行和相关主管部门要提高对做好特定非金融机构反洗钱工作重要性的认识，切实着手研究探索特定非金融机构的反洗钱监管模式和数据表报送方法。各义务主体应该提高反洗钱意识，增强责任感与主观能动性，主动配合，履行好反洗钱义务。

其次，着力构建特定非金融机构反洗钱法律规章制度体系。2006 年 10 月 31 日颁布的《反洗钱法》没有明确规定特定非金融机构的定义、范围和责任，急需从法规、行业准则层面构建针对特定非金融机构的反洗钱制度体系。根据当前我国反洗钱工作发展现状和趋势，借鉴国际反洗钱监管经验，对特定非金融机构范围的界定坚持交易优先原则，在将典型的特定非金融机构纳入义务主体的基础上，以制定原则性或限定交易额上限的方式规定特定非金融机构的范围，避免因简单列举式的陈述产生机构类型遗漏的弊端；针对不同行业领域客户、业务及交易特点，制定相应规章准则，突出差别化原则。从我国的实际情况看，由于赌博属违法，设立赌场属非法经营。律师、公证人、注册会计师的服务范围较窄，同时对信托业已经作为金融业进行了反洗钱管理。因此，特定非金融机构的反洗钱工作可先从房地产和贵金属、珠宝交易行业做起。

（二）推动相关工作时应遵循的基本原则

1. 局部试点，逐步推进。相对于其他行业，房地产业因实行交易实名制、客户登记系统较为健全等原因，信息获取相对容易。而且其主管部门单一，协调难度相对较小。因而，按照成本—效益原则，建议先在房地产行业开展反洗钱可疑交易监测试点，待取得一定经验后，再推广至其他行业和领域。对特定非金融机构反洗钱义务主体按照其业务与反洗钱相关程度在法律中采用概括法加列举法予以明确规定，防止遗漏，对今后新出现的反洗钱义务主体，通过授权反洗钱行政主管部门认定，可以避免频繁修改法律，保持法律制度的相对稳定。

2. 完善法律，依法监管。在规定特定非金融机构反洗钱义务方面，建议法律中只规定特定非金融机构和中介机构的普遍义务，对特定义务通过授权反洗钱行政主管部门制定予以确认，具有强制约束力，这样，既照顾了义务主体履行义务的共性和普遍约束力，又考虑了不同义务主体承担义务的差异。

3. 充分借鉴国际经验并考虑中国国情，循序渐进地开展工作。在将特定非金融机构逐步纳入监测范围的过程中，可借鉴美国等成熟国家的先进经验，比如，可先由报告机构采取自愿原则进行报送，在积累一定该行业数据接收经验的基础上，再逐步向全行业推广强制性报送；考虑到大额资金交易大部分均通过银行业金融机构完成，可要求特定非金融机构仅报送可疑交易报告，充分发挥其与客户面对面、了解客户的优势。

4. 建立反洗钱激励机制，激励与约束并重。在对不按规定履行反洗钱义务的主体依法予以处罚的同时，为提高各经济主体的积极性，建立激励机制，进行正向激励。对于在反洗钱案件调查、取证、侦破环节中提供重要线索和重要证据的，建议在案件被查处后，可将查处的犯罪收益和罚金的一定比例作为奖金奖励给该机构，以提高义务报告部门反洗钱的积极性。

（三）形成合力共同做好特定非金融机构的反洗钱监管工作

一要充分发挥行业自律组织在反洗钱监管方面的作用。国际上比较成熟的立法经验表明，行业自律组织在反洗钱监管工作中具有重要的辅助作用。由于特定非金融机构涉及行业面广、行业间差别大，由反洗钱监管部门实行统一监管存在跨行业监管成本高、信息不对称、有效性不足等问题，特定非金融机构更加需要相关主管部门的支持和配合。为合理配置监管资源，提高监管有效性，必须加强与主管部门的沟通协调，引导行业协会利用自身资源优势，制定本行业的反洗钱指引，充分发挥行业自律组织的协调监管职能，形成监管合力。①

二要加强协作，充分发挥国务院反洗钱部际联席会议各成员单位的作用。洗钱风险涉及我国各行业和领域，反洗钱工作从本质上属于维护国家和人民利益的社会性工作。为深入贯彻落实党中央和国务院关于反腐倡廉、打击经济犯罪的一系列指示精神，贯彻执行《反洗钱法》，有效规范和打击洗钱犯罪，维护国家政治、经济、金融安全和正常的经济秩序，我国建立了国务院反洗钱部际联席会议。中国人民银行、最高人民法院、最高人民检察院、国务院办公厅、外交部、公安部、安全部、监察部、民政部、司法部、财政部、建设部、商务部、海关总署、税务总局、工商总局、广电总局、国务院法律办、银监会、证监会、保监会、外汇局、解放军总参谋部23个部门为反洗钱工作部际联席会议成员单位。各成员单位应该加强协作，推进信息共享，在各自职责范围内积极工作，履行好所承担的反洗钱职责。

（四）探索特定非金融机构监测分析方法

1. 开展典型案例分析，归纳洗钱模式。深入分析已经发生的国内外犯罪案例，总结特定非金融机构洗钱活动特点是最直观的研究方法。通过收集、整理公开媒体上有关特定非金融机构洗钱及上游犯罪活动的实际案例，从中归纳总结特定非金融机构洗钱手法，同

---

① 曹勇、马晓丽：《国际非金融机构反洗钱监管经验比较》，载《金融时报》，2012－07－09。

时为后续构建指标模型提供丰富的数据基础。典型案例分析的目的是抽取提炼已发生洗钱案件的洗钱手法、资金流动模型。

2. 构建指标体系，量化洗钱风险评估模型。在案例分析直观了解特定非金融机构洗钱的犯罪活动手法的基础上，通过构建指标体系，实现洗钱风险评估的细化、量化。可按照涉案金额和数量两种统计计算方法，合理确定各指标的权重，例如，通过考察不同行业的洗钱分布，设置并计算房地产交易商、服务咨询公司、律师、贵金属和珠宝交易商等行业指标；通过研究不同业务间的洗钱风险分布，设置并计算现金交易、伪造身份信息、虚构交易等业务指标；通过考察洗钱风险在上游犯罪行为中的分布，设置并计算毒品犯罪、黑社会性质的组织犯罪、恐怖活动犯罪、走私犯罪、贪污贿赂犯罪、破坏金融管理秩序犯罪、金融诈骗犯罪等类型指标；此外，可以考虑地域因素、时间因素、客户职业因素、网络 IP 地址因素等设置指标。

3. 深入专题调研，不断优化模型。围绕重点领域的洗钱活动，开展专题调研。就房地产行业的洗钱风险等，突破已有指标模型的限制，开展深层次的理论研究与实践总结，全面深入专题调研，并结合已接收可疑数据的特征，不断调优模型。

（五）加强特定非金融机构反洗钱队伍建设

《中国 2008—2012 年反洗钱战略》专门提出了培养高素质反洗钱专家队伍目标，规划制订全国范围内覆盖多部门多行业的反洗钱人才培训计划，培养一支由基础人才、专家队伍和国际专家构成的多层次的反洗钱专家队伍。在推进特定非金融机构纳入反洗钱监管的过程中，监管部门反洗钱工作人员的专业素质有待提高，需培养对特定非金融机构洗钱风险监测分析、监管、调查和执法司法方面的专业人才。

基于社会网络分析框架的反洗钱资金监测分析方法初探[①]

第一节 绪论

在经济全球化和社会转型的大背景下，我国洗钱犯罪及相关上游犯罪问题严峻，大案要案频发，犯罪类型多样，作案手段隐蔽化，特别是涉众型犯罪严重威胁着社会稳定。如何利用有限的反洗钱监管资源控制洗钱风险、遏制洗钱犯罪，为预防和打击洗钱及其上游犯罪提供情报支持，成为反洗钱行政主管部门关注的重大课题。

反洗钱资金监测分析结果的质量高低是反洗钱监管体制及制度设计是否有效的重要标志，是反洗钱监管效果的直接体现，同时得以在微观层面上实现反洗钱监管经验与技术的积累。

金融情报机构的核心职责之一是反洗钱资金监测分析，承担国家反洗钱数据库建设，负责大额和可疑交易报告的接收与分析工作。在犯罪组织严密、洗钱手法层出不穷、交易规模增长、影响范围越来越大、国家反洗钱数据库信息容量呈裂变式扩大的情况下，如何

---

① 本报告是中国反洗钱监测分析中心员工参加中国人民银行团委 2012 年度青年课题活动的课题之一获该活动一等奖。课题组组长：陈霄；课题组成员：王策、陈钊、张辉、熊飞。执笔人：陈霄、王策、陈钊、张辉、熊飞。编入本书时做了大幅删节。

在海量的交易信息中有效锁定可疑主体，弥补匹配信息不足的缺陷，提高反洗钱资金监测分析工作分析效率，是金融情报机构亟待解决的一个重要问题。

由于经济环境复杂、交易环节繁多、时空跨度大、涉及主体众多，许多表面上合法的交易具有很大的欺骗性，洗钱主体与洗钱行为及交易之间没有直接或明显的关联关系，虚构交易事实的现象非常普遍，杜撰的交易（行为）理由大量存在。如何判断交易的真实性和合理性也是一个很困难的问题。

监测分析的一个核心难题就是如何对查询结果进行评价，也就是如何判断哪些交易更重要，哪些主体更值得关注。众所周知，对于当前国家反洗钱数据库数十亿笔的存量交易数据，例如对于涉众型经济犯罪，一次简单的关键词匹配查询结果往往就能返回数万笔甚至数十万笔交易，如何处理并人工分析这些查询结果就是一个严峻的挑战。

现有的排名技术通常是对返回的查询结果（交易集合）的部分属性，如时间、金额、地区等进行排序和归类筛选。这种自然排序在缺乏交易背景信息及交易主体身份信息的情况下难以快速为分析人员提供线索突破点。

当前的分析工作更多地依靠分析人员的经验或感觉，利用资金链图给人的直观印象，从一个切入点出发，对交易的交易方和交易对方不断进行扩展查询，资金链图随之不断扩展，并以颜色及线条粗细表示资金流向及规模，分析人员辅助以其他信息源，依靠犯罪类型的可疑交易特征判断主体的可疑程度。

如果按照目前的资金监测分析模式，孤立地考察一笔笔交易，在缺乏有效信息匹配的情况下则难以判断交易主体的真实身份，在无法准确判断交易真实背景的情形下更加难以确定其交易是否可疑。按照金融情报分析的基本规律，我们要沿着由线及人，由人及案的思路完成监测分析从数据到信息，从信息到线索，从线索到情报的分析过程。在这个过程中，要充分重视经验与技术的积累，重视数据库的经营与对信息的加工与循环利用，特别是二次情报的充分利用与循环利用。例如，一名曾经被关注的在沿海地区参与走私犯罪的主体近来在内陆省份被发现涉及若干笔大额交易，如果在监测分析时能利用被标注、被移送等二次情报，则有助于分析业务的真实性。

“物以类聚，人以群分”，资金交易建立在现实生活中人们社交圈子的基础上，反映了人们之间真实的经济交往关系，在一定程度上反映了某种相互信任的关系。任意两个人之间如果发生某种交易关系，包括直接交易和间接交易（通过中间人、跨时空、环节复杂），我们认为这些人之间存在一个人际（经济）关系网，在这个网络中必然存在某种共同的目的和相互信任关系。这种经济交往关系在一定程度上能给我们提供重要的交易背景信息和身份信息，可以通过其他人的背景信息来补充推测目标主体的模糊信息。例如，目标主体所从事的职业或所属的行业可以从与其有交易关系的其他主体的信息来推断，我们可以用住址、籍贯等信息来推断若干交易主体之间是否存在亲属关系。我们要充分利用交易信息反映出来的经济关系来近似模拟人们的社会关系，利用一个个具有鲜明特色群体的信息来辅助推断目标个体的信息，判断其交易是否可疑。也就是用若干个体的信息来标记群体的性质，用群体关系背景来推断个体的信息。在具体的监测分析过程中，如果能够向分析人员提示目标个体的人际（经济）关系网络，首先提示用户目标个体所在群体的特性和规模；其次引导用户在关系网中行走，可以先行考察关系网中相对重要的若干主体（可能非直接交易主体），考察其交易背景和身份信息，判断目标个体在关系网中的地位或角色；最后再利用所充分了解的群体背景信息及相关匹配信息来辅助验证目标个体的身份与交易模式是否相符。这种反洗钱资金监测分析应用模式能够在很大程度上改变资金监测分析匹配信息不足的状况，能够有效地组织监测分析的访问路径。

第二节　反洗钱资金监测分析应关注社会网络因素

一、网络效应

技术哲学大师凯文·凯利曾经提出过“传真机效应”理论：世界上第一台传真机的研发费用高达上千万美元，但是这台传真机却毫无价值，因为世界上还没有其他传真机可以同它建立关系。第二台传真机的出现使得第一台传真机具备了价值，第三台传真机让前两台更有价值，依此类推。因此我们可以认为，网络的价值更高。

进行反洗钱资金监测分析工作，我们的目标是锁定个体，如果将个体放在其所属的网络中考察，了解网络的规模和其他特性，识别个体在网络中的地位和角色，对于我们考察个体的交易模式与身份是否相符大有裨益。

二、社会文化因素

著名社会学家费孝通先生提出了“差序格局”理论①，并总结出了西方社会“团体格局”和中国社会“差序格局”的区别：西方社会以个人为本位，人与人之间的关系好像是一捆柴，几根成一把，几把成一扎，几扎成一捆，条理清楚、结构清晰；中国社会以宗法群体为本位，人与人之间的关系是以亲属关系为主轴的网络关系，每个人都以自己为中心结成网络，是一种差序格局。“以己为中心，像石子一般投入水中，以这个石头（个人）为中心点，在四周形成

① http：//baike. baidu. com/view/420176. htm.

一圈一圈的波纹，波纹的远近可以表示社会关系的亲疏”，“每一个体以自己的地位作为中心，周围划出一个圈子，这个圈子的大小要依着中心势力的厚薄而定”，每个人都有一个以自己为中心的圈子，同时又从属于以优于自己的人为中心的圈子。

从社会学理论的角度看，洗钱行为的发生、发展从资金的流进流出、上游犯罪与下游资金转移的结合，自然而然形成由此及彼的“洗钱”社会关系，这些关系中与中国国情结合最紧密的就是差序格局理论提出的五种因素：一是血缘，二是地缘，三是经济水平，四是政治地位，五是知识文化水平。注重“差序格局”关系类型有助于我们识别不同洗钱犯罪圈子的组织构成及关系。

三、网络核心

“蒸发冷却效应”[①] 通常是指液体在蒸发成气体的过程中会吸热，从而降低周围的温度起到冷却的效果。在社会组织中，成员的价值跟液体的温度类似，当价值最高的成员离开组织（温度最高的液体蒸发变成气体时），组织的平均价值会进一步降低（剩下的液体的平均温度就会下降）。随着越来越多高价值的成员选择离开，直到有一天这个组织彻底地沦陷成了一个平庸的组织。

对一个网络进行反洗钱资金监测分析时要尽可能迅速找到网络的核心主体，而不是将精力浪费在非关键主体上，特别是对许多封闭的组织，识别组织核心的重要性远超出我们的想象。

四、“二八法则”与“150法则”

“二八法则”认为，在任何一组东西中，最重要的只占其中一小部分，约20%，其余的80%尽管数量上占多数，但是作用上却是次

① http：//www. meihua. info/Knowledge/article/4130.

要的。“150 法则”给出我们可以与之保持社交关系的人数的最大值。无论你曾经认识多少人，或者通过一种社会性网络服务与多少人建立了链接，但那些强链接仍然符合“150 法则”，这也符合“二八法则”，即 80% 的社会活动可能被 150 个左右的强链接所占有。

在反洗钱资金监测分析过程中如果资源有限，更明智的做法是首先缩减分析范围，对若干重要主体、重点信息进行分析。应用系统设计时也应该考虑参数设置的上限和样本规模的大小。

第三节 社会网络分析框架

一、社会网络

根据社会学研究成果，社会个体成员因为交往而形成相对稳定的关系，形成一种特定的社会结构。研究社会网络，有助于理解人们的行为，因为特定网络中的个体具有类似的行为模式，通过个体的行为可以推测其他个体的行为模式。

社会网络[①]（Social Network），是指人或者人群等社会行动者之间通过朋友、血缘、交易、网络链接、理想、疾病传播、兴趣爱好等关系建立起来的社会网络结构，通常又称社交网络，泛指建立在真实人际关系基础上的网络平台，是现实人际网络的子集。社会网络把不同的人联系起来，形成具有一定特点的群体。研究表明，社会网络覆盖了社会的各个层次。社会网络分析者为了描述群体关系的结构，通

① 刘耀庭:《社会网络结构研究》，浙江大学硕士学位论文，2008。

常通过建立社会网络分析模型①，来研究关系结构对群体功能或者群体内部个体的影响。社会网络结构通常是一个异常庞大、复杂的系统。

（一）基本概念

一个社会网络是由多个点（社会行动者）和各点之间的连线（行动者之间的关系）组成的集合。用点和线来表达网络，这是社会网络的形式化界定。

社会网络主要有以下若干基本概念②③④⑤⑥：

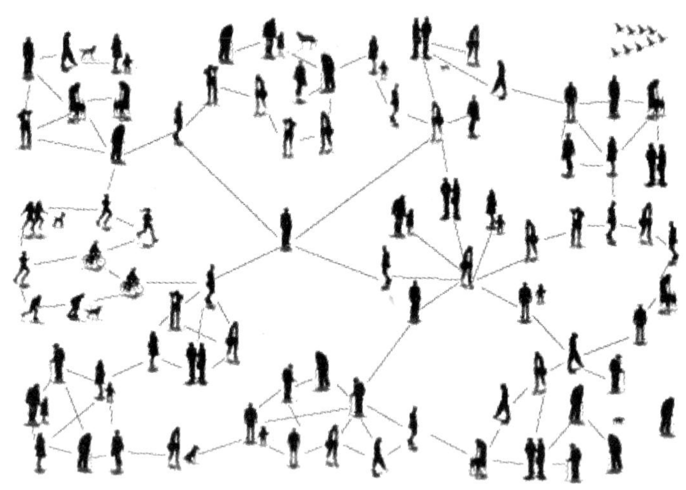

图1　社会网络

---

① M. E. J. Newman, S. H. Strogatz, D. J. Watts. Random Graphs with Arbitrary Degree Distribution and Their Applications. Phys. Rev. e, 64：026118, 2001. M. E. J. Newman, D. J. Watts, S. H. Strogatz. Random Graph Models of Social Networks. Proc. Natl. Acad. Sci. 99：2566 – 2572, 2002. 高雅：《社会网络平台拓扑分析及算法研究》，北京邮电大学硕士学位论文，2012。

② 刘耀庭：《社会网络结构研究》，浙江大学硕士学位论文，2008。

③ Stanley Wasserman, Katherine Faust 著，陈禹等译：《社会网络分析：方法与应用》，北京，中国人民大学出版社，2012。

④ 刘军：《社会网络分析导论》，北京，社会科学文献出版社，2004。

⑤ 罗家德：《社会网络分析讲义》，北京，社会科学文献出版社，2005。

⑥ 瓦茨著、陈禹等译：《六度分隔：一个相互连接的时代的科学》，北京，中国人民大学出版社，2011。

点，即网络中的个体，也称社会网络中的“行动者”、“参与者”，即在一个网络中与他人相联结的个人、组织、事件或其他集合性质的社会实体。任何一个社会单位或社会实体都可以看成是“点”。例如，行动者既可以是一个个体，也可以是一个社会组织群体，甚至可以是一个行政区或者国家等。

边，是指节点与节点之间的连接，即行动者之间的联系，也称为社会网络的“关系”。社会网络中的关系具有以下特点：首先，行动者之间的关系类型是由研究者的研究对象及关注点来确定；其次，行动者之间可能同时存在多元关系的情况；再次，研究的重点不同，所关注的关系特征也不同。关系可以引入不同的权重来区分。

度，是指与某节点直接相连的所有节点的数目。一个节点的度越高，就意味着在该网络中与之互动的点越多，某种意义上说也就越“重要”。把一个网络中所有点的度列出来进行排列，就得到了网络中节点的度分布。不同类型网络中的度分布是不同的。

总体、边界和样本，总体是指构成社会网络的全体要素，即包括所有的行动者和行动者之间的关系；边界是指构成社会网络的全体要素所含的特征条件，即包括行动者的特征类型和行动者之间的关系的特征类型；样本是指按照一定的特征条件通过抽样的方式所获得的一部分总体。总体和边界的确定是进行社会网络研究分析的前提。

常见的社会网络大致可分为以下类型：

1－模网络，是指同一个行动者集合内部各个行动者之间的关系构成的网络，例如，一家银行的所有个人客户之间的交易关系网络等。

2－模网络，是指两个或两个以上不同类型的行动者集合之间的关系构成的网络，例如，一家银行的个人客户与对公客户之间的交易关系网络等。

隶属网络，是指一个行动者集合与一个为行动者所隶属的事件集合所构成的网络，是一种特殊的2－模网络，例如，一家银行一天内发生的200笔大额转账交易中涉及的175个客户等。

群，俗称“圈子”，是指仅由一部分节点为了某些共同的目的组成的小团体，是关系的一种部分聚合体。

用户的影响力，是指用户对周围的人所能产生的影响及带动作用，是用户在社会网络中的重要性的衡量。用户的影响力是社会网络中各种关系的基础，影响力越大，所受到的关注程度也越高，对网络的反馈作用也就越大。对用户的影响力进行衡量，能为网络中的用户进行合理的排序，为社会网络的拓展应用及进一步发展提供理论基础，关注最重要的若干用户能够迅速对一个群体的特点进行判断。

（二）典型应用

近年来互联网上流行的诸如微博、人人网、QQ圈子等社交网站，都是社会网络的典型应用。以新浪微博为例，用户相当于社会网络中的“点”，用户之间的“粉丝”、“关注”关系相当于社会网络中的“关系”，“粉丝”数量、“关注”用户数量则相当于社会网络中的“度”。用户对微博的使用，通常是从关注、认识各种类型的“名人”或者“达人”开始，也有的是从成为“粉丝”开始。随着用户经验的积累，逐渐地形成拥有“粉丝”及“关注”的社会网络，并且会发现可以通过很少的“粉丝”或者“关注”用户就可以找到其他的“名人”或者与自身兴趣点相同的陌生用户，并且通常只与其中一部分的“粉丝”或者“关注”用户保持着较稳定的“评论”关系（微博中的“@”关系）。微博的这些特点，也正是社会网络的一种应用体现。

二、社会网络分析模型

（一）任意度分布的随机图模型

随机图模型①是指点与点之间随机地通过边相连的集合，是一类 1－模网络。经典的随机图模型可描述成以下形式：假设存在一个包含 N 个点的随机图，其中任意两点相连成边的概率为 p，每个点可连接的边的数量（即度）的平均值为 z，则显然有 $z=(N-1)p$。对于图中任意给定的一点，其度为 k 时的概率 p_k 服从二项式分布：

$$p_k = \binom{N-1}{k} p^k (1-p)^{N-1-k} \simeq \frac{z^k}{k!} e^{-z} \tag{1}$$

其中，当 N 取值很大时，式（1）的两端满足等号成立，即 p_k 服从泊松分布。

经典的随机图模型虽然便于理解，但其概率分布的特征与现实社会网络的情况存在着明显的差异。我们对其进行改进：假设存在一个包含 N 个点的随机图，令对于任意给定的一点都有 k 条未与其他点相连的边线端，其中，k 为随机值并与该点的度为 k 时的概率 p_k 相互独立，然后随机地对图中的点及其边线端进行两两配对合并，则可以得出所谓的任意度分布的随机图模型。

为了便于对该模型的计算推导，这里不直接通过 p_k 进行计算，而是先构造如下形式的"生成函数" $G_0(x)$：

$$G_0(x) = \sum_{k=0}^{\infty} p_k x^k \tag{2}$$

显然，G_0 的一阶导数与图中任意一点的度的平均值 z 相等，即

① M. E. J. Newman, S. H. Strogatz, D. J. Watts. Random Graphs with Arbitrary Degree Distribution and Their Applications. Phys. Rev. e, 64: 026118, 2001. M. E. J. Newman, D. J. Watts, S. H. Strogatz. Random Graph Models of Social Networks. Proc. Natl. Acad. Sci. 99: 2566－2572, 2002.

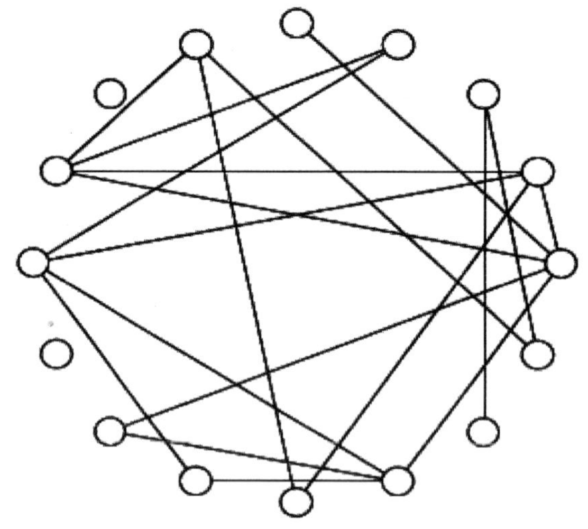

图 2　随机图模型

$$z = \sum_k k p_k \tag{3}$$

另外，如果 p_k 满足概率分布函数的基本性质 $\sum_k p_k = 1$，则显然有 $G_0(1) = 1$。

对于图中任意给定的一点，可根据概率 p_k 得到一系列与其对应相连的点和使其相连的边，从而形成整个网络中的一个分支子网络（以下简称分支）。任意度分布的随机图模型最显著的特点是其内部绝大多数分支的“规模”很小，但个别分支的“规模”却十分巨大。为描述这一特征，可以假设表示该网络的巨大分支的小数值 S 为：

$$S = 1 - G_0(u) \tag{4}$$

根据以上定义，如果有 $S = 0$，即表示网络中没有巨大分支。此时，网络中除巨大分支以外其他的分支规模大小的平均值 $\langle s \rangle$ 可表示为：

$$\langle s \rangle = 1 + \frac{z^2 u^2}{G_0(u)[z - G''_0(u)]} \tag{5}$$

由式（4）和式（5）显然可知，网络中巨大分支消失的必要条件是：

$$G''_0(1) = z \tag{6}$$

对于网络中给定的一点，假设存在一些与其相距路径长度为 m 的其他点，则这些点的度的平均值 z_m 可由以下递归形式给出：

$$z_m = \left(\frac{z_2}{z_1}\right)^{m-1} z_1 \tag{7}$$

其中，z_1 表示每个点的度的平均值（即 $z_1 = z$），z_2 表示每个点的第二个邻点的平均数量。

因此，如果知道网络中 z_1 和 z_2 的取值，就可以预测出与该点相距路径长度任意的邻点的平均数量。

利用式（7），还可以用于计算该网络的平均路径长度。对于网络中给定的一点，假设存在 z_l 个与其相距路径长度为 l 的其他点，如果该网络中的点的数量也为 z_l，则所有两两相连的点之间的平均相距路径长度大致等于 l，容易有：

$$l = \frac{\log(N/z_1)}{\log(z_2/z_1)} + 1 \tag{8}$$

从以上公式可以看出，该网络中点与点相连的平均路径长度通常较短，并且路径长度随网络的规模大小 N 呈现对数级增长。随机图模型因其点与点之间的关系存在随机性，与现实社会中的情况有类似之处，因此可以利用这种特性进行社会网络研究。

（二）隶属网络模型

隶属网络模型[①]是由一个行动者集合与一个为行动者所隶属的事件集合所构成的网络，是一类特殊的 2－模网络模型。从定义上看，与 1－模网络模型相比，隶属网络模型更适合于反映较为复杂的关系网络，主要原因在于：第一，1－模网络模型对行动者的边界定义更

① 刘军：《社会网络分析导论》，北京，社会科学文献出版社，2004。M. E. J. Newman, S. H. Strogatz, D. J. Watts. Random Graphs with Arbitrary Degree Distribution and Their Applications. Phys. Rev. e, 64: 026118, 2001.

为模糊，在实际建模中需要耗费更多的系统计算资源和人力成本，因此限制了模型的数据规模；第二，在 1 - 模网络的实际建模过程中，通常会在对网络关系的界定问题上存在主观上的偏差，从而导致实际取样的数据出现一定程度的偏差。而对于隶属网络模型，因其对行动者的边界定义比较明确，而且在网络关系的界定问题上通常会有客观的数据佐证，因此受主观因素的影响较小，能够构造出数据规模更大、精确性更好的网络模型。

隶属网络模型最明显的特征是其结构呈现二分图性质，即存在两种不同类型的点的集合，其中一种为行动者集合，另一种则是行动者所隶属的事件集合，行动者通过边与其所隶属的事件相连接。这一性质使得隶属网络模型能够更好地反映现实社会中的实际情况。

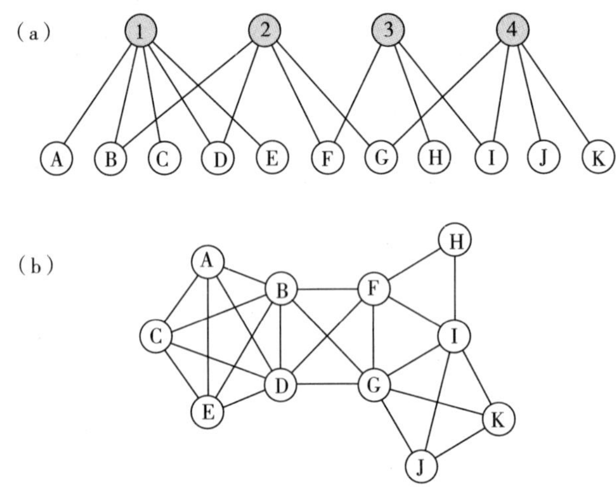

图 3　隶属网络模型

由两种不同类型的点之间随机地进行两两配对，就构成了一个随机分布的二分图。同时，随机二分图的结构等价地转化为不可分图的结构形式。沿用在任意度分布的随机图模型中的构造方法，有以下形式的两个生成函数：

$$f_0(x) = \sum_j p_j x^j, g_0(x) = \sum_j q_k x^k \tag{9}$$

由此可以定义以下形式的不可分图网络中邻点数量的生成函数：

$$G_0(x) = f_0(g'_0(x)/g'_0(1)) \tag{10}$$

隶属网络模型的多个参数指标可以参考任意度分布的随机图模型的情况，例如对于隶属网络模型中给定的一点，其度平均值满足 $z = G'_0(1)$。该网络中巨大分支消失的必要条件与式（6）等同，巨大分支的规模大小同样由式（4）给出，其他的分支的平均规模大小由式（5）给出，而点与点之间的平均路径距离由式（8）给出。

随机二分图模型的聚集系数可以通过生成函数 g_0 和 G_0 表示为以下形式：

$$C = \frac{M}{N}\frac{g'''_0(1)}{G''_0(1)} \tag{11}$$

其中，M 表示行动者所隶属的事件数量，N 表示行动者的数量。可以看出，随机二分图模型的聚集系数 C 不会因网络规模的增大而趋近于0，而是严格地在0到1的区间内。

三、PageRank 算法

PageRank 算法最著名的应用就是搜索引擎 Google，解决了互联网领域海量 Web 页面检索结果的排序问题。

PageRank①②，中文通常翻译为网页级别或页面等级，是指对网页重要性进行评价的一种排序算法。根据这个算法，每个网页都有一个反映其重要性的数值（PR 值），网页的 PR 值越高，则表明这个网页越重要。PageRank 算法思想来源于传统的文献引文分析：一篇学术论文的重要性及质量可以通过其他学术论文对其进行引用的数量来衡量，即如果它被其他论文引用得越多，则这篇文章就越重要。在互联网领域，网页的重要性和质量可以用其他网页指向它的链接数量来衡量。影响一个网页 PR 值的因素有：（1）该网页的链

① 吴淑燕、许涛：《PageRank 算法的原理简介》，载《图书情报工作》，2003（2）。

② 李吉平、吴陈、曾庆军：《基于转移概率的 PageRank 算法研究》，载《科学技术与工程》，2008（8）。

入数量。(2) 该网页的链入网页本身的 PR 值。(3) 该网页的链入网页本身的链出数量。具体解释如下:(1) 某网页有较多的链入网页,则说明较多的其他网页认为该网页是重要的。(2) 如果具有更高权重(PR 值)的网页指向某网页,则表明该网页是重要的,权威网页的链接可以为网页的重要性加分。(3) 如果某网页的链出网页较多,则每一个链出权值就相对较低。

该算法的数学描述如下:

一个复杂网络可以使用有向图表示:

$$G = [V,E]$$

其中,$V = \{1,2,\cdots,n\}$ 为有向图中顶点的集合,每个元素对应着网络中的一个网页;$E = \{[i,j] \mid i,j \in V\}$ 为有向图中有向边的集合,其元素对应着网页间的超链接。

根据网络链接有向图可以使用邻接矩阵来描述有向图结构,当网络中网页 i 有指向网页 j 的超链接则对应邻接矩阵 $a_{ij} = 1$,否则 $a_{ij} = 0$ 。即

$$a_{ij} = \begin{cases} 1, [i,j] \in E \\ 0, \text{其他} \end{cases}$$

由此得到网络链接子图 M。

根据上文所述对每个节点计算其 PR 值:

$$R(p_i) = \frac{q}{N} + (1-q) \sum_{p_j} \frac{R(p_j)}{L(p_j)} \tag{12}$$

$p_1, p_2, \cdots, p_n \in V$ 为链接子图页面,$L(p_j)$ 为页面 p_j 的链出页面数量,而 N 为所有页面的数量,q 为参数。PageRank 值是特殊矩阵中的特征向量。这个特征向量为:

$$R = \begin{bmatrix} R(p_1) \\ \vdots \\ R(p_N) \end{bmatrix}, R = \begin{bmatrix} \frac{q}{N} \\ \vdots \\ \frac{q}{N} \end{bmatrix} + (1-q) \times \begin{bmatrix} e(p_N, p_1) & \cdots & e(p_1, p_N) \\ \vdots & \ddots & \vdots \\ e(p_N, p_1) & \cdots & e(p_N, p_N) \end{bmatrix} R \tag{13}$$

式（13）中如果 p_j 不指向 p_i，则 $e(p_i,p_j)=0$，$\sum_{i=1}^{N}e(p_i,p_j)=1$。

将邻接矩阵 M 转置后，为了将各列向量的总和变成 1（全概率），把各个列向量除以各自的链接数，这样得到页面推移概率矩阵，各个行向量表示状态之间的推移概率。PageRank 的计算，就是求这个转移概率矩阵的最大特征值所对应的特征向量。

由于网页之间的相互链接，任一网页 PR 的变化，都会引起其他与之有链接关系的网页的 PR 值的变化，因此，确定某网页的 PR，需要进行多次重复的计算。而在经过一定次数的重复计算之后，各网页的 PR 基本上达到稳定。这是一种近似的迭代方法。

第四节　社会网络分析在反洗钱资金监测分析中的应用

一、应用步骤

将社会网络分析应用在反洗钱资金监测分析领域，首先要对数据进行抽象，确定节点与关系的含义。交易是现实社会人与人之间（经济）社会关系的映射，能够在一定程度上体现交易主体之间的地位与人际关系。因此，我们可以通过资金交易网络来近似反映真实主体的经济社会关系，并构建其社会关系网络。对于每一笔交易，我们将交易方和交易对方的所有信息分别抽象成两个节点，将资金流向抽象成节点之间的链接关系，最终形成目标社会网络拓扑关系。

其次，为了便于用户对交易进行分析且不丢失信息，我们需要充分利用成熟的互联网技术，创建一个通过超文本链接相互跳转的网页集合。我们利用索引技术对提取出的每一个主体构造一个 Web

档案页面，该 Web 页面由一个唯一的 URL 进行标识，唯一标识可以采用证件号码，或者是身份的扩展信息。页面主要包含以下信息：

第一，主体的基本信息。一是个人主体的基本身份信息。二是企业主体的组织机构信息。

第二，账户信息。

第三，交易信息，包括交易明细列表等。

第四，与该主体有关系的其他主体链接及信息，展现为关系人列表，系统通过闪动或颜色反映关系人在关注时间段的状态，提供关系人交易情况统计信息等。链接分三类：第一类是有直接交易关系的链接，反映在交易列表中。第二类是系统向用户推荐的链接，反映圈子内最重要的节点，在用户使用时进行提示。第三类是其他圈子内的联系人，按照 PR 值排序，可以部分显示。

第五，主体的状态等附加信息，包括该主体是否被关注、是否是核心主体等。同时提供用户进行标注、改变权重等功能。

<table>
<tr><td rowspan="2">基本信息</td><td>个人主体</td><td>姓名（曾用名）、证件号码等</td></tr>
<tr><td>企业主体</td><td>机构名称等</td></tr>
<tr><td colspan="2">账户信息</td><td>账户号码等</td></tr>
<tr><td colspan="2">交易信息</td><td>交易明细列表</td></tr>
<tr><td colspan="2" rowspan="3">其他链接信息</td><td>直接交易关系的主体</td></tr>
<tr><td>圈子内的重要节点</td></tr>
<tr><td>其他圈子的重要节点</td></tr>
<tr><td colspan="2">附加信息</td><td>来源于分析员的后期标注</td></tr>
</table>

这就好像每个主体都被贴上了各种各样的标签以展现它们的信息。通过 Web 档案页面，用户可以分析主体与圈子内其他人的关系，然后根据交易判断是否有可疑情况，利用系统推荐与提示功能，可以提高监测分析效率。利用标注技术，系统提供各种社会关系的人工标注功能，分析人员能够不断地进行信息的二次加工，不断扩充补充信息。对主体不断扩充其关系对手及关系标识。

最后，构造完成网络之后，通过对整个网络进行计算，可以利用 PageRank 算法计算每一个节点的 PR 值。对 PR 向量排序并更新每个 Web 档案页面的 PR 值。面对不断增多的交易，通过不断更新每个 Web 页面档案和计算整个网络，不断提醒用户关注核心节点。

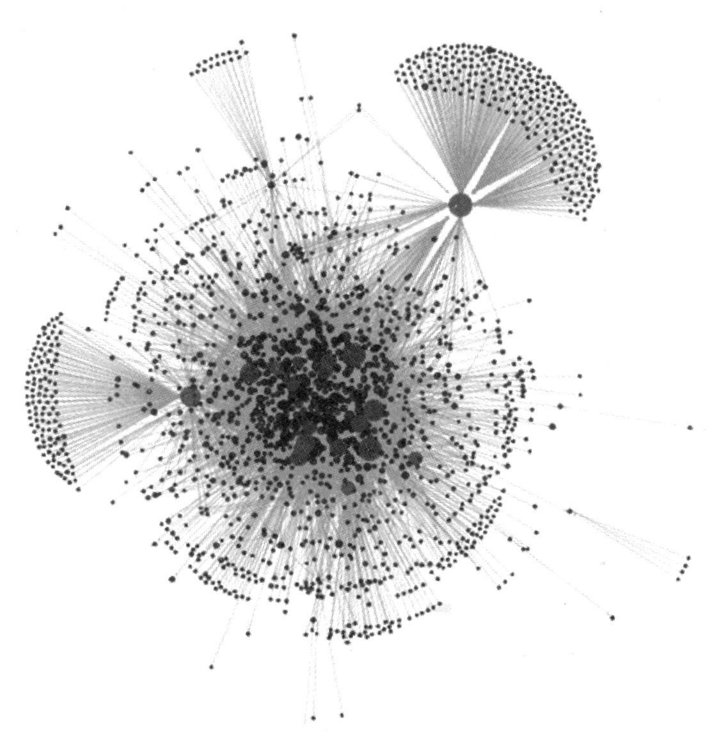

图 4　网络中的核心节点

另一个必备的步骤是动态生成核心子网，也就是确定网络总体和边界的问题。首先跟踪目标主体的身份或账号等属性，根据用户设置的时间、地域等交易查询条件，利用收集或匹配的各种社会关系，系统自动将这些关系及主体加入到动态核心子网中，这样就准确锁定了监测分析的核心子网范围。对应匹配信息及社会关系是否完备，我们在构建社会网络分析模型时将区分成两种情况：如果信息不完备，则利用任意度分布的随机图模型；如果信息比较完善，则利用关注主体和交易之间的归属关系，结合关注主体的关系对手信息，建立二叉树结构的隶属网络模型。

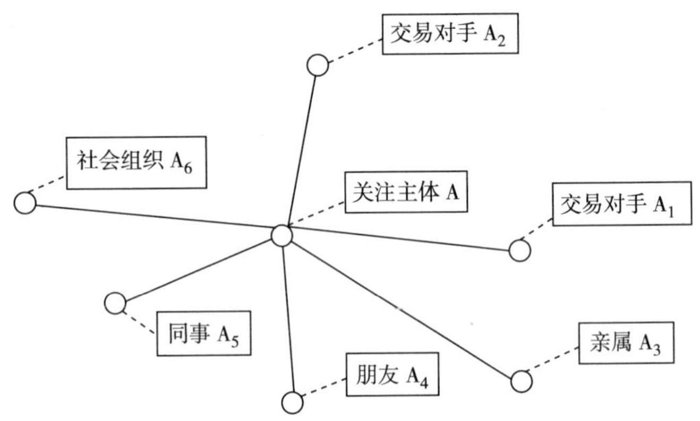

图5　任意度分布的随机图模型示例

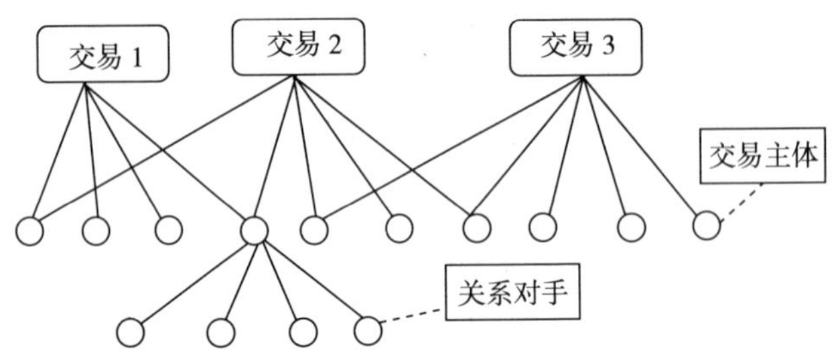

图6　隶属网络模型示例

利用社会网络模型可计算的性质，对网络中每个主体所具有的交易关系和社会关系的平均规模、平均路径长度、网络复杂度等参数进行计算，并对计算结果进行排序，为监测分析提供统计意义支持，特别是对有复杂关系及众多关系对手节点的核心交易子网进行重点监测。

二、应用场景

引入社会网络分析框架，资金监测分析工作类似社交游戏模式，全部主体可以看做网络注册用户，每个用户都有自己的主页及标签。分析员选择目标主体进入社会网络，模拟的是用户登录。然后，系统引导分析员在圈子内跳转，提示分析员本圈子的基本特性以及圈子成员的标签信息，推荐分析员该圈子的重要节点，引导分析员根据经验（如地区特征、犯罪类型的可疑交易特征等）判断该用户在该社会网络中的角色。

系统根据一定时间、区间或者交易频率、金额等交易属性的设置来定义活跃用户，将活跃用户向分析员进行提示，这是另一种形式的推荐，引导用户关注最新信息。

系统根据分析员选择展现节点的不同信息，例如只展现住址，有助于在最短时间内展现出同住址成员。利用展现技术，我们还可以构造地区、行业、法人、账户等不同类别的社会网络。地区社会网络则反映了不同地区之间的资金往来经济关系，有助于我们分析宏观经济中的区域变量。

以下列场景为例，进一步说明社会网络分析在反洗钱资金监测分析中的应用：

设定“吴某”为本场景的目标主体，使用原始的监测分析手段，分析员展开六级交易对手仍难以发现“吴某”与“赵一”的关联，因为二人之间并没有资金往来。但如果借助社会网络，便可以在众多交易对手中关注到重要节点“赵一”、“赵二”、“赵三”。分析员通过职业信息可以发现“赵三”供职于“吴某”的公司，由籍贯信息可挖掘出“赵三”与“赵二”为同乡关系，通过家庭住址、性别、年龄等信息进行分析，最终得出“赵二”与“赵一”的亲属关系，最终把目标主体“吴某”与“赵一”的关系联系起来。

如图 7 所示，我们对上述主体的交易情况进行社会网络还原便

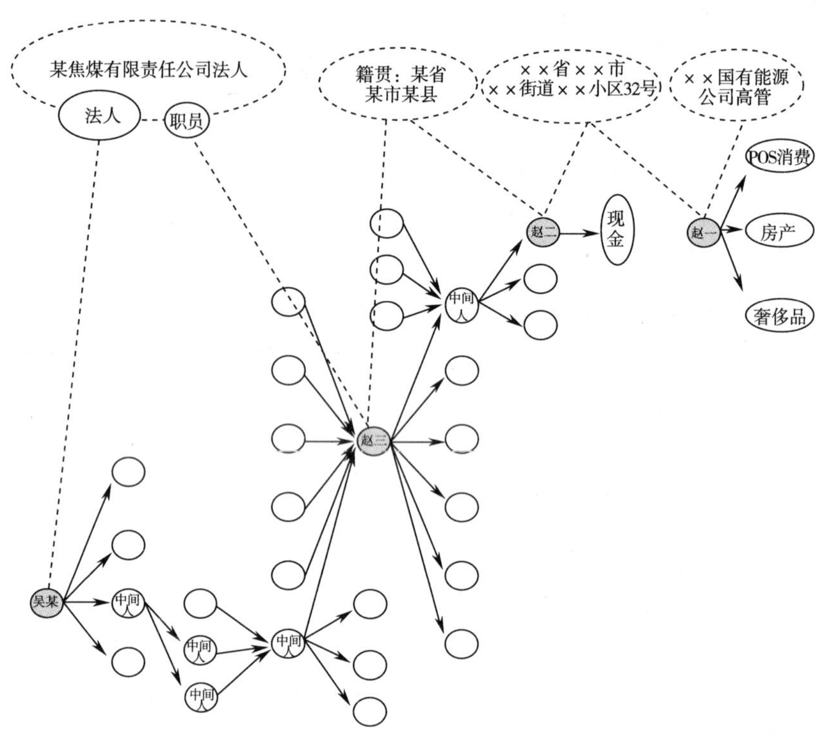

图7　场景示例

可梳理出“吴某”的可疑交易脉络：“吴某”为某焦煤有限责任公司法人，为了将其公司生产的焦煤输送给某国有能源公司作为发电燃料，于是行贿该能源公司高管“赵一”。但是，为了掩盖犯罪行为，其行贿资金的流转却迂回曲折。首先，“吴某”将资金通过四名中间人账户转账给其公司职员“赵三”。通过籍贯网络我们可以得知，“赵三”、“赵二”的籍贯同为××省××市××县，该二人为同乡。“赵三”在收到资金后仍然利用中间人账户将钱转账给“赵二”。资金追踪到这里，似乎断了线索，因为“赵二”并未将钱转入高管“赵一”账户，而是以大量现金形式取出。同一时期，高管“赵一”账户却发生与其收入不符的消费——购房、POS 大额消费、购买奢侈品。利用住址网络，我们最终挖掘出“赵一”与“赵二”是有密切关联的两个人——他们同住在××省××市××街道××

小区32号，从籍贯、年龄、性别信息上推测，“赵二”为“赵一”的儿子。于是，这一条“寻租”利益链条上的角色逐渐浮出水面：

·××县某焦煤有限责任公司法人“吴某”——行贿人
·××县某焦煤有限责任公司职员“赵三”——掮客
·某国有能源公司高管“赵一”——受贿人
·“赵一”的儿子“赵二”——受贿人

借助社会网络，通过分析圈子成员之间的关系，我们再去判断交易的合理性，PR值高的不一定是最有嫌疑的，但可以顺藤摸瓜分析出真正的幕后人物。

三、对资金监测分析工作的意义

（一）使主动分析更有效率

主动分析是指分析人员根据自己掌握的资料，依照有关规定，主动进行数据信息挖掘，发现违法犯罪线索，并及时提供给相关执法机构。

然而，在监测分析中使用上述信息仍有一定局限性。如职业变更信息不及时等，导致主动分析时，由于辅助信息的缺失，影响分析效率。

例如，分析员通过多份可疑交易报告关注到主体周某的交易呈现如下特征：一段时间内批量使用的账户比较稳定；单笔交易金额为整数或恒定在某个数字，但短时间内交易总量巨大，尤其是某公司注册之前和注册之后；资金交易在一段时间内有分散转入、分散转出的特征，但在某一天内却呈现出集中转入、分散转出的特征，而且交易环节较多，如企图切断资金流入方与流出方的直接联系。

于是，分析员查询到周某的职业状态为“无业”。此时，我们单从上述信息分析无业人员周某的可疑交易是很困难的，犹如雾里看花。但通过社会网络挖掘出吴某所处网络中的重要节点多为投资、咨询、代理类公司及其法人、高管等。这样一来，我们便可推测周某现职业很可能与上述行业有关，再结合上述可疑交易特征，于是监测分析的线条便逐渐清晰起来：A 公司注册日期为 2011 年 9 月 2 日。在这一时点大约为 1 个月前（即 2011 年 8 月），周某账户资金从数名个人账户分散转入后集中转至某咨询公司 B 的账户，后又几经流转，最终于注册日期前进入 A 公司的验资专户。A 公司完成注册后的某一天该笔资金即转至 A 公司某高管谢某的账户，几日内便又拆分成数笔以高于本金的金额转回至周某账户。虽然交易环节较多，企图切断资金流入方与流出方的直接联系。但仍不难推断出周某涉嫌参与“虚假注资”的可能性。

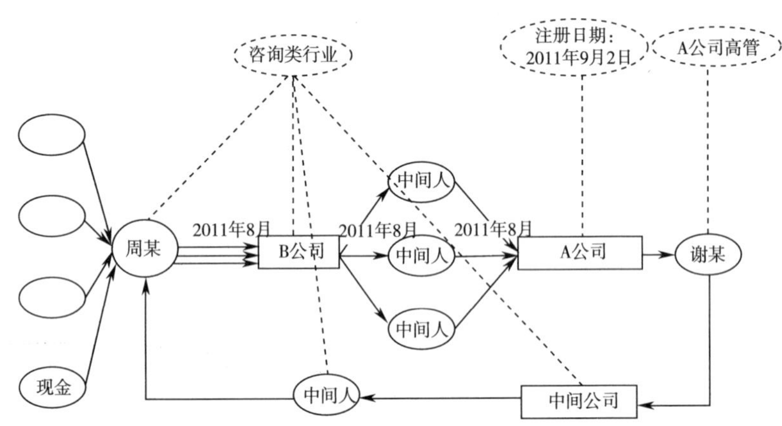

图 8　主动分析示例

由此可以看出，使用社会网络分析框架可以有效地整合信息，弥补现有信息中的空白。从看似“一团乱麻的交易”和“风马牛不相及的主体间关系”中，通过社会网络推断出目标主体的信息。

（二）有效使用协查信息

协查又称受托分析，是指分析人员根据相关机构提供的特定信息或线索，在数据库中对涉及该信息的内容进行查询并进行深入的定向分析。协查从地域范围可划分为国内协查（国内有查询权力的机构）和国际协查（签署谅解备忘录的各缔约国）。

如果将公开报道的案例信息引入社会网络分析框架，给协查并侦破的案件主体贴上标签，便可充实网络中其他节点的信息。例如，在公开报道中得知曾经是协查主体的数家企业因涉嫌走私海产品被执法部门查办，于是将这些信息引入社会网络分析框架中，上述企业被贴上“走私海产品”的标签。处于上述企业所在的拓扑网络图中的 A 公司便浮出水面。组织机构信息显示，A 公司是一家化工类企业，主营业务为化工原料的进出口。但交易信息显示，A 公司的多数交易对手为海产品加工链条上的企业（或这些企业的职员）；外币交易主要是以俄罗斯卢布为汇兑币种；A 公司先收到某离岸公司的部分汇款（推测为买家通过离岸公司预付的定金），数日后会再次收到大额转账。通过上述信息便不难推断出 A 公司很可能以虚报化学物品为名走私海产品。

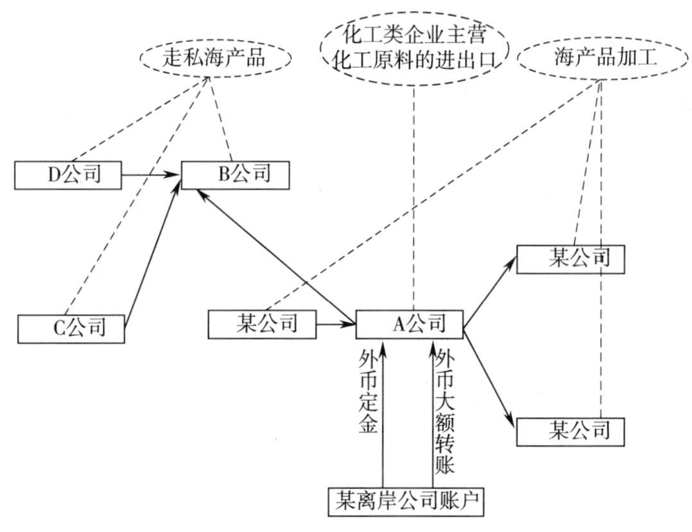

图 9　协查分析示例

同理，将协查信息与侦办结果整合后给主体贴上“贪污”、“贿赂”、“破坏金融秩序”、“诈骗”等标签，有利于我们对社会网络中其他节点的分析。

（三）弥补区域差异造成的资金交易特征偏差

由分析人员依靠经验总结归纳的可疑交易特征并非适用所有区域。由于经济活动规律的差异，发达地区和欠发达地区的洗钱活动特征存在一定差异。通过构建社会网络，可以在少量交易特征有偏差的情况下，结合区域经济特点挖掘出可疑主体的网络。如区域性的反洗钱监测，在关注大额可疑资金交易的同时，把地方经济特点作为参数，注意虚假贸易、小额假投资等洗钱伎俩。

从近期轰动全球的汇丰银行“洗钱门”事件可以看出地区经济参数对反洗钱资金监测分析的重要性。汇丰银行被指控放任墨西哥毒贩通过其银行系统洗钱的一个重要细节便是，汇丰墨西哥银行通过车或直升飞机向汇丰美国银行运送近40亿美元现钞。如此大规模的现金转移并不符合地区间的正常贸易特征。假若将美国和墨西哥经济信息引入社会网络分析框架，美国或墨西哥的国家反洗钱监管部门便会通过交易发生地的经济差异关注各节点的大额异常资金流动，从而减少因报告机构合规部门防范不力造成的洗钱风险。

（四）弥补客户尽职调查信息不完善

随着一些新兴的支付方式的兴起，给犯罪分子清洗犯罪所得带来可乘之机。互联网的远程特性使这些新兴业务关系的建立与开展几乎都是在非面对面的情况下进行的，许多服务的注册与登录只需要一个匿名的电子邮件即可完成。网络全球访问的特点也可以使得用户在一国以合法身份注册账号后，将账号交由他人在别国操作。同时，信息技术使得交易全程自动完成和无须人工干预，难以对业务合法性作严格审核，这一特点为客户身份识别与验证带来很大困难。分析人员关注的是黑钱如何进入并流经银行体系，然而，由于货币具有的中性特性，空有交易报告，没有主体背景的信息，使得察觉货币与犯罪行为的联系是艰难的。但在社会网络分析框架下，即使个别交易主体没有背景信息，但其所在的网络已足以说明其部分特性，即使犯罪分子采取各种迂回手段使他们的交易看起来真实而合法，也难以洗清其与所在网络的千丝万缕的联系。

第五节　建议

一、建设以核心子网和可疑主体为关注重点的新一代反洗钱资金监测分析体系

面对国家反洗钱数据库中海量的交易数据，任意度分布的随机图模型和隶属网络模型能够有效地在其中识别和划分出规模有限的核心子网，利用基于 PageRank 算法发展出的网络主体排名方法，可以快速和准确地对核心子网中的与之相关的主体重要性进行排名和评估，从而能对监测分析人员进行有效的提示和引导。因此，将社会网络分析应用于反洗钱资金监测分析工作，需要建立以核心子网和可疑主体为关注重点的新一代反洗钱资金监测分析体系。

对于核心子网的关注与研究将是新一代反洗钱资金监测分析体系建设中的基础性重要工作。根据监测分析工作的实际需求和目前国家反洗钱数据库收集的信息状况，应该重点关注识别和划分交易核心子网的有效方法，并探索核心子网的规模等数学特征与洗钱上游犯罪之间的关系，从而进一步有效地锁定可疑交易网络和嫌疑主体群。

通过前文应用场景的描述可以看出，识别和划分交易核心子网对于主动或被动监测分析都具有重要意义。在新一代反洗钱资金监测分析体系的建设中，应该以现有的子网识别和划分模型为基础，结合犯罪类型的特点，在实际应用中进一步研究核心子网的数学特征，深入挖掘这些特征背后的资金交易含义，寻找其与洗钱上游犯

罪资金交易模型之间的联系，为反洗钱主动分析提供有效的切入点。

建设一套以网络主体排名为基础的可疑主体监测管理机制将是在新一代反洗钱资金监测分析体系建设中的中心任务。研究分析"人"、"钱"、"案"之间的关系是反洗钱资金监测分析的中心工作，而在"人"、"钱"、"案"这三个要素中，可疑主体是联系资金交易和可疑线索的枢纽。在日常的监测分析过程中，需要有一套对可疑主体的监测管理机制，从而能够快速有效地发现可疑交易，形成可疑交易线索。

本文引入的互联网技术中的PageRank算法提供了对可疑主体进行重要性评价和排名的有效思路，在新一代反洗钱资金监测分析体系的建设中，应该以此为基础，不断研究和优化在核心子网范围内可疑主体的排名和分析推荐的方法与相应关系数据库与应用的建设。

二、改革反洗钱信息收集制度，扩大匹配信息的收集范围与力度

资金交易网络是一种特殊的社会网络，资金交易关系仅仅是社会网络行动者之间千丝万缕的联系中的一种。在基于资金交易关系构建的社会网络中引入更多的交易主体社会关系匹配信息，将能够使基于社会网络分析的反洗钱资金监测分析方法发挥更大的作用。

以隶属网络模型为例，其更侧重关注基于某种共同性质特征的网络主体，如果网络主体之间仅有资金交易关系，将很难划分出网络主体之间不同的共性特征，这就需要收集网络主体的身份、工作、经济情况等社会属性，以及亲属关系、朋友关系、商业合作关系、社会事务关系等社会关系信息。因此，国家金融情报机构除了依法收集大额交易和可疑交易信息外，还需要进一步拓宽对交易主体相关社会信息的收集渠道，并在进行监测分析的过程中对交易主体的这方面信息加以综合分析利用，这需要从法律法规和信息收集机制这两个方面入手。

在法规政策制定层面，应研究调整现有的大额交易和可疑交易报告标准及报告内容项，探索增加交易主体社会关系信息报告要求的实际操作可行性，进而引导和鼓励报告机构更好地进行客户社会身份识别和社会关系识别工作，并在实际监管层面上将此项工作列入对报告机构的考核要求。

在数据来源收集层面上，首先要继续扩大对报告机构实际业务数据的收集范围，引导和要求报告机构尽可能地提供更为客观的交易报告，尽量避免来自主观因素考虑的可疑交易报告，杜绝可疑交易报告的乱报、错报现象。此外，还要继续推动反洗钱行政主管部门与其他政府部门的反洗钱协同工作与信息共享，畅通信息沟通交流的渠道，扩展对交易主体社会身份及社会关系信息的获取途径，逐步整合工商、税务、组织人事、海关和出入境等相关信息。

三、推动监测分析相关配套机制的进一步改革

推动反洗钱监测分析的方法创新与体制改革，离不开相关监管制度与体系的改革，离不开与国外金融情报机构和反洗钱职能部门的沟通与合作，更离不开监测分析的人才队伍建设。

为了在反洗钱监管中充分发挥基于社会网络分析的反洗钱监测分析成果的作用，需要以“大金融”的理念改革和完善反洗钱监管体制，这既是建设新一代反洗钱监测分析体系的基础，也是基于社会网络分析的反洗钱监测分析方法创新成果的最佳应用平台。在实践中需要完善人民银行作为中央银行的检查监督权及使用范围，特别是增加人民银行分支机构的监督和检查权限。针对金融行业混业经营的特点，改革创新现有的人民银行经济金融运行情况的调查统计手段，以准确把握整体性金融风险状况特别是洗钱风险状况。为了加快基于社会网络分析的反洗钱监测分析方法的应用与推广，还需要以“大社会”的视野整合人民银行以及政府各部门的反洗钱监管职能，统筹推动政府各部门的反洗钱工作，并通过各种形式，加

强金融机构与公安、海关、司法机关和纪检监察机关的合作。

对反洗钱监测分析方法与手段的创新，需要注意借鉴吸收国外成熟金融情报机构的经验。我国的金融情报机构应积极以访问交流等形式，认真学习国外反洗钱风险监管的法律、体系、组织建设、方法手段研究等各方面的情况，注重收集国外金融风险和反洗钱风险模型以及监测分析新方法的研究情况，充分借鉴吸收国外反洗钱监测分析的科技建设经验。

人才队伍建设是构建持续增强反洗钱风险监管水平的长效机制的基础。要积极推动我国反洗钱标准化培训，提高金融系统反洗钱从业人员的整体素质，培养一支业务素质高、作风过硬、战斗力强的反洗钱队伍。在人才队伍的建设中要重视研究工作的开展，金融情报机构要进一步发展成为反洗钱风险评估、监测分析方法手段、海量数据处理等的研究中心和创新中心，通过研究工作的开展推动相关专业人才的培养。

四、吸收借鉴信息技术的成熟理论，推动反洗钱资金监测分析手段建设

智能化、高效率的反洗钱资金监测分析离不开计算机软硬件平台的支撑，反洗钱资金监测分析手段的创新与发展也离不开信息科技革命的推动。信息化建设不仅是反洗钱资金监测分析工作开展的重要基础，也是今后反洗钱资金监测分析手段建设的重要抓手。

在新一代反洗钱资金监测分析体系的建设中，要一方面加强对洗钱犯罪的经济金融特征的研究，另一方面注重信息技术相关研究成果的吸收与转化，坚持“两条腿走路”，将这两者的结合作为推动反洗钱资金监测分析能力提高的落脚点。基于社会网络分析的反洗钱资金监测分析方法，就是将社会网络分析这一信息技术的成熟理论引入反洗钱资金监测分析工作中，结合对洗钱及其上游犯罪模型的研究，创新反洗钱资金监测分析的手段。

以信息化建设推动反洗钱资金监测分析能力的提高，还需要重视知识积淀，不断优化反洗钱资金监测分析的手段。一方面，对于在海量交易数据中划分识别可疑交易核心子网，利用已有的监测分析工作知识沉淀可以快速、准确地判断其与洗钱上游犯罪之间的关系，而这种判断识别的经验总结又可以进一步指导相关网络识别算法，更有效地在资金交易网络中划分出可疑交易群体；另一方面，在国家反洗钱数据库的建设中，我们在大量历史数据的基础上总结出了许多有效的模型，可以更加深入地对历史数据进行挖掘，利用历史数据作为训练样本，运用决策树、回归分析、神经网络等技术来建立预测模型，识别异常交易（行为）模式和可疑群体。另外，反洗钱数据库软硬件平台的建设经验也可以为我们设计建设新一代的可疑主体的评价、排名、管理体系提供有效的指导与帮助。

附　录

附录 1

清洗腐败所得

——金融行动特别工作组（FATF）类型学报告[①]

（2011 年 7 月）

① 本类型学研究报告由国际反洗钱组织——金融行动特别工作组（FATF）于 2011 年 7 月发布，是对反腐败和反洗钱资金监测工作具有重要参考价值的文献。本报告一经发布，中国反洗钱监测分析中心研究处即牵头组织翻译。参与翻译的人员有陈邦来、许智飞、黄海、易晓晶、刘红艳、张辉、孙贞，由陈邦来、许智飞、黄海校译、统稿。

目　录

前　言

开展本项类型学研究，是由于反洗钱专业人员认识到打击腐败与打击洗钱犯罪密不可分；腐败官员所窃取的资产如不进行放置、离析并以一种不引起别人怀疑的方式融进全球金融网络，就毫无用处。在某些方面，相对于其他刑事犯罪，政治公众人物（PEP）通过腐败敛取大量资金的罪行更容易被发现。这些利令智昏的人可能依赖匿名方法持有大量金钱；一个政府官员一旦与来源不明的大批资产有牵连就不希望引人注意。腐败政治公众人物的这种弱点为反洗钱、反恐融资以及反腐败执法部门打击腐败犯罪提供了机会。

本次类型学研究与金融行动特别工作组（FATF）以往开展的类似研究工作有所不同，此次项目组对现有的由专业人员完成的公开研究成果进行了分析提炼，并从中得出结论。这些成果总体上代表了目前全球个人和机构的反洗钱专业知识水平。概括地说，本次研究的目的是在前人研究的基础上，从反洗钱/反恐融资的视角更好地弄清腐败及其运转机制和漏洞所在。

一、研究范围

项目组的工作内容是确认新威胁和薄弱点，并调查洗钱/恐怖融资的方法和技术。金融行动特别工作组（FATF）类型学报告对洗钱/恐怖融资的方法及威胁的本质作了典型性的揭示、描述和解释，提高了全球对这些方法和威胁的认识，为尽早侦查提供了机会。项目组此次集中关注的只是清洗腐败所得的方法，并不试图对贿赂和其他腐败行为实施、隐藏或被发现的方式进行描述。那不是本文讨论的范畴。

目前，对腐败尚无国际公认的法律定义，一般从机能上将其理解为使用政府公权牟取私利。联合国（UN）、经合组织（OECD）以及欧洲委员会都将一系列腐败行为确立为犯罪。这些公约通过规定特定的犯罪行为而不是借助于一个通用的腐败定义或腐败行为来限定对腐败定罪的国际标准。这些犯罪行为的范围既涵盖微小的腐败——公务员或普通雇员收受贿赂来履行（或不作为）行政职能，又涵盖系统性腐败——“高层腐败”，即占据一定政治、决策地位的官员运用手中职权为本人、家庭成员及其亲信牟取私利。

受时间和资源所限，本项研究侧重于高层腐败案件。然而并没有一个精确的分类标准——按照官衔抑或其他标准来区分高层腐败和系统性腐败，报告中各案例涉及的政治公众人物的职位涵盖立法机关高层人员、州长、首相和总统。报告中所有案例涉及的行为都符合上面提到的关于腐败的一般性定义，这些行为根据相关的国际反腐败条款都可能构成犯罪。案例研究在可能的情况下还确定了腐败行为的种类，腐败所得由此产生。腐败类型包括国外和国内官员的受贿和回扣，还包括贪污（通过各种方式侵占国家财产）、索贿（政治公众人物利用手中职权威胁对方，索要金钱）、自利交易（政治公众人物在其职权范围内的行为和决定关乎其个人经济利益）。

二、研究方法

项目组的分析主要依赖于其他研究者对案例的分析和描述。报告是否采纳一个案例主要取决于其信息是否可靠。为评定信息的可靠性，项目组对进行分析的材料的作者、信息的来源、源文件的可用程度、分析的目的都进行了认真的斟酌。例如，法庭意见书须根据某一特定计划的细节进行事实裁定，因此被认为是高度可靠的，执法部门基于调查而准备的文件也是如此。项目组也使用明确基于第一手资料的案例描述，如一些政府报告和资产追讨诉讼案件。如同其他FATF类型学报告，尽管本研究中绝大多数案例均有刑事犯罪定罪或正式的有罪裁决，但这并不是报告采纳某一案例的必要条件。

报告采纳一个案例的目的并不是要确定涉案的个人是否有罪，而是要发现清洗腐败所得的可能方法。

项目组根据涉及的以下因素来汇编数据：涉及的国家、政治公众人物的级别、腐败行为类型。项目组在每个案例中都探寻用于洗钱的惯常方法，如公司实体（包括壳公司和信托）、外国金融机构、政治公众人物因所有权或管理控制权被获取而向其妥协或被其“俘获”的金融机构，使用名义持有人、亲信、家庭成员，或使用虚假身份。项目组也收集有关看门人（Gatekeeper）——律师、会计师、公司设立代理及类似人员在促成这些犯罪计划中所担任角色的数据。最后，项目组希望确定在其他洗钱计划中被普遍利用的现金是否被用于清洗腐败所得。

除了用于清洗腐败所得的各种实体，项目组也在思考，是否全球反洗钱/反恐融资体系中的一些特定脆弱点使得这种行为发生。

收集到的数据简要归纳为“高层腐败案例目录”作为本报告的附件1。该表格概述了32个高层腐败事件，项目组就洗钱和腐败的类型从中得出结论。本报告所涉及的参考资料达数千页之多，包括各种分析和支持文档。

需注意以下几点。第一，研究方法要求数据来源于已被调查和起诉（或处于资产追讨诉讼）的案例，或者具有其他可靠信息的案例。类型学研究不可能探究那些由于犯罪计划严密，或是由于相关司法管辖地区侦查和调查不力，致使腐败所得成功躲避视线的案例。腐败案件可能存在资金流动的其他模式，由于未被发现，报告亦未涉及。由此相关的一个后果就是这种研究方法不可避免地将数据偏重于那些代表性过高的司法管辖区，它们更积极地参与调查、起诉或腐败资产追讨。而那些不能或不愿进行腐败调查的司法管辖区在整体数据中的代表性则会不足。因此，根据腐败资金流动得出的有关大地理分布模式的结论，仅仅是试验性的。

第二，本报告对每个案例所涉及的腐败规模进行了估算。这种估算究其本质只是一个近似值，执法部门极少能够精准地确定并证实某一案件中犯罪所得的数额。虽然这类估算不精确，但项目组认为这作为每一案例的背景信息还是十分有用的。

第一章　为什么开展清洗腐败所得类型学研究

2009 年 FATF《战略监测展望》指出政治公众人物（Politically Exposed Person，PEP）已被认为是具有最大的洗钱意图的高风险客户群体之一。政治公众人物因其职位的特点而有洗钱的高风险；他们有权动用重要的公共资金，有控制预算、公共公司与合同的能力。为谋求个人的经济利益，腐败的政治公众人物可能会利用职权将合同私相授受或巧立名目直接从国库中转移资金。每个国家的政治制度、文化和法律不同，这些都影响腐败行为被曝光的程度。

第一节　腐败与经济

腐败除了影响跨国犯罪、贫困、疾病和政局不稳外，对经济也产生影响。本文在此不详细讨论经济影响和腐败之间的关系，仅对腐败对经济产生影响及有关研究成果作一个概要的介绍。

一些经济学家曾经讨论过腐败到底是推动还是阻碍了经济增长车轮的前进，但经验证据表明，腐败对于经济的消极影响要大于其可能带来的任何积极影响。腐败会减少个人投资，影响公共基础设施的质量和数量，降低政府税收，使金融体系变得更加脆弱且低效，阻碍人力资本形成从而损害经济运行。除此之外，研究显示腐败对贫困人口造成的负面影响更大。与一般国家相比，腐败程度高的国家人口识字率更低，死亡率更高，整体上来说人类发展成果更差。腐败会降低对贫困人口有利的公共支出，造成公共服务的人为短缺和超负荷运转，使政策倾向于资本密集的行业从而导致高失业率，腐败带来的这些后果都加深了一个国家的贫困程度。

此外，腐败还经常与资本外流联系在一起。最近关于非法资金流的估计显示，2008 年有 1.26 万亿～1.44 万亿美元从较贫穷的国家流出。这些数字有所增加，腐败在非法资金流动中起着重要作用。由此，与腐败有关的资本外逃被认为是资源脱离国内投资和其他生产活动的一种恐慌性转移。

研究认定腐败和经济发展存在着互为因果的关系。首先，腐败会影响经济发展；其次，经济发展也决定了腐败的程度。腐败与经济发展程度之间的关系也能以制度（政府治理、产权制度等，包括反洗钱体制）这一因素构成的良性和恶性的循环来表示。因此，致力于反腐败的反洗钱政策是促进经济增长的有利因素。

腐败与国民人均收入之间同样有着很强的关联性。一般来说，越富有的国家腐败程度越低，腐败程度最高的国家都是发展中国家和处于过渡时期的国家。①

世界银行与马拉维（低收入国家）和纳米比亚（中上等收入国家）两国的金融情报机构合作，调研了腐败、洗钱（在一项名为“非法所得资金的流动”的研究项目中）和经济发展三者之间的关系，发现有几项因素显得尤为突出。第一，两国的专家都认同腐败是一个国家非法所得资金的重要或是最重要的来源；第二，腐败还被普遍认为是对经济发展的主要束缚，这主要是因为腐败会导致金融资源从国家预算向私人消费支出的转移（流失）。这些私人开支的“乘数效应”一般远低于在诸如教育、农业肥料、健康和基础设施等领域开支的“乘数效应”。

腐败最突出的经济影响看来就是把资金从政府预算转移向乘数效应更低的开支。如果将本应投资于经济发展或缓解贫困的资金挪用或以其他公共腐败的形式转做个人消费使用，这在大多数情况下

① 更进一步来看，相同收入水平国家的腐败程度也不尽相同。研究者发现，腐败与以下几项因素之间有着很强的关联性：（a）人均收入；（b）教育程度（接受学校教育的时间）；（c）开放程度（商品与服务的进口额在 GDP 中所占的比例）；（d）自由市场（取得合法商业身份的天数和）；（e）政治自由（媒体自由指数，Freedom of Media Index）。

就会导致资金流失到乘数效应较低的开支，例如，进口悍马汽车而不是医院所需药品，进口中产阶级的城市新建住宅所需家具而不是教学设施。

项目组收集的许多案例的确证实了一些发展中国家政治公众人物奢侈荒淫消费的传言。发生在赞比亚的资产追讨案中，法庭陈述了被盗用资金（通过一个空壳公司）中的“可疑和不合理”支出，这些支出用于购买后来成为赞比亚总统的弗雷德里克·泰特斯·奇卢巴的衣柜。法庭注意到，曾有超过 100 万美元被付给了同一个裁缝，而这相当于奇卢巴 10 年总统薪水总和的 5 倍。美国参议院和非政府组织（NGO）全球见证（Global Witness）分别详细描述了另外一个来自某西非国家的政治公众人物的花费情况。该国是世界上人均收入最高的国家之一，但该国 77% 的人口仍处于贫困之中。该政治公众人物花费了数百万美元购买个人奢侈品，其中包括大量的进口轿车。2004 年，这位政治公众人物曾在两天之内购买了奢侈品价值 8 万美元的 Gucci 和价值 5. 1 万美元的 D&G，他还曾于 2003 年在巴黎一次性购买了 30 套定制西服。这些花费对于促进相关国家的经济发展毫无益处，是腐败消极作用最明显的标志。

腐败导致了一系列的公共治理问题——税收负担增加，受其影响公共服务减少，发展援助的作用降低，受腐败影响降低了国民对本国政府和政治体制的信心。被认为最腐败的国家或地区往往是最贫穷的，而且腐败程度和成为失败国家的风险也是成正比的，这并非巧合。为应对这种情况，世界银行、泛美开发银行和亚洲开发银行最近同意将被认定犯有腐败罪的公司和个人排除在其业务之外。

来自商业界的观点认为，腐败对经济的另一个影响就是会给企业带来管理和财务负担。2009 年世界银行马拉维企业调查指出，腐败暗中破坏了企业的经营效率，提高了企业经营活动的成本与风险，从而形成了一种恶劣的商业环境。

第二节 近来对腐败的关注

除了更近距离地关注关于腐败的经济学基本解释，关于腐败的类型学研究也得以及时开展。近几个月来，腐败和搜查腐败所得的问题受到了广泛的关注。例如，随着埃及和突尼斯政权的更迭、利比亚的骚乱和科特迪瓦总统的出走，全世界的金融中心在2011年年初的几个月内作出了快速反应，冻结了被怀疑是非法所得的资产。另外，联合国安理会通过1970号和1973号决议，冻结了利比亚领导人卡扎菲及其亲信、一些利比亚金融机构以及利比亚国家石油公司的资产。本报告附件2中详细列明了所采取的制裁措施。

G20集团同样已经明确把腐败作为多国反腐努力所要解决的首要问题。2009年9月，G20集团在匹兹堡呼吁FATF“优先致力于强化客户尽职调查、收益所有权和透明度的标准，从而帮助发现和制止腐败所得”。G20峰会议程围绕着三个基础议题展开：（1）构建一个有效的全球反腐体制的通用途径，其原则在联合国《反腐败公约》的条款中进行了阐述；（2）专门承诺通过在影响经济的重点优先领域内开展行动以显示共同领导力；（3）承诺直接鼓励私有部门的利益相关者在创新和合作的发展实施过程中支持营建一个诚实公平的商业环境。G20公布了一个综合的反腐行动计划，该计划是2010年G20领导人首尔宣言的附件，也是与腐败斗争的广泛纲领的一部分，该计划再一次呼吁FTAF继续重视反腐败议程。作为响应，FATF发表了一份文件概述其在反腐败斗争中所作的积极努力。为提高社会公众对FATF建议作为全球反洗钱和反恐融资标准在反腐败斗争中作用的认识，FATF建立了腐败信息记录。

最后，非政府组织在曝光世界各地的腐败行为、提高对腐败程度和影响的认识、指导关于腐败成因和潜在解决方案的分析和研究等方面，起到了重要作用。例如，透明国际（Transparency International）提出了一些衡量腐败的工具，该组织使用这些工具连同相关工具包、工作文件、政策立场和与针对腐败问题各个层面的专家答复来编制全球及特定国家的腐败情况报告。透明国际每年都会发表一份《全球腐败报告》，公布世界范围的腐败情况，对某些腐败相关问题的深度观察。从事类似工作的非政府组织还有全球诚信（Global Integrity）和世界正义工程法治指数（World Justice Project's Rule of Law Index），它们对腐败行为进行详细统计，对一个国家的法律框架及其有效性开展了社会经济学的分析。

全球见证（Global Witness）是一个致力于反对与自然资源相关的腐败与冲突的非政府组织，编制着一些有证据支持的案例研究报告，例如《不当的尽职行为：银行是如何与腐败政权交易的》。这份报告分析了银行机构如何与腐败国家的可疑客户进行交易而为腐败提供了便利，同时提出了如何防止利用银行清洗腐败所得的建议。此外，全球金融诚信（Global Financial Integrity）主持了能够截断腐败所得资金流的研究，推动政策调整和国家及多边共识的形成。它最近的报告《来自发展中国家非法资金流：2000—2009》利用数据资料估计了来自发展中国家的非法资金流的数量和模式。U4 反腐败对策中心（U4 Anticorruption Resource Centre）也发布了一些有用的专题论文与摘要，该组织是由一些政府为了协助应对与发展援助相关的腐败挑战所共同建立的。与发布分析报告的政府、多边机构和法院相比较，虽然这些非政府组织发布的资料有效地分析了与清洗腐败所得相关的议题，但从类型学研究的成效看仍稍逊一筹。

第三节　对腐败调查、起诉进行分析与评估的其他倡议及研究

许多政府，多边组织和非政府组织都从事了反腐败研究。为获取个案研究成果，了解相关的基础性政策决议，本项目组回顾了与本报告相关的材料，谨在此对这些研究分析的主导人员表示感谢。

一、全球反腐败框架

自2004年以来，许多机构已参与到政策领域有关腐败和洗钱的讨论中来，并已出版了若干著作，向公共和私人部门提供了分析和建议。2007年，世界银行和联合国毒品与犯罪问题办公室（UNODC）发起了“追讨被窃资产行动”（StAR）。StAR与发展中国家和金融中心共同协作以防止腐败所得的清洗，并推进及时、系统地返还腐败所得的工作。StAR还发表了论文，倡议全球合作行动，与利益相关方一同行动以制止、发现和追讨被窃资产。

StAR发表的一篇此类论文是《政治公众人物，关于加强预防措施的指导文件》。此外，StAR正在准备启动建立国际资产追讨案例数据库，各国案例的汇总将有助于资产追讨案例的研究和分析。

联合国毒品与犯罪问题办公室（UNODC）负责协助成员国实施联合国《反腐败公约》（以下简称《公约》），通过提供技术协助和资源来推进反腐败议程。《公约》的条款对成员国大都是强制性的，《公约》覆盖了五个方面：预防、定罪和执法措施、国际协作、资产追讨、技术协助和信息交换。关于处理资产追讨的一章内容对于那些从事追讨资产工作的人员来说非常重要，有些国家的一个主要关切点就是追讨被控或被发现涉及腐败的前任领导人和其他官员的财产。成员国已对UNODC负责实施的互评估程序作出了承诺。

1996年3月由美洲国家组织通过的《泛美反腐败公约》是第一批多边反腐败协定之一，其目的是加强法律机制并促进签署国家间在发现、预防和制止腐败方面的合作。《泛美反腐败公约》的后续实施机制（MESICIC）以及互评估程序为其实施提供了支持。

东欧和中亚反腐败网络（ACN）于1998年设立，是经合组织（OECD）“贿赂问题工作组”的推广计划项目之一。ACN包括了地区内的23个国家，还有经合组织成员国、国际组织、公民团体和商业机构代表。在过去的12年间，ACN已成为分享经合组织在预防和打击腐败领域的经验、促进该地区反腐败改革的主要推动器。2003

年 ACN 在前苏联国家启动了反贿赂特别行动——伊斯坦布尔反腐败行动计划，并应用了经合组织同行审查的方法。评估程序从反洗钱的视角研究了打击腐败的执法行动。此外，ACN 还完成了关于增强有效调查和起诉腐败行为的能力的调研。2011 年 6 月在乌克兰基辅组织培训讨论会，内容包括腐败与洗钱的关联性、清洗腐败所得的类型学。

“OECD（经济合作与发展组织）国际商业交易贿赂问题工作组”作为 OECD 反贿赂公约的监测机制和当事方，已经对签署公约的 38 个国家的反洗钱架构进行了某些要素的常规检查。国外公职人员的贿赂行为如果是国内贿赂的上游犯罪，那么根据公约的第七条，其必然是洗钱的上游犯罪。工作组的监测程序包括检查在反洗钱架构下已被金融情报机构（FIU）发现的国外公职人员贿赂的案例，同时还检查各国采取的识别国外公职人员收受贿赂的手段、没收贿赂收益的措施。迄今为止，根据工作组公开的执法数据，签署公约的 13 个国家中有 199 名个人和 91 个实体已因为国外贿赂的犯罪资产和犯罪收益受到制裁。

1999 年，亚太地区的政府与亚洲开发银行（ADB）和 OECD 共同启动了亚太反腐败行动。亚太地区的 28 个国家和经济体已承诺采取行动打击腐败：它们共同制订了亚太反腐败行动计划并共同付诸实施。行动计划阐述了在该地区各国（经济体）经济、政治和社会领域持续反腐败措施的目标和标准。这一行动支持成员政府作出的努力，包括鼓励政策对话、提供政策分析和能力建设。ADB 或 OECD 已经形成了一个针对腐败问题的实际工作团队。2007 年 ADB 和 OECD 关于制定国际反腐败操作标准的区域研讨会收到了一系列对项目组颇具价值的论文和案例研究报告。

1997—2003 年，欧洲理事会正式通过了一系列国际文件，包括关于打击腐败 20 条指导原则的决议案 97（24），关于腐败的刑事法律公约，后者需要另外批准查封和没收腐败犯罪收益的措施，使反腐败和反洗钱的努力协同起来，防止法人被用于掩饰腐败犯罪。不同的文件均遵循一个全球性共同方式（特别是不对受贿者收受贿赂是来自国内、国外还是国际加以区别），同时也接受反腐败国家集团（GRECO）的监管。GRECO 建立于 1999 年，是一个相互评估和同业压力测试的机构，目前成员包括欧洲理事会 47 个成员国、白俄罗斯和美国。改进建议的落实情况通过一个特定合规程序进行检查。目前已有 45 个国家已接受了关于上述要求的第二轮评估。评估中提出了许多改进建议，例如法律架构、金融调查惯常做法、临时性没收措施、反洗钱预防机制对于发现腐败的实际贡献（如识别与腐败相关的洗钱行为的指引和训练需要）、金融信息的接口、注册制度和法人监督的充分性，等等。

GRECO 的要求不包括类型学，但评估报告中包含一定数量的有关腐败和洗钱特征的信息。同样相当常见的是，由于刑法实体使用其他与腐败无关的较易适用的刑法条款（背信、滥用职权、滥用公司资产），定罪和腐败所得的统计数据仅仅给人关于该区域内国家所取得成果的一个有限和片面的印象，不总是涵盖跟被判为贿赂或影响力交易犯罪有关的所有司法结果（没收、洗钱上游犯罪、取消职业资质等）。

二、其他的研究

因为政治公众人物（PEP）与腐败相关，在 2001 年有关私人银行的报告内容中 FATF 类型学工作组开始考虑这一问题，在 2003—2004 年度的类型学报告中对这一问题更为关注。FATF 全球洗钱和恐怖融资威胁评估报告（2010）分析了在总体威胁环境下的 PEP 问题。该项评估指出腐败程度高的司法管辖区面临着被洗钱分子滥用的风险，因此强调了腐败所造成威胁的双重性：一方面是腐败自身造成的损害，另一方面是腐败引发了为其他许多犯罪进行洗钱的活动。

FATF 的地区性组织（FSRBs）同样深入阐述了这一问题。例如，2003—2004 年亚太反洗钱组织（APG）首先从类型学视角考虑到了腐败问题，作了一系列案例研究，在 2004—2005 年、2007—2009 年也作了进一步的持续类型学研究。2007 年的研究成果尤其重要，David Chaikin 和 Jason Sharman 教授合作完成了一篇研究报告——《APG/FATF 反腐败、反洗钱和反恐融资研究报告》。项目组依赖的其他案例研究由欧亚反洗钱小组（EAG）、东部和南部非洲反洗钱小组（ESAAMLG）和西部非洲政府间反洗钱行动小组（GIA-BA）承担。

个别政府也公布了关于腐败方面的研究报告，这些报告或作为其立法或监管功能的一部分，或在调查和起诉腐败人员过程中形成。这些案例研究成果揭示了关于转移腐败所得方式的实用细节。例如，美国参议院公布了三份时间跨度超过 10 年的非常详细的报告，阐释了国际金融系统对于秘密资金的作用。这些完成的报告包括案例研究和财务相关文件，揭示了有关腐败资金转移的数据。美国的金融情报机构 FinCEN 最近也公布了一个有关外国腐败的报告。瑞士和英国政府分别公布了关于多种腐败丑闻的后续报告。同样，已经有许多民事和刑事法律案例的法庭意见书详细阐释了这种现象的内部运作方式。

第二章　高层腐败所得最常用洗钱方法分析

腐败所得的洗钱行为可以采取多种形式，主要取决于腐败行为的类型。就高层腐败而言，所得的最常见形式来自：（1）受贿或回扣；（2）索贿；（3）自利交易及利益冲突；（4）通过各种欺诈手段贪污国家财产。了解政治公众人物获取非法所得的典型方法有助于理解这些资金如何被清洗。

就贿赂而言，资金通常是从私人实体流向政治公众人物或其亲友，以换取某种政府特权的让渡，比如货物或服务合同，或能够从国家获取资源的权利。贿赂所得从行贿者流向腐败的政治公众人物或其合伙人，可能通过壳公司或信托，而该政治公众人物正是该壳公司或信托的受益人；可能根本不须经过该腐败政治公众人物的母国。曼谷电影节案就是这种方式的一个例子：两个发起人贿赂特定的泰国官员，以便能够在泰国主办并管理一届政府提供资金支持的电影节①。贿赂资金采取电汇的形式从发起人所在的美国的账户转到由政治公众人物的家庭成员在第三国持有的离岸账户。尽管泰国是腐败行为的所在地，但这些贿赂并没有通过泰国。

然而，随后现金的使用这一部分会提到，有时资金会保留在腐败发生国。举例来说，时任菲律宾总统的埃斯特拉达经常收取赌博经营者的现金或支票，保护其免予被逮捕或被执法行动打击。这部分资金以虚假姓名或以由埃斯特拉达的律师设立的公司实体的名义存到国内账户，然后用于各种开支。同样，美国众议员 Randall Cunningham（一名高级立法者，对军事开支具有重大控制能力）贿赂案中，一名军事合同承包人向其行贿，既向 Cunningham 控制的公司开立支票，又允诺以极其虚高的价格购买 Cunningham 拥有的不动产。

腐败所得也会通过索贿计划产生。在这种计划下，资金从受害人转移到政治公众人物。这可以在国内或其他地方完成。乌克兰前任总理拉扎连科通常要求那些想和乌克兰进行商业往来的实体和他平分企业利润，以换取其影响力，促使生意成功。这些企业会将一部分所有权转移给拉扎连科的合伙人或家庭成员，并且资金会从受害公司汇到拉扎连科控制的离岸账户。

当一名政治公众人物在与国家有经济往来的实体中具有财务利益时，就会发生自利交易。政治公众人物能够利用他的官方职务保证国家与该实体进行交易，从而自己致富。一份美国参议院报告提到了这样一种情况：一名西非政治公众人物负责出让公有土地的林木采伐权，而同时又拥有获得该采伐权的公司。在这种情况下，资

① 总体而言，回扣和贿赂在法律上没有区别。通常来说，典型的回扣是指给付合同金额的一定比例，而贿赂仅仅是无条件限制的金钱给付。

金会从受害国的国家账户或中央银行流向该政治公众人物拥有或控制的公司或实体的账户。

最后，贪污计划也在一系列腐败案件中使用。资金流动可以通过多种渠道、使用若干方法进行。举例来说，尼日利亚高原州前任州长 Joshua Dariye 案件中，联邦政府向州政府发出环保合同，同时将资金存放到州政府开立的银行账户。Dariye 动用其影响力促使银行签发了一张银行汇票，受益人是 Dariye 10 个月前用别名在尼日利亚另外一家银行开立的账户。在尼日利亚时任总统阿巴查案件中，阿巴查指使其国家安全顾问设计并送呈虚假的资金请求，而后由阿巴查批准，"成卡车"的现金从中央银行支出来满足这些请求，国家安全顾问随后通过国内银行或尼日利亚商人和外国商人将腐败所得清洗至家庭成员持有的离岸账户。

因此，不管腐败的方式如何，洗钱过程的所有阶段——放置、离析和融合——都在腐败所得的清洗中得到体现。随后将讨论实际清洗资金所使用的特定方法。

第一节　使用公司实体和信托

本项目组对案例的研究表明，所考察的每一个案件都使用了公司实体、信托或某种类型的非营利实体。事实如此，不足为奇，长期以来 FATF 已经证实通常而言公司实体和信托具有洗钱风险，并在其建议 33 和建议 34 中提出这一问题。[①] 类型学研究工作组[②]早在 1996—1997 年的洗钱类型学报告中就指出了使用壳公司的普遍性，

---

① 为准备第四轮互评估，FATF 最近开始对建议的一些关键部分重新审视，其中包括法人和法律安排的透明度。2012 年 2 月，FATF 全会将考虑评估与执行工作组对法人和法律安排的透明度相关标准修改的建议。

② FATF 设立有 4 个工作组，即类型学研究工作组、洗钱与恐怖融资工作组、评估和实施工作组、国际合作审查工作组，致力于解决反洗钱/反恐怖融资体系评估中发现的新威胁。每个工作组都可以成立项目小组或其他类型的下设团组，以对某项专题进行详细研究并向工作组提供支持。

它们在隐藏受益人真实身份方面的优势，以及执法部门获取记录上的困难。

类型学研究工作组2006年10月发布了一篇报告，详述了公司实体和信托被滥用的风险。其间10年少有变化。该报告指出："特别值得关注的是，在一些司法管辖区成立和注销公司实体很容易，使得这些实体被那些涉足金融犯罪的人滥用来隐藏资金来源及他们对公司实体的所有权。"FATF在2010年的类型报告《洗钱：使用信托及公司服务提供者》中再次强调了这一点。

这些类型学研究以及其他公开信息，陈述了在不考虑上游犯罪的情况下公司实体和信托所呈现的洗钱风险。公司实体的以下特征会增大洗钱风险：

• 很容易成立和注销公司实体的某些司法管辖区；

• 可以成立一个实体作为跨司法管辖区的一揽子结构的组成部分，在此结构中一个司法管辖区的某公司由其他司法管辖区的一个或多个其他公司或信托所有；

• 使用特定中介机构和专业人员来隐藏真实的所有权；

• 可以较容易地利用代理人或公司来掩饰所有权；

• 还有其他实体，其唯一用途就是掩饰其名下资产的真实受益人。

此外，每个司法管辖区对识别受益人和何种情形下可以获取该信息都有其自己的一套规定。FATF内部就澄清受益权相关标准进行了讨论，该讨论显示，只有极少的司法管辖区在公司成立时收集受益权信息，这对国际合作提出了更大的挑战。金融机构、监管者以及执法部门要正确理解所涉及资产的所有权和控制权以及实行特定金融交易的目的，必须获取相关信息，而上述特征中的每一种都增大了这一努力的难度。一些实体更是被设计用来避免资产被没收，举例来说，某些信托要求受托人在接到执法部门通知或监管调查时转移资产。

J. C. Sharman最近公布的有关购买空壳公司的尝试凸显了个人获

取公司实体的容易程度。Sharman 是澳大利亚布里斯班 Griffith 大学的一名教授，他注意到所接触的 45 名服务提供者中的 17 人愿意只凭借一张信用卡和邮寄地址（收取文件用）就成立公司。Sharman 承认这一研究的样本规模相对较小，“其结论须谨慎处理”，也承认既要为公司开立银行账户又要不泄露身份会更加困难。然而，正如他注意到：“如果一名预算有限且守法的个人都可以通过互联网利用相对有声望的公司服务提供者来设立匿名公司、开立银行账户，那么不受上述任何限制的犯罪分子来复制这一行为该有多么容易？”

在腐败这一背景下，很容易理解一名腐败的政治公众人物为什么会愿意利用公司实体。在一些司法管辖区，政治公众人物被要求遵守财产披露要求、遵守为避免自利交易和利益冲突而对参与外部交易的限制，以及一系列其他行为准则和道德禁律。[①] 特定的调查机构和监察组织可以预防腐败，在很多国家一个强势媒体也能够曝光公共官员的不当行为。一些国家已经有效实施了 FATF 建议 6，并要求金融机构对身为国外政治公众人物的客户实行强化尽职调查。政治公众人物如被发现财产来源不明，其仕途和声誉就会受到威胁。在这种情况下，腐败的政治公众人物比常人有更强烈的需求来保证特定的犯罪资产不被识别或追溯到其自身。因此，公司实体提供了最有效的方式之一，将非法资金的来源与其被政治公众人物控制的事实相分离。

智利前总统皮诺切特的案件就是这样一个例子。为隐藏资产并避免资产被冻结和没收或支付民事赔偿，皮诺切特在其开户的一家美国银行（及其英国分支机构）的帮助下设立了若干公司实体。特别的是，甚至在一名西班牙地方官员提交了一份翔实的起诉书，控告皮诺切特犯有反人类罪并发布了世界范围的冻结令之后，皮诺切特在 1996 年和 1998 年仍分别设立了若干离岸壳公司和一家信托公

① 其中很多是联合国反腐败公约（UNCAC）签署成员国的要求。联合国毒品与犯罪问题办公室（UNODC）的《联合国反腐败工具箱（2004）》很好地描述了一些国家采用的可用的立法和监管方案，参见 www. unodc. org/documents/corruption/publications_ toolkit_ sep04. pdf。

司。这些公司（设立于当时反洗钱控制措施还很薄弱的司法管辖区）名义上持有这家美国银行的若干账户和其他以皮诺切特及其家人为受益人的投资实体。尽管这家银行知道皮诺切特是这些账户的受益人（因为这家银行本身设立了这些公司），但该银行的“了解你的客户”（KYC）文件只将这些公司而不是皮诺切特列为账户的所有者。这家银行自此被判定犯有与反洗钱相关的刑事罪行。

根据对秘鲁总统藤森的安全顾问蒙特西诺斯的案例研究，他十分有效地使用壳公司来掩饰并转移通过与秘鲁政府签订的国防合同非法所得的钱款。这个复杂的计划涉及位于一系列司法管辖区的众多公司实体，每一个实体都持有其他司法管辖区的银行账户，这种设计是为试图解开该计划的金融机构、监管者或政府调查者设置障碍。

第二节　使用看门人

项目组目录中的案例，相当大一部分都使用了看门人。“就本质而言，看门人是‘守护金融体系大门’的个人。金融体系的潜在使用者，包括洗钱分子，要想获得成功必须通过这个大门。”FATF 已在多个场合提到看门人这个议题，包括类型学研究工作组 2003—2004 年年度报告，其中总结到：

洗钱分子越来越多地寻求特定专业人士的建议或服务，以便于其金融运作。FATF 之前已经评述了洗钱计划的这种趋势——牵涉各类法律和金融专家，或看门人。这种趋势现在看来仍在继续。今年所承担的工作认可并扩展了 FATF 对这一领域特征的理解，以及对使其易于被洗钱利用的因素的理解。那些最重大的案件每个都涉及特别复杂精致的计划，只有在训练有素的专业人士的帮助下才可能设立这样的公司结构来掩饰资金的来源和所有权。

2010 年，FATF 发表了《全球洗钱与恐怖融资威胁评估》，将看门人描述为复杂洗钱计划的“共同要素”。该报告指出，看门人的技能在建立被用于洗钱的各种法律结构时非常重要，这是因为他们能够有效地管理并执行交易，且不被发现。建议 12 认识到这些看门人所起的作用，建议要对这类个人在从事特定活动时进行尽职调查和记录保存。

重新审视各案件表明，看门人特别是律师，被用于清洗腐败所得的方式非常多样。他们被用于设立公司实体、开立银行账户、转移所得、购买资产、运送现金以及采取其他措施避开反洗钱控制。另外，律师利用其律师—当事人保密特权避免腐败政治公众人物的身份被识别。

西非政治公众人物：在对四个西非政治公众人物及其家人的独立的案例研究中，美国参议院发现律师被用于设立公司实体、开立银行账户以及购买资产，其明确目的就是要绕过针对政治公众人物而设立的反洗钱控制措施。举例来说，一个西非国家的总统之子，自己就是政府的一名部长，想要在美国购买不动产和飞机。为实现这一目的，该政治公众人物的一名律师在美国开立了银行账户。然而，因为美国银行业的规定要求对经由这些账户的资金实行强化的尽职调查，几家美国的银行认为这些账户被用于进行可疑交易并关闭了这些账户。由此，该政治公众人物的律师会将汇入的资金存入律师与当事人专有账户或律师事务所的账户，随后将资金转到为政治公众人物新开立的账户。由于律师的账户并不像政治公众人物那样必须进行强化的尽职调查，因此能够避开强化的反洗钱/反恐融资措施。最后，至少有两家银行识别出该律师的账户被如此利用并关闭了账户，但此前已经发生数十万美元的资金进出。

杜瓦利尔案件：杜瓦利尔转移海地政府的资产同样利用了律师作为中介来达到掩饰的目的，这些律师替杜瓦利尔家族持有银行账户。据审理该案件的英国法庭所说，这样做具有附加优势：可以利用律师的职业保密要求来避免识别客户身份。法庭意见书确认了律师事务所替杜瓦利尔及其家人所持有的大量账户，这些账户位于英国和泽西岛。律师职业保密要求被用来试图阻止对资金实质的调查。

奇卢巴案件：类似地，在英国提起的对赞比亚前总统的一项民事赔偿诉讼中，其事实调查结果十分详细地描述了某些律师和律师事务所被利用来分发并掩饰从赞比亚政府中贪污所得资金。一些声称服务于国家安全部门的特殊公司实体被设立，政府的资金就转移到这些实体持有的账户。此后，上百万美元的资金转移到某些律师事务所的客户账户，根据同谋的政治公众人物的指示，律师们可以从这些账户中进行确定的支付。这些支付指向赞比亚国内或他国的其他账户，同时为政府官员及其家人的个人消费和资产购置埋单。如法庭出具的意见中指出的那样："他的客户账户没有任何理由被用于任何真实的货币交易。这些钱已被追溯到来源（赞比亚财政部）。这是一个通过（律师的）客户账户进行洗钱来隐藏资金来源使之披上可敬外衣的典型例子。"

法庭也提到这样一个事件：某政治公众人物的律师提款 3 万英镑并亲自交给总统，这一金额大大超出了总统的年薪。通过律师的账户来转移资金掩饰了资金来自政府账户这样一个事实，并进一步加大了追溯所得的难度。法庭指出，涉案律师们没有作任何努力来确定资金的来源或用途："然而（律师）对总统怎么可以轻易得到如此巨款没有进行任何询问。一名正直的律师在没有充分了解交易的实质并确信该交易合法之前，是不会参与如此交易的。（该律师）并没有确信交易的合法性，是因为他不愿意询问这个问题，不愿询问的原因是他害怕得到答案。"此外，涉案律师们还成立了国外壳公司，这些公司随后被用于为腐败官员利益而使用政府资金购买资产。

第三节　利用境内金融机构

到目前为止，关注政治公众人物是为了确保能就存入金融机构的资金来源对外籍政治公众人物进行强化尽职调查，换言之，是为了预防腐败的政治公众人物利用境外银行账户清洗犯罪所得而采取的措施。例如，欧盟反洗钱第三号指令规定强化尽职调查仅针对于外籍政治公众人物。然而，联合国《反腐败公约》（UNCAC）并不将外国政治公众人物与机构母国的著名政治公众人物区别对待。世界银行关于政治公众人物的政策性文件注明很多金融机构并不将外国和本国的政治公众人物区别开来。

建议6的注释鼓励各司法管辖区将强化尽职调查的要求也延伸到对待本地管辖范围内的政治公众人物。近来，金融特别行动组（FATF）讨论了本国政治公众人物应该在多大程度上适用强化尽职调查，并书面建议对本国的政治公众人物采取基于风险管理方法持续关注，并继续对境外的政治公众人物加强尽职调查。

项目组研究过的一些类型案例表明本国的政治公众人物可能引发显著的、与腐败相关的洗钱风险。Jason Sharman 教授总结了亚洲开发银行/经合组织（ADB/OECD）关于政治公众人物的文件，将国内政治公众人物不会引发洗钱威胁这一理论形容为“荒诞”。项目组通过分析现有案例，发现政治公众人物不仅利用境外金融机构转移和隐匿腐败所得，同样还利用境内金融机构清洗资金。

关于这一点，可能最典型的例子就是菲律宾前总统埃斯特拉达被该国判盗窃罪了。该案的判决书表明，埃斯特拉达积累资产的相当大一部分来源于非法赌博和烟草消费税回扣，这些资产最终流向了菲律宾境内一家银行的一个化名为 Jose Velarde 的个人账户。法庭记录显示埃斯特拉达操纵着该账户，通常在银行职员面前只需签上“Velarde”的名字便可存款。流向那个账户的资金用于购买各种资产，包括由埃斯特拉达本人受益的不动产。

美国参议院 2010 年在其对利用美国银行清洗腐败所得的调查中，通过两份不同的报告描述了西非某石油生产国总统及其子（同为该国政府高官）的银行业务和购买资产的行为。比如，该总统之子在以 3000 万美元现金购买美国一处房产过程中，分 6 次、每次 600 万美元左右将资金从其本国的私人账户经由法国的一个账户电汇至美国，而他每月的合法薪金约为 0.6 万美元。

涉及 Joshua Chibi Dariye 的盗窃资产案也强调了至少在一个相对

复杂阴谋的初始阶段利用本地账户的情况。1999 年 5 月至 2007 年 5 月，时任尼日利亚共和国高原州州长的 Dariye 通过多种途径侵吞该州资产。Dariye 拿到尼日利亚中央银行签发给高原州用于生态工程的支票后并没有存入政府账户，而是转入了其用假名开立的一个尼日利亚银行账户，这些资金随后转入了他在英国持有的一个实名账户。同样，为购买房产，Dariye 将本该预拨到高原州一个政府账户的资金转到了他控制的一个公司名下的尼日利亚银行账户，该公司随后将资金转到该公司名下的一个英国账户，用于完成房产购买。

墨西哥前总统的兄弟 Raul Salinas 也利用一家美国背景的跨国银行在墨西哥的分支机构向境外转移资金。这家美国银行的一位官员将 Salinas 当时的未婚妻介绍给了该银行在墨西哥城分行的另一位官员。Salinas 的未婚妻用了一个假名，将现金支票存入这家分行，然后兑换成美元并电汇到美国的账户。

政治公众人物需要在本国拥有账户，因为满足其生活方式需要资金。也有一些政治公众人物在海外隐匿资金后又将资金转移回本国的案例。美国参议院 2004 年在其关于腐败洗钱的调查中列举了这样一个例子。智利的皮诺切特尽管拿着并不丰厚的政府官员工资，却能够经常利用假名和家族成员在英国和美国的账户里隐匿成百上千万美元的资金。根据对皮诺切特侵犯人权和其他犯罪的调查，1998 年一位西班牙的地方调查执法官颁布了世界范围的财产冻结令，随后皮诺切特在西班牙和智利都面临处罚。然而皮诺切特仍可以从其美国账户购买 190 万美元的现金支票（另为此支付 5 万美元），用于在智利的银行提现。

第四节　利用离岸或国外司法管辖区

腐败政治公众人物会想方设法把资金转移到本司法管辖区以外的地方，建议 6 要求对外国政治公众人物进行强化尽职调查的根源即在于此。通过对腐败案例的审查，我们发现作为阴谋的一部分，几乎每个案例都涉及利用外国银行账户的情况。从最早菲律宾马科斯的案例，到阿巴查及一大帮尼日利亚官员大量令人发指的行径，再到最近的美国参议院对三个西非国家首脑案的研究，这些腐败的政治公众人物几乎无一例外地试图将资金转移到自己国家以外。这些资金典型地从发展中国家向发达国家的金融机构流动，或是流向了投资保护政策较好的地区。

当然，腐败并不局限于发展中国家。项目组分析的 Nino Rovelli 司法腐败案是一个例子。该案中，大约 5.75 亿美元用于行贿意大利的一些司法官员。这些资金最终通过一系列金融交易转移并隐匿，涉及设在美国、英属维尔京群岛、新加坡、库克群岛和哥斯达黎加的账户和公司实体。同样，发展中国家的金融机构也能被很好地用于隐匿资金。例如，在泰坦公司（Titan Corporation）贿赂案中，为确保获得政府的电信合约，这家美国公司给贝宁总统的贿赂以现金的方式直接流向了贝宁。

这种选择的原因是显而易见的。离岸账户有着不易为受害国所调查的优势，因而相对于政治公众人物自己国家的账户而言，离岸账户被认为更稳定、更安全、更容易操作。更何况一个政治公众人物可以利用“庞杂的”境外法律：某国的一个银行账户可以由另一司法管辖下的机构持有，而该机构又隶属于第三司法地的一家信用机构。每多涉及一个国家，调查的复杂程度就会加倍，从而减少调查成功的机会、延长完成调查的时间。

第五节　利用代理人

利用合伙人或代理人（指值得信任的关系人或家庭成员，而并非一定是上述看门人部分描述的律师或会计师）帮助政治公众人物隐匿转移腐败所得，这在现有案例中非常普遍。FATF 之前对这类利用代理人的情况有过记载。FATF 类型学研究工作组 2003—2004 年年度报告的第 78 段注明：

无论是在境内还是境外，由于政治公众人物通常在工作场合有着较高的曝光率，他们常常会利用一些中间人或其他中介来代表自己操作金融业务。所以，由亲近的合伙人、朋友和家庭成员以自己的名义为政治公众人物操作个人交易或保管转移资产就不奇怪了。这种利用中间人的行为本身并不必然是构成非法活动的标志，因为当政治公众人物的交易或所得完全合法时，也有可能使用这类中间人。然而，不管怎样，为保护或隔绝政治公众人物免受不必要的注意而使用中间人都会对应该一视同仁的顾客尽职调查造成障碍。如果代表政治公众人物进行操作的人，或者是政治公众人物本人拥有诸如外交豁免权之类的特殊身份时，则存在着更大的障碍。

利用代理人的一个典型是关于尼加拉瓜前总统阿莱曼的案例。阿莱曼能够通过一个叫做尼加拉瓜民主基金会（FDN）的非营利组织抽取政府资金，该基金会是由阿莱曼在巴拿马的妻子组建的一个团体。此外，阿莱曼和他的妻子既成立了正常经营的公司，也成立了作为资金通道的非营利组织。最后，阿莱曼还能利用其顾问建立的公司在向一家私人机构出售电信频段的交易中欺骗政府。阿莱曼还通过他的同伙，时任税务总局局长的 Byron Jerez 偷窃并最终转移资金。

中美洲某国的一位高层政治公众人物构建的阴谋同样是依靠家庭成员和其他关系人的帮助才得以成功。该政治公众人物利用一系列金融交易挪用了计划付给国家财政的资金，最终转到了该政治公众人物的前妻和女儿在外国银行的账户。

第六节　利用现金

使用现金，并将其放置到金融系统，是长久以来已经确定的一种清洗犯罪所得的手段。事实上，早在 1990 年年初颁布 FATF《四十项建议》时，很多预防措施的重点都是在现金收益阶段监测洗钱。现金的不记名本质及其不存在纸张追溯凭证的特点很有诱惑力，并且这一诱惑力可以压倒其他诸多缺陷。诸如毒品走私等上游犯罪在历史上都是现金交易。实际上甚至那些不需要利用金融系统放置现金的犯罪，为了打乱纸张文件的追溯线索，在其洗钱阴谋中也要把收益转换成现金，这一点 FATF 类型研究工作组在《2000—2001 年度的洗钱类型报告》中有所注明。

规模较小的地方性腐败（通过收买基层至中层的政府官员为其所用，或是操纵他们行使职权）可能产生需要放置的现金，高层腐败案例不一定涉及大量现金。直接向政治公众人物支付现金显然会切断银行记录的链条，但那样政治公众人物就需要规避那些为打击向金融系统放置非法所得现金而设计的反洗钱/反恐怖主义融资管理措施，包括根据建议 6 政治公众人物（以及其家属和亲近关系）的交易需接受强化尽职调查的可能性。在政治公众人物接受现金的各种情况下，他都必须计算放置资金的风险——包括由于其政治敏感身份可能带来的强化尽职调查，以决定是否值得这样切断银行交易链。大量案件表明，腐败的政治公众人物期望现金，并且期望可以在不吸引过度关注的情况下放置现金。

美国参议院与腐败有关的洗钱调查证实，美国一家银行曾在 3 年间收到大约 1300 万美元的现金存款，收款方账户均由西非某石油富产国的总统或其妻子控制。报告指出，这些存款有的一次就存入 100 万美元，而那些现金存入银行时都是用塑封包装好的，且无法确定这些现金的合法来源。同样是这家银行，还曾经向一个南美国家的政治公众人物提供了 190 万美元的现金支票，收款人姓名用的是该政治公众人物的妻子未婚时使用的名字，这些现金支票最终在该政治公众人物的母国兑现了。因为这些违规行为，该银行受到罚款并被提起刑事诉讼，最终被关闭。

前面提到的赞比亚资产追讨诉讼案同样强调了对现金的利用。作为该阴谋的一部分，这位赞比亚总统指示他的英国律师从存有盗用的政府资金的账户里提取 3 万英镑现金交给他本人。还有其他的大额现金支付，包括从一个盗用账户里提取 25 万美元给赞比亚驻美大使，随后这位大使用箱子装着现金来到瑞士并交给了赞比亚安全局局长，这样成千上万的美元现金就被用做在英国和其他地方购买房产了。法庭认为这些大额取现没有合法目的。

其他的案例研究也表明有大量无法解释的现金出现。例如，Diepreye Alamieyeseigha 被捕时在他的英国住所发现了超过 100 万英镑的现金，尽管他是尼日利亚前巴耶萨州州长，但他的正常收入远不及此。同一时期的另外一位尼日利亚高官，也就是前面提到过的 Joshua Chibi Dariye，被发现曾在 4 年半的时间里向其英国的账户存入了超过 48 万英镑。根据一份美国参议院的报告，就在阿巴查（尼日利亚前总统）死后不久，1998 年他的妻子带着满满 38 箱现金在老挝机场被捕，他的儿子被捕时也发现了 1 亿美元的现金。世界银行的研究表明，他可以利用同伙在金融系统里放置大量现金。最终，蒙特西诺斯（秘鲁总统藤森的安全顾问）利用现金携带者从瑞士向墨西哥和玻利维亚转移资金。

政治公众人物拥有普通人通常不能获得的优势：利用（或是滥用）所谓的“外交邮袋”。为了保证外交官和他们的境外机构之间的通畅联系，根据《1961 年外交关系公约》，外交邮袋受到保护并且免予被搜查或没收。外交邮袋仅能用于官方文件，同时，虽然公约保障其免予被搜查，但并不豁免携带者不遵守东道国法律，包括跨境资金的申报要求。

这就是美国参议院在其关于一名西非政治公众人物经济案件的报告中揭露的情况。该政治公众人物在美国读研究生的女儿，让她美国的银行帮她保管在保险箱内的现金。那家银行发现了 100 万美元的现金，都是包装在塑料袋里的百元大钞。询问资金来源的时候，该政治公众人物的女儿回答说是她的父亲来美国的时候给她的现金，并且他经常带现金来美国。这位政治公众人物从来就没有按照美国法律的要求申报过其发生过跨境现金携带行为。

第三章　导致清洗腐败所得风险增大的薄弱点

第一节　控制国家

对那些试图阻止和调查腐败犯罪的人而言，一个主要挑战，同时也可能是高层腐败所特有的问题，就是涉及的政治公众人物拥有足够的国家控制权，既能贪污资金（或是索要和收取贿赂和回扣），又能凭借其在政府的强大权力安全地清洗所得。一个政治公众人物，无论他是个体犯罪还是与其他犯罪分子勾结，都可能置身于一个完全控制国家机器（司法、警务、军队以及政府管理机构）和媒体的独裁政权中。这一控制权既能让政治公众人物保持权力，也能允许他隐藏并转移资金。项目组列举了一些腐败政治公众人物在其政府里创置或利用制度以便能够隐藏或转移资金的实例。

事实上，在我们研究过的每一个重要高层腐败案例中，相关政治公众人物都有能力操纵本国政府，以阻止被察觉并使资金得以隐藏和转移。只有当该政治公众人物的权力被解除以后，比如通过政权更迭，国家才有能力发现洗钱及犯罪的程度。

阿尔贝托·藤森执政期间的秘鲁出现过一个对腐败网络拥有这种控制力的案例，2007 年在亚太地区反腐败论坛上提交的亚洲开发银行和经合组织报告中，Guillermo Jorge 进行的案例研究对此有所阐述。通过一系列的免职和关乎利益的任命、敲诈、贿赂以及选举程序中的腐败，蒙特西诺斯和藤森掌握了警察、军队和司法的大权，从而控制了整个国家。

秘鲁特别检察官 Luise Vargas Valdivia 在亚洲开发银行/经合组织的个案研究中写到：

当对几乎所有的国家机构，包括行政、立法、司法分支机构、公共部、国家选举委员会、宪法法庭、审计长、军队以及其他实施控制时，藤森和蒙特西诺斯显而易见的削弱，甚至在某种情况下消除了这些机构的作用，以便操纵政府的运转。

从国家侵吞的资金通过各种方法被转移到了瑞士、美国以及开曼群岛。蒙特西诺斯利用他的影响与开曼背景的一家银行建立了腐败关系，该银行曾经允许他在未获批准的情况下在秘鲁开展业务。秘鲁官方后来推断这家银行至少得到了银行监管机构的默许。通过贿赂和利益交换，蒙特西诺斯也为另一家开曼背景的银行施用了类似的影响。他与那家银行的首席执行官（CEO）的关系就是那位首席执行官愿意给他指点其在境外隐藏资金的最佳途径。这就是蒙特西诺斯的权力，没有任何一家警察机构、洗钱控制组织或是银行监管部门有能力侦查这一违法行径，更别说阻止了。据说蒙特西诺斯的阴谋直到一家独立的秘鲁有线电视台播放他为求保险而录制的一段买通某政客的录像才得以曝光。

同样地，阿巴查曾经操纵了尼日利亚政府，保障他既有机会侵占国家资金，又能安全地清洗资金。Enrico Monfrini 在对阿巴查案例的研究中将国家内部的这一腐败描述为“公然并且系统的”。资金通过不同的方式被侵占，其中之一是阿巴查指示他的国家安全顾问制作并提交虚假的资金需求，然后由阿巴查本人批准。现金从中央银行提出，交给国家安全顾问，然后通过境内银行或尼日利亚本国及外国商人清洗到家族成员的离岸账户。因为阿巴查控制了尼日利亚政府的各个方面，任何国家管理机构、执法部门或者金融机构都没有机会制止其窃取资金。

拉扎连科对乌克兰统治机构拥有充分的控制，因此他能够要求境内经营的企业支付其利润的一半给他。他还能将划拨用于购买国家小麦供给的资金转拨到自己的名下，并且能指示将客户支付的购买天然气的资金转向自己控制的境外壳公司的账户。如前所述，拉扎连科利用他控制的金融机构可以将窃取来的财产转移到各种境外账户。因为拉扎连科对国家的控制无处不在，他的图谋可以无所顾忌，不用担心任何一个管理机构或国内执法机构能够阻止或发现他的罪行。

从反洗钱和反恐怖主义融资的角度考虑，一个腐败的政治公众人物对国家的操纵有什么直接后果呢？至少来说，金融机构和国家面临着一系列独一无二的挑战。比如，想象一下政治公众人物声称法律（或法令）授权其拥有国家财政收入的情况。美国参议院 1999 年关于私人银行洗钱的调查强调了一个例子。一家美国银行持有一个他们已知的毫无疑义的西非政治公众人物的账户。银行的顾客资料里记录着该政治公众人物的资金来源是政府资金，以及总统拥有“对政府资金的全权授权”。全球见证组织（Global Witness）同时指出了另外一个例子，另一个西非政治公众人物声称他有权与其政府进行自利交易，本质上就是这位政治公众人物能和政府做生意，而他将有资格从政府合约获得收益。这位政治公众人物拥有经政府授予开采权的天然资源开采公司。在诉讼辩护中，这位政治公众人物声称：

“内阁部长和公职人员……根据法律允许拥有公司，联合一家外国公司就能投标政府合约，一旦该公司成功，则从公司得到的合约总价中能抽取多少百分比取决于双方的协定。但是，不管怎样，这都意味着合约价格的可观部分将最终落入某内阁部长的账户。”

对利益冲突和假公济私缺乏任何禁令，即便事实上与政治公众人物所在国家的法律不冲突，却显然违反了联合国《反腐败公约》第七章和第八章禁止利益冲突的规定，从而最终令偷窃堂而皇之。

由于对腐败政治公众人物的交易缺乏国内控制或监督，政治公众人物在其国家就能“操纵游戏”。这就给境外的金融机构掌握流入资金的来源和性质增加了压力和难度。不幸的是，金融机构可以获得的信息可能会非常有限。Guillermo Jorge 在讨论蒙特西诺斯事件的分析中指出了在这样的政治体制下，境外司法和金融机构面临的基本问题：

如果早在 1998 年瑞士的银行就举报了蒙特西诺斯，会怎样呢？

对于这个问题，一般人可能会设想，瑞士方面会展开洗钱调查，会向秘鲁发出一份协查函以查明资金来源。然而，在1997年，蒙特西诺斯正当权，几乎可以肯定的是秘鲁不可能提供关于资金来源的准确信息。

政治公众人物的影响力使他们得以构建公司机构，并杜绝金融机构或监管者关于这些公司所有者的合理调查。美国参议院2004年与腐败相关的洗钱调查强调了这一问题。其中，在调查一位西非政治公众人物金融交易的过程中，一家美国金融机构发现一系列累计总金额达3400万美元的电汇交易，资金自该国的石油收入账户转出，流向了由该政治公众人物所在国的两家公司在第三国的账户。该政治公众人物拒绝透露这些账户的受益人，并且由于该政治公众人物在政府的影响力，没有任何一家银行、监管者以及他国执法机构有能力确认资金收款人的身份及这些交易的目的。

第二节　金融机构俘获

金融机构可能受到犯罪因素的危害而清洗资金却不受惩罚的情况引起社会关注。早在类型学研究工作组1996—1997年的报告中，FATF就提及与这种金融机构“俘获”相关联的风险。FATF在特别建议23和建议24中要求监管者采取措施防止银行和赌场受到犯罪分子影响，尤其在受益人和管理职能方面。然而，这些建议却未涵盖政治公众人物，同时也没有规范来禁止政治公众人物直接或作为受益人拥有金融机构。

项目组发现这种金融机构“俘获”将整个全球反洗钱/反恐怖融资体系置于危险之中。根据亚洲开发银行/经合组织2007年反腐败区域论坛报告中关于蒙特西诺斯案例的研究，蒙特西诺斯与同伙一起精心策划使用养老金及私有资金在秘鲁银行机构南方金融公司（Financiera del Sur）购得大部分股权。蒙特西诺斯和藤森利用这个机构大肆进行资金的转移和掩饰活动。由于涉案银行位于该政治公众人物管辖区，蒙特西诺斯作为政治公众人物的身份使得他能够控制该家银行。

事实上，由于交际广泛、经验丰富，政治公众人物也能在其控制的地区以外俘获一家银行。这在乌克兰前总理拉扎连科的行为上得到了印证。美国刑事法庭意见书中指出，拉扎连科及其同伙控制了在其管辖区之外的两家银行——欧洲联合信贷银行（the European Federal Credit Bank）和 Posta 银行。相应地，这两家银行在全世界的许多银行都拥有代理行及其他户头，拉扎连科正是利用这些户头通过全球金融系统畅通无阻地转移数百万美元资金。

第三节　无效的强化尽职调查

建议 5 及其释义阐释了尽职调查用于对普通账户持有者开户和审查交易的本质。对于建议 6，FATF 认识到外国政治公众人物显然比普通客户带来更大的风险，因此金融机构应采取措施了解并加强监测政治公众人物及其家人和亲信的金融交易。建议 6 要求系统识别客户是否为政治公众人物，合理确定资金来源并对其交易关系进行持续强化监测。

其他机构也认识到对政治公众人物进行强化尽职调查的必要性。大型货币中心银行组织——沃尔夫斯堡集团（Wolfsberg Group）发布指引，该指引论述了加强尽职调查的逻辑依据：

由于存在高层人士滥用权力及影响为个人或家庭及亲信获取利益的可能性，因此与政治公众人物的关系可能表示风险的增加。这些人士也会利用其家人及亲信藏匿通过滥用职权或贪污受贿得来的不义之财或资产。另外，他们也会因类似目的试图利用自身的权力及影响力去获得在法人机构中的利益代表和控制权。

项目组在许多案例中都发现，涉案的金融机构未采取任何尽职调查以明确是否正在与政治公众人物发生业务关系，进而也就未能明确其资金来源或对其资金交易关系进行监测。在其他的例子中，金融机构知道正与政治公众人物开展业务关系，然而却未能明确其资产来源。不论是鉴于事实本身还是政府询问的结果，我们可以断定，如果对政治公众人物及其相关交易进行了合理程度的调查，那么金融机构就能够发现并阻止其清洗腐败所得。此外，在不止一个案例中，存在银行试图掩盖涉案政治公众人物在其机构开立账户的事实，并进一步设法隐瞒某些金融交易的情况。而在另外一些情况下，涉案的金融机构竟欣然同意政治公众人物对其账户和资料进行保密的要求。

诚然，项目组也遇到其他一些案例，比如拉扎连科案例，分布在全球各地的公司实体和被俘获的银行盘根错节，即使对最勤勉尽责的合规调查者来说也是个挑战。最终，在一些实例中，没有足够数据断定是否所做的尽职调查未能阻止政治公众人物将黑钱移入金融系统。

针对政治公众人物尽职调查的指引现已发布。正如追讨被窃资产工作组（the Stolen Asset Recovery group）在《政治公众人物》报告中所述：

识别出政治公众人物类客户通常是银行进行了正常客户尽职调查程序的结果。根据所询问的金融产品或金融服务的类型、业务地理区域或资金来源，客户尽职调查也可以包括分析客户是否为政治公众人物。正常情况下，调查结果会引发进一步的研究。

阿巴查的案例也许可以作为因缺少金融机构客户尽职调查而导致可疑资金自由进出账户的最明显例证。亚洲开发银行/经合组织2007年项目报告及世界银行未公开的案例研究中都对尼日利亚前总统阿巴查的犯罪情节进行了详细记述。保守估计，阿巴查在其执政的四年半期间贪污了20亿~40亿美元。

至少有三个国家的政府当局被卷入接收阿巴查可疑资金的旋涡——美国、英国和瑞士。这三个国家都已承认其国内金融机构未在处理那些账户时进行足够的尽职调查。例如，瑞士联邦银行业委员会（the Swiss Federal Banking Commission）2000年的一项报告审查了瑞士银行的业务，“以确定这些银行是否完全遵守了尽职调查要求……按照银行法及其他相关法律的要求接收和处理来自尼日利亚前总统阿巴查随从的资金”。该审查报告发现5家银行存在“缺陷”、6家银行存在“严重疏忽及个人失职或渎职的现象”。这包括忽视可能的资金可疑来源迹象、未向银行高层报告相关信息及错误判断客户关系。该委员会强调指出，除一个账户外的其他所有账户的开户人姓名都不是阿巴查本人，并且所有账户的持有者都未被识别为显要政治人物。因此银行应更加谨慎，尤其是在处理有腐败历史地区的业务方面。

英国同样在2001年就阿巴查资金流经英国金融机构的情况进行了调查。在被调查的23家可能与阿巴查账户相关的银行中，15家银行被发现存在“重大洗钱控制薄弱点”。在这些银行中，金融监管局（FSA）发现有42个与阿巴查的家人及亲信相关联的个人及公司账户。据估计，阿巴查利用这42个账户在1996年至2000年进行了13亿美元的资金转移。

美国参议院也发现一家总部位于美国的银行（在英国有分支机构）在处理通过阿巴查两个儿子的账户所会聚的资金时未尽到合理尽职调查义务。参议院注意到银行在一段时间内都没有这些账户的客户资料记录，而在这段时间内有4700万美元流经上述账户，而在建立了客户记录后，该档案资料反复几次都未能通过银行的内部审查。该银行承认自己这些账户的“了解你的客户”档案资料未满足银行政策的要求。

另外一个案例则涉及智利前总统皮诺切特。一家总部位于美国的银行在明知皮诺切特是政治公众人物的情况下为他开立了一个账户。该银行20世纪90年代末至2002年编制的KYC（了解你的客户）客户记录显示皮诺切特为政治公众人物，其身价预估为5000万美元至1亿美元，在该银行有630万美元的存款。除了称这些财产来源于其政府薪水及“家庭财富”，再没有渠道解释这些财产的真实来源。再比如，正如我们在公司实体部分提到的，该银行实际上在一个洗钱监控措施不力的离岸地区建立了一家空壳公司作为这些账户的名义所有人。这些账户的“了解你的客户”档案仅仅列明了公司，并没有标示皮诺切特为公司所有者，尽管事实上银行本来就知道受益人是某位政治公众人物。在此期间，该银行已被要求对政治公众人物进行强化尽职调查，而在此前好几年，银行即被要求在任何情况下都要进行尽职调查，以确保进入其机构的资金与非法活动无关。

与皮诺切特一样，Raul Salinas 的银行也给予他积极帮助。该银行向 Salinas 提供了一家在当时洗钱控制措施不力的地区建立的空壳公司，Salinas 作为在该银行账户的所有人。这家空壳公司进而又为其董事会在另一个洗钱控制薄弱地区建立了 3 家空壳公司，并作为另外 3 家空壳公司的成员和股东。该银行自己控制其中 6 家空壳公司，目的在于掩盖资金所有人的身份。之后，该银行建立了一个信托机构取得空壳公司的所有权，Salinas 则作为秘密受益人。

美国参议院的一项调查显示，该银行没有对 Salinas 的背景作任何具体审查，也没有明确其要存入账户的资金来源便接受 Salinas 为其客户。事实上，Salinas 被捕后，检查发现其客户资料记录竟然空白。该银行为 Salinas 所作的安排使 Salinas 在两年的时间内将 6700 万美元从墨西哥转移到瑞士、英国和美国的账户。

还有其他的一些案例则说明银行完全清楚流经政治公众人物账户的资金来源于国家财政。例如，一家美国银行将“职务所得”列为某非洲产油国总统的财产来源，并坦率承认资金来源是总统个人有权动用的那些资金。这家银行 1997 年对该账户的“了解你的客户”分析显示重大缺陷，银行也承认该账户“了解你的客户”资料记录“完全不足”。当时，媒体曾报道法国政府就法国某石油公司贿赂该国官员事件展开调查，其中就包括这名总统。

尽管该报道在 1999 年被披露，美国的银行仍向该总统的家庭成员提供服务。例如，尽管该总统的女儿作为一名外国公民并且尚未就业，但另外一家美国银行仍允许该总统的女儿向其账户存入 100

多万美元的现金。当一些交易最终被警示时，银行分支机构经理告诉反洗钱官员该女士为“非洲王室的公主”。银行反洗钱合规部门打电话给该女士做进一步尽职调查，她承认这笔资金是其父来美国旅行时给她的，进一步审查发现相关方提供给银行的政治公众人物名单中并没有该总统女儿的名字。银行随后对账户加强了交易监测。该账户最终在两年后该女士试图用其之前放在银行保管箱里的现金购买100万美元的银行本票时销户，而此时法国仍在调查其父的贿赂案件。

其他案例则说明了在识别客户身份及账户监测方面缺少尽职调查造成的后果。例如，菲律宾总统埃斯特拉达利用一个化名账户会聚贿赂钱款。有一回，一位银行员工看到埃斯特拉达用假名签署各种银行文件；还有几次，埃斯特拉达的私人秘书来办理现金存款业务。在这种情况下，很难想象一国总统有任何正当理由合法地进行此类交易。

项目组还在一些事例中注意到，资金容易随后被冻结表明受益所有人的身份已然可见。例如，当地电视台曝光了蒙特西诺斯向一名议员行贿的录像。这条录像以及随后的录像在秘鲁国内及全世界引起轩然大波。位于货币中心国的银行几乎立即冻结并报告了其所持有的账户，而这些资金也最终被没收并追讨回秘鲁。正如在亚洲开发银行/经合组织有关蒙特西诺斯案件的项目报告中指出的，“蒙特西诺斯录下与他人会面情形的特殊行为吸引了国际媒体的注意，而这也进而给金融机构增加了风险”。最近，如前所述，全球各银行识别并冻结了一些中东国家被罢免领导人的相关可疑资产。这就提出了一个明显的问题：银行如何能够如此轻易并快速地识别出这些交易？从这些事实中可以推断有关蒙特西诺斯政治公众人物身份的信息要么已在银行的掌握之中，要么是容易获得的。

一些案例研究关于外国政治公众人物比普通客户天生就具有更高的洗钱风险的认识，早于建议6及任何官方或行业，也早于经合组织关于制止国外贿赂的推动。也许可以说以前的案例现在不会发生了。然而，这种说法在如下事实面前显然站不住脚，只有一小部分的 FATF 成员——34 个成员中的 7 个成员在最近一轮评估中就建议 6 获得“大致合规”（LC）的评估等级。没有任何一个国家是完全合规（C）的。事实上，追讨被窃资产小组（StAR）文件《追讨被窃资产（2009）》发现 FATF 或 FATF 类型区域组织（FSRB）评估的 124 个国家中，有 84% 的国家的评估等级都为不合规（NC）或仅部分合规（PC）。“如今的局面就是，针对政治公众人物的国际标准在落实中全盘失败”。

另外，项目组发现数量可观的案件的涉案账户都开在已要求对外国政治公众人物进行强化尽职调查的国家，如 Abubakar 案、陈水扁案、皮诺切特部分交易案、三位西非政治公众人物案、曼谷电影节案。然而，大量腐败资金仍能被清洗。最后，在行业、政府或 FATF 认识到政治公众人物洗钱风险之前的大量案例都存在银行未进行客户尽职调查或主动协助清洗资金的情况，如阿巴查案、皮诺切特案、埃斯特拉达案及 Salinas 案。尽管如此，一个真正的强化尽职调查全球体系几乎肯定会迫使腐败政治公众人物更加依赖其他途径掩盖其非法获取的财富，比如利用公司实体、看门人和关系人。而且，正如报告先前所指出的，如果政治公众人物有效控制了政府机器，他们则会很容易地通过国际金融系统清洗其收益。

第四节　政府和金融机构间的无效沟通

不论其上游犯罪如何，洗钱是一个全球性问题。国家间的相互沟通是提高有效性和充分利用稀缺资源的关键因素。许多案例研究表明，资金清洗是通过利用法人实体在非注册地的其他许多地区开立的账户进行的。例如，在阿巴查案件中，资金涉及了至少 12 个不同司法管辖区。设置这样一个杂乱的金融结构是有意为之的，因为洗钱分子和腐败政治公众人物相信这样一个事实，即由于信息交流程序的烦琐或无效，如其计划的每一层都涉及不同的国家，则将减低监管者、调查人员或金融机构知悉并阻止其清洗腐败所得的可能性。

项目组没有发现外国金融情报机构、监管者或执法部门发现腐败证据并主动提醒受害国的任何例子，这可能是高层腐败特点所造成的结果。正如前面所说的，将可疑交易的信息告知一个由腐败政治公众人物统治的国家只会有可能提醒他们将资金更好地隐藏起来。这同样可能是由于项目组研究材料的特点所造成的结果，因为现在还没有就如何向相关国发出腐败警告信息的方法进行经常性讨论。

尽管如此，据说这可能仅仅是外国主管当局未查找此类证据，或者即使找到了，也不会将其交给受影响国。尽管这不是本类型研究关注的重点，但应该注意到在资产追缴领域，各主管当局间的信息交流和证据共享通常要几个月或几年（有时甚至数十年）。既然没有理由相信在发现和预防方面所作的努力会产生什么作用，那么腐败政治公众人物也将会一直占据上风，能够以极快的速度转移资金。

即使在同一个国家内部，确保反洗钱控制措施有效也存在一些障碍。美国参议院关于某西非政治公众人物的报告叙述了这样的情况，其在不同时间内在 3 家不同金融机构以个人名义或以其作为收益所有人的公司实体名义拥有多个账户。由于发现有可疑金融交易，每一家金融机构最终都决定注销这些账户，但是没有一家银行知道在其他金融机构也有相关账户的存在或可疑情况。另一案例中，一家美国金融机构知道某非洲国家总统的女儿是一名政治公众人物，并对其账户进行了强化的尽职调查。出于反洗钱方面的考虑，该机构决定注销其账户，并提供给该总统女儿两张银行本票，显示其账户结余超过 80 万美元。该总统女儿又在同一城市的另一家银行开立了账户，并存入第一家银行所开的银行本票。显然，第二家银行从未向她询问过前一家银行注销其账户的有关情况，而且直到立法机构调查人员询问时，该银行才知道她是一个政治公众人物。

第四章 结论

与腐败相关的洗钱行为与其他类型犯罪所得的洗钱行为有许多相同特征，但也有许多重要的不同。与其他罪犯相同，腐败的政治公众人物同样需要掩盖自己的犯罪所得，需要使用各种复杂的手段来达到这个目的。腐败的政治公众人物可能会具有某些其他类型罪犯所不具备的天然优势来清洗自己的资金：他们可能能够控制国家机器，本应预防和发现这些腐败犯罪活动的个人和机构工作人员却由他们来指定；他们用腐败所得资助一些政治党派或组织，继而加强他们对于国家机器的控制；他们利用政治权力招募经验丰富的本国亲信，将腐败所得混同于合法资金，并提供合法的外交掩护；他们通常都具有免遭怀疑的光鲜外表和受人尊重的地位。

从另外一个方面来说，腐败的政治公众人物也面临着其他类型罪犯所不需要面对的风险：政治公众人物仅仅与来历不明的巨额财富发生联系就可能触发调查。如前所述，财产和收入的信息披露要求使得关于政治公众人物这方面的信息更多了，这些信息有助于更准确地评估特定交易的性质和来源。近来，多边组织、非政府组织和个别政府对这类问题更加关注了。

本项研究的案例显示，与其他的高素质罪犯相似，腐败的政治公众人物使用种种手段来掩盖他们的腐败所得。腐败的政治公众人物会通过公司实体、信托公司来掩盖他们的实际所有权，利用专业人员和假名通过国内外的金融机构清洗腐败所得。他们使用手中的权力攫取国家财产，控制执法机构以及俘获银行。最后，以前的案例显示，金融机构并没有一直严格执行反洗钱的相关标准，监管指导机构也没有严格执行反洗钱的相关法律和法规。诸多案例显示，金融机构在履行反洗钱程序方面做得是如何不到位（即便这些程序仅仅是一项普通的风险为本的方法），使得腐败的政治公众人物持续不断地利用国际金融体系进行洗钱。

预防和发现腐败所得涉及一系列的 FATF 建议。虽然关于对政治公众人物增强尽职调查的建议 6 显然是有效的反腐败体制的中心，但我们的调查表明，为了应对基于腐败的洗钱犯罪还需要司法管辖权去有效地实施 FATF 建议，如关于公司实体和信托公司（建议 33 和建议 34）；主管当局的权力与权威（包括独立性，建议 26、建议 28）；现金运输者的使用（FATF 特别建议 9）；看门人（建议 12）和金融机构自身对诚信的要求（建议 23）等一系列 FATF 建议。此外，正如我们下面将要提到的，根据本文的结论重新审视这些建议可能会有所助益。

第五章　下一步工作的建议

还可以开展更多的工作。与腐败相关的洗钱问题十分独特、复杂，并且进一步研究这个问题对公众十分重要。由于腐败的政治公众人物面临着其他犯罪类型不会出现的需要掩饰和转移其资金的风险，更进一步研究洗钱方法和目前系统的缺陷也许将更显著地提升反腐败、反洗钱和反恐融资工作的有效性。

需要明确的是，项目组建议 FATF 类型学研究工作组可以考虑在如下领域进行联合或单独研究。

一、危险信号指标

鉴于当前的项目已经让类型学研究工作组对腐败政治公众人物可能采取的转移和掩饰资金的方式有了一定了解，类型学研究工作组还希望了解与腐败相关的金融交易所呈现的危险信号。由于 FATF 将从这一领域内私营部门的经验中获益，这一工作应与包括金融机构和非政府组织在内的私营部门进行磋商。

二、特别与反洗钱相关的身份识别、预防和执行

因为项目集中于现有类型学，所以并未研究特定的反洗钱控制措施是否会成功预防或发现腐败所得的清洗。调查 FATF 成员国的执法部门、监管机构和金融情报机构是否成功地实施了反洗钱控制措施，这可能有助于决定是否需要变革。

三、地区和行业风险

本报告已注意到可能产生的反洗钱重大风险：某些司法管辖区未能坚持反腐败的基本原则，同时还有其他因素例如一直缺乏政府的有效治理或国家收入的稳定来源。FATF 可能希望考虑通过金融机构和反洗钱/反恐融资部门对那些从不遵循反腐败基本原则的国家发出的金融交易指令作出适当的反应。

四、以往类型学未涉及的独创类型学和其他洗钱方式

项目组仅仅调查了类型学和其他人完成的案例的描述。观点可能是通过对重大腐败案例进行特定的独创性深入研究得出的。调查揭示了其他洗钱方式的使用，例如房地产、购买奢侈品、滥用外交特权和主权豁免、贵金属和宝石的跨境运输。这一领域的进一步研究也许会获得一些正确应对此类洗钱方式的对策。

五、资产追讨

这一类型学关注于腐败政治公众人物转移其资金的方式，但不涉及资产是否被归还给腐败行为的受害国。政府、区域性反洗钱组织、非政府组织和多边组织已对政府追讨被窃资产所作出的积极努力进行了大量研究。由于反洗钱手段在资产追讨中的关键作用，研究这一领域以了解 FATF 建议和反洗钱/反恐融资专家意见能在这一领域提供的支持可能会有所助益。

六、系统性的和小规模的腐败

由于时间和资源有限，项目组仅对高层腐败进行了研究。然而所谓的“小规模”腐败广泛发生并与高层腐败一样伴有大量的经济和政府治理的问题。应考虑对小规模腐败的类型学进行研究，以便了解此类腐败所得的洗钱方式。

七、类型学研究工作组可能希望考虑与其他 FATF 工作组和外部机构合作

八、FATF 建议的评估

如上所述，因为这项研究认识到FATF 大部分建议的效力或合规方面的不足，所以其可能有助于与洗钱与恐怖融资工作组共同评估 FATF 建议是否需要做特别的修改。

九、与反洗钱专家的合作

更加了解操作反腐败的专家经验可能有助于加深对腐败与洗钱之间关系的了解。2011 年 2 月举行的有关腐败的专家会议由 FATF 主席主持，对于在两个领域间的信息交换是第一个有益开始，FATF 希望考虑在未来举行此类会议。

十、最佳实践

洗钱与恐怖融资工作组已承诺编写一份关于腐败的最佳实践报告，从这些类型学研究中获得的成果可能有助于此项努力。类型学研究工作组应考虑与洗钱和恐怖融资工作组就这一问题进行合作。

附件1

高官腐败案例目录

名称	时段	源发国	目标国	估算金额（100万美元）	职务	腐败类型	政府俘获	看门人	金融机构俘获	国外账户	国内账户	公司实体	空壳公司	现金	家庭成员/朋友	代理人/虚假姓名
Frederick Titus Chiluba	1995—2001年	赞比亚	英国、泽西岛、美国	72	总统	贪污	有	有	无	有	有	有	有	有	有	
Diepreye AlamieYeigha	1999—2005年	尼日利亚	英国、南非	17	州长	贪污	有		无	有	无	有		有		
Joshua Dariye	1999—2006年	尼日利亚	英国、尼日利亚	17	州长	贪污	有	有	无	有	有	有		有	有	有
Pavel Lazarenko	1992—1997年	乌克兰	美国、瑞士、安提瓜、波兰、巴哈马	44	总理	贪污、索贿	有	有	有	有		有			有	
Vladimiros Montesinos/Alberto Fujimori	1990—2000年	秘鲁	瑞士、美国、开曼群岛	250	总统顾问	贿赂、自利交易	有	有	有	有	有	有			有	
类型学研究工作组2003—2004年案例16	未知	“前独裁政府”	国内	6	石油部长	贪污	无		无		有					有
西非政治公众人物1号	2005—2011年	赤道几内亚	美国	80	总统之子	贪污、自利交易	有	有	无	有	有	有				
西非政治公众人物2号（妻子、成年子女、儿媳）	1985—2009年	加蓬	美国、马耳他、瑞士、法国、英国	130	总统（子）	贪污				有	有	有		有	有	

续表

名称	时段	源发国	目标国	估算金额（100万美元）	职务	腐败类型	政府俘获	看门人	金融机构俘获	国外账户	国内账户	公司实体	空壳公司	现金	家庭成员/朋友	代理人/虚假姓名
Atiku Abubakar	2000—2008年	尼日利亚	美国、根西岛	40	副总统	自利交易	有	有		有		有			有	
欧亚反洗钱组织（EAG）1号（p.14）	2003—2004年	俄罗斯	俄罗斯	500000	项目主管	贪污	无	无	无	无	有	有	有			
欧亚反洗钱组织（EAG）2号（p.15）		乌克兰	国外	4	国企官员	自利交易	无	无	无	有	有	有	有	无		
Sani Abacha（及子）	1993—2000年	尼日利亚	英国、瑞士、美国、泽西岛、卢森堡、列支敦士登、奥地利、法国、黎巴嫩、肯尼亚、开曼群岛、巴哈马	3000～5000	总统	贪污、索贿、自利交易	有	有	有	有	有	有	有	有	有	
Ferdinand Marcos	1965—1986年	菲律宾	新加坡、瑞士、美国	5000～10000	总统	贪污、贿赂	有			有		有	有		有	
Jean – Claude Duvalier	1971—1986年	海地	英国、瑞士	300	总统	贪污	有	有		有					有	

续表

名称	时段	源发国	目标国	估算金额（100万美元）	职务	腐败类型	政府俘获	看门人	金融机构俘获	国外账户	国内账户	公司实体	空壳公司	现金	家庭成员/朋友	代理人/虚假姓名
欧文龙	1999—2006年	中国澳门	中国香港、中国澳门、英国	100	运输公务司司长	贿赂	无		无	有	有	有	有	无	有	无
陈水扁	2000—2008年	中国台湾	瑞士、美国	14	总统（妻）	贿赂	无	有		有	有	有	有	有	有	
南亚政治公众人物（夫）	1995—1997年	巴基斯坦	英国、瑞士、英属维尔京群岛	40	总理（夫）	贿赂		有	无	有		有	有		有	
Augusto Pinochet	1973—2004年	智利	智利、美国、英国	27	总统	未知	有		有	有	有	有	有	有	有	
西非政治公众人物3号	2000—2004年	赤道几内亚	美国、巴哈马		总统	贿赂、贪污、自利交易	有			有	有	有	有	有	有	
Raul Salinas	1998年	墨西哥	美国、瑞士、英国、开曼群岛	80~100	总统（兄弟）	贪污	无		无	有	有	有	有		有	
Amoldo Aleman	1997—2002年	尼加拉瓜	尼加拉瓜	100	总统	贪污	有		无	有		有	有		有	

续表

名称	时段	源发国	目标国	估算金额（100万美元）	职务	腐败类型	政府俘获	看门人	金融机构俘获	国外账户	国内账户	公司实体	空壳公司	现金	家庭成员/朋友	代理人/虚假姓名
Yevgeny Adamov	1993—2003年	美国、俄罗斯	美国、摩纳哥、法国	15	原子能源部长	贪污	无		无	有	有	有	有	有	有	
许超凡、许国俊、余振东（中国银行贪污）	1992—2001年	中国	美国、加拿大、中国香港	485	银行官员	贪污	无			有	有	有	有		有	
埃斯特拉达	1998—2001年	菲律宾	菲律宾	11	总统	贿赂、贪污	无	有	无	无	有	有			有	有
Denis Christel Sassou Nguesso	2004—2006年	刚果	英国		总统	贪污		有		有		有	有			
美国重要政治公众人物	2000—2004年	危地马拉	美国、法国、卢森堡公国、英国、瑞士、列支敦士登	15	总统	贪污	无		无	有		有		有	有	无
Khaleda Zia/Arafat Rahman	1991—2001年	孟加拉共和国	新加坡、奥地利、塞浦路斯	3	首相（子）	贿赂	无		无	有		有	有		有	

续表

名称	时段	源发国	目标国	估算金额（100万美元）	职务	腐败类型	政府俘获	看门人	金融机构俘获	国外账户	国内账户	公司实体	空壳公司	现金	家庭成员/朋友	代理人/虚假姓名
Carlos Garcia	1993—2004年	菲律宾	美国	6.8	将军（子）	贿赂	无		无	有	有			有	有	
Juthamas Siriwan/Green（曼谷电影节案）	2002—2007年	泰国	美国、泽西岛、新加坡、英国	1.8	旅游部长	贿赂	无		无	有		有		有	有	
Nino Rovelli	1990—1993年	意大利	美国、英国、瑞士、加拿大、开曼群岛、哥斯达黎加	500	法官	贿赂	无	有	无	有	无	有	有	无	有	无
Titan Bribery—贝宁	1999—2001年	美国	贝宁	3.5	总统	贿赂			无	无	有	无	无	有	有	
Randall Cunningham	2000—2005年	美国	美国	2.4	高级检察官	贿赂	无	无	无	无	有	有	无	有		无

附件2　冻结政治公众人物资产的国际行动概览

2011年1月6日

美国冻结科特迪瓦首脑Laurent Gbagbo及其夫人和亲信的资产，原因是其拒绝在11月举行的总统选举中让位。

2011年1月14日

欧盟政治和安全委员会冻结Laurent Gbagbo及其夫人和亲信的资产。

2011年1月19日

瑞士政府冻结本·阿里及其家庭和亲信的资产，冻结期为3年。随后瑞士政府宣布他们收到了突尼斯政府的司法互助的要求。瑞士晚些时候宣布冻结的资产价值6900万美元。

2011年1月19日

瑞士政府冻结Gbagbo及其家庭和亲信价值8150万美元资产，冻结期为3年。

2011年1月20日

美国金融情报机构建议金融机构针对有毒资产的潜在流入采取有效防卫措施，这些资产有可能与当前突尼斯政府政治和社会不稳定以及政变相关。

2011年1月24日

法国打击重大金融犯罪办公室（OCRGDF）对本·阿里持有的资产展开调查。金融情报处理机构“特拉克凡”（Tracfin）要求报送机构加强对政治公众人物的客户尽职调查，发现可疑迅速报告，以便法国金融情报机构开展行动延缓可疑交易。

2011 年 1 月 24 日

加拿大声明将与联合国或突尼斯合作冻结本·阿里家族在加拿大持有的资产，包括位于蒙特利尔魁北克价值 2800 万加元的豪宅和银行账户。

2011 年 1 月 31 日

欧盟理事会冻结了本·阿里及其夫人和亲信的资产，并于 2011 年 2 月 5 日对该冻结决定进行了修订和更新。

2011 年 2 月 6 日

德国官方查封了本·阿里、他的妻子及其 46 名家庭成员在法兰克福的银行账户和资产。据报道，德国官方是在欧盟采取了账户冻结措施后进行的查封行动。

2011 年 2 月 9 日

美国联邦调查局（FBI）和美国司法部反国家腐败机构展开了对于本·阿里及其亲信的前期调查，以确认他们是否在美国拥有资产。

2011 年 2 月 11 日

瑞士政府冻结了埃及前总统穆巴拉克及其亲信在瑞士的所有财产，冻结期为 3 年。瑞士稍后披露冻结穆巴拉克及其家庭和亲信财产价值 4.74 亿美元。瑞士政府随后宣布收到了埃及官方的相互司法协助的请求。

2011 年 2 月 16 日

美国金融情报机构向各金融机构发出了关于与埃及局势相关的

潜在资产转移活动增加的通报。

2011 年 2 月 24 日

瑞士政府冻结了卡扎菲及其家人和亲信的财产，冻结令的有效期是 3 年。2011 年 3 月 30 日，为了履行联合国安理会的相关决议并采纳欧盟实施的附加措施，瑞士政府公布了一条新冻结法令取代了 2 月份公布的这条旧法令。瑞士后来宣布，被冻结的与卡扎菲及其家人和亲信相关的财产高达 5.85 亿美元。

2011 年 2 月 24 日

美国金融情报机构向各金融机构发出通报，要求对与利比亚局势相关的潜在资产转移活动采取合理的风险为本的措施。

2011 年 2 月 25 日

美国总统巴拉克·奥巴马根据《国际紧急情况经济权力法》和《国家紧急情况法》签署了一项名为“冻结与利比亚相关的财产并禁止相关交易”的总统令。总统令的实施对象是卡扎菲、利比亚政府成员、卡扎菲的家庭成员及亲信。总统令签发三天后，《纽约时报》援引美国财政部的消息报道称有 300 亿美元的资产已经在美国被冻结。

2011 年 2 月 26 日

联合国安理会同意冻结卡扎菲和其他四名政府官员的财产。

2011 年 2 月 27 日

英国政府冻结了卡扎菲及其家人和亲信的财产。据公开的报道，卡扎菲的儿子曾于 2009 年以在英属维尔京群岛注册的 Capitana Seas 有限公司的名义在 Hampstead 花园购买了一栋价值 1000 万英镑的豪宅。到 2011 年 3 月 4 日为止，英国政府冻结了卡扎菲及其家人和亲信总计32亿英镑的资产。这其中包括了利比亚投资局的资产，据官方估计，该机构控制着价值600亿英镑的主权基金。

2011年2月27日

加拿大首相Stephen Harper宣布加拿大将冻结利比亚政府和其机构的资产，包括利比亚中央银行。

2011年2月28日

埃及公共检察官发布命令冻结穆巴拉克和其家庭的资产。BBC也报道称穆巴拉克的前任内政部长Habib al－Adly、旅游部长Zuhair Garana和住房部长Ahmed al－Maghrabi被控涉嫌腐败。

2011年2月28日

欧盟通过决议冻结卡扎菲和其家庭的资产。2011年3月23日资产冻结扩大到其他人员和实体。

2011年3月1日

加拿大CBC新闻报道称加拿大政府已冻结了超过20亿美元的利比亚资产，并将继续搜寻卡扎菲和其家庭的资产。

2011年3月1日

奥地利的Oesterreichische国家银行（OeNB）宣布冻结欧盟制裁的卡扎菲和其家庭以及盟友的所有资产。OeNB声称："利比亚有12亿欧元以存款形式投资在奥地利金融机构。"目前还未决定是否符合制裁名单，还有哪一部分存款在制裁之列。

2011年3月2日

道琼斯新闻报道称西班牙计划冻结国内的利比亚资产。这些资产包括西班牙安达卢西亚省阳光海岸地区25平方英里的不动产。根据未经证实的媒体报道，由利比亚政府持有的资产还包括其他一些西班牙的不动产和一家近年来经历重组的西班牙小银行——阿瑞斯银行。

2011 年 3 月 21 日

欧盟冻结穆巴拉克及其 18 位亲信的资产。

2011 年 3 月 23 日

《冻结腐败外国官员资产法案》的通过授权加拿大可以冻结腐败领导人的资产，如突尼斯前总统本·阿里及其家庭。这项法案针对的是政治公众人物及其家庭成员和亲信，在其所在国面临“国内骚乱”形势的情况下，冻结资产是最符合“国际社会”利益的。

2011 年 3 月 30 日

联合国安理会冻结科特迪瓦前总统巴博和其妻子以及三位副手的国外资产。

附录 2

国外反洗钱新案例[1]

一、类型学案例[2]

【案例一】虚构交易和逃税案

美国某地方官员同时开了一家零售贸易公司和一家律师事务所。他没有上交贸易公司的营业税，还通过虚构进项税偷逃税款 20000 美元。其经营的律师事务所通过同样的手段逃税，具体做法是在其账户上频繁存取代理费，虚构收取代理费，并只在事务所的日常账户上保留极少的资金，使得国税局无法核实其具体应纳税额。两年间，该官员通过这种方式逃税 300000 美元。银行填报的可疑交易报告中详细描述了交易过程中的可疑点，调查员借此发现了大量的虚构交易，对成功破获该案起到关键作用。该官员因虚构交易，被判入狱一年，三年释放监管，并附加罚金和利息。

---

① 本文中的案例均根据美国、加拿大等国金融情报机构网站公布的最新案例资料编写。编译人：许智飞。

② 根据美国金融情报机构 FinCEN 网站 2011 年 5 月公布的资料编写。

【案例二】美国联邦政府雇员贪污案

美国联邦政府某会计被控侵吞公款和洗钱。该案例的发现也是由可疑交易报告引发的——美国一家银行在经营中发现有一组交易十分可疑：有几笔现金转账到信用卡账户（其中包括大额现金交易），该客户在银行开立了一个商业性账户，却没有任何商业性活动，并且向该账户转账的都是美国国库支票。

银行就被告虚构交易填报了可疑交易报告，详细描述的内容包括：两个信用卡账户均出现约 8000 美元的现金支付，目前每个账户余额不足 200 美元；该商业账户存入过几张支票，基本上以现金形式提取。该账户并没有任何与正常商业活动相关的交易。

银行还发现，被告在赌场预支现金并把它存入信用卡，然后再在赌场提取现金还账，赌场共上报了 80 多份关于被告的现金交易报告，时间与被告开始贪污的时间一致。此外，赌场填报的可疑交易报告表明，被告在一个月间涉及现金约 6000 美元，但并没有参与赌博活动。经审查，被告承认虚构交易并伪造联邦政府向商业机构退款票据，将资金打入该机构账户。最终，被告被控贪污、洗钱，联邦法院判其三年监禁，罚款 600000 美元。

【案例三】公共事业官员腐败案

在该案件中，美国某地一家信用卡机构上报的可疑交易报告帮助调查员发现了当地交通和公共事业部门官员收取回扣的腐败问题。在价值几百万美元的大合同中，腐败官员常常要求一定百分比的回扣，同时，为规避《银行保密法》，这些人开始想办法处理回扣获取的现金。

该案件的调查组通过审查涉及公共事业公司某雇员的可疑交易报告，发现该雇员在当地一家信用卡机构进行了大量虚构交易，并从政府合同中收取大笔回扣。通过深入调查，调查组进一步发现了其他雇员的类似案件。

被告承认，他们通常采取几种方式获取回扣：许多签约并付款的合同，实际并不履行；直接将虚构的劳动费支付给合同对方，从中抽取一定比例回扣；作为收取回扣的代价，被告在合同上添加许多不必要的工作项目，支付给对方更多的费用。

最终，有 10 人因向建设项目关联合同方索取回扣而被控犯罪。

【案例四】贪污伊拉克战争军费案

美国军方某高官利用职务之便侵吞伊拉克战争费用，并把资金转移回国内用于个人消费。当被告在金融机构进行资金交易时，引起了金融机构反洗钱工作人员的怀疑，其行为被曝光。

这是一个上游犯罪未被发现，但可疑交易报告最终使其罪行暴露的典型案例。伊拉克战争期间，被告在伊拉克掌管一项军事计划的经费，一段时间手头掌握的现金达 300000 美元。两年间，被告窃取了约 700000 美元，并将这些钱寄往美国家中。从伊拉克返回后，被告在几个不同的存款机构开立了账户，并把这些钱存入其中。随后 3 个月，被告进行了多笔不足 10000 美元的存款交易，最终账户余额达到 350000 多美元。被告用现金支票购买了大量昂贵的汽车、电器、家具等，这引起了金融机构的怀疑，就某些交易填报了可疑交易报告。报告指出被告存在频繁存入现金、总量超出上报标准、资金来源不明等疑点。

司法机构通过深入调查，在被告的住所发现了崭新甚至没有拆封的美元现金 300000 美元，其银行账户余额 50000 美元，投资账户余额 100000 美元。

最终，司法机构以虚构金融交易、盗窃国家资产、洗钱等罪名判处被告三年有期徒刑，并没收全部非法所得。

【案例五】印第安部落管理机构雇员贪污案

美国一区法院判处某金融机构经理十年徒刑，罪名是被告在协助印第安部落管理机构接收联邦政府资助资金的过程中贪污，并利用两个金融机构清洗赃款。法院认定，两年间被告贪污 180000 美元，为逃避反洗钱监管，被告主要通过现金支票进行交易，但金融机构发现其交易活动的疑点并上报了可疑交易报告，这对此案的调查发挥了重要作用。在州和联邦司法机构调查此案的过程中，可疑交易报告协助调查人员弄清了被告几年来的资金交易情况。

被告与某零售商店老板相勾结，先将资金假意支付给商店，再将资金从商店的账户转到自己的个人账户。

被告的可疑交易活动已有时日，几年前就有银行报告该被告进行了多笔 500 美元到 10000 多美元不等的现金交易，当银行对其资金来源进行询问时，他便不再去该银行。可疑交易报告显示，几年来被告一直在进行类似交易且没有相应合理的商业行为。

此外，银行针对被告的大额现金支付行为也填报了可疑交易报告，指出如下三个疑点：有一次，被告在两个月期间提取现金 20000 美元；三年间，被告约有 90000 美元的可疑存款，这些存款来自自动交换中心；有一次被告出现 25000 美元的现金支出。

另外一家银行的可疑交易报告显示，所有的行为由被告及其妻子所控制。在一年间，被告一周竟然有几次现金提取。在报告期间被告开了 40 张现金支票，金额从 1500 美元到 10000 美元不等，总金额达 260000 美元，并且没有任何商业性目的。银行认为其开支票的目的是为了逃避反洗钱监管。接下来的一年里，银行又对可疑交易报告进行了补充报告，涉及 36 笔交易，共约 230000 美元。

【案例六】国外司法腐败案

美国某金融机构了解到某客户的一些负面消息后填报了可疑交易报告。调查发现，数年间有几个机构使用外国腐败资金收入进行复杂金融交易，其中许多交易都是通过美国金融机构进行的。最终，政府没收了犯罪收益 100 万美元。

调查起始于一件国外的民事案件，在该民事案件中法官要求被告对原告支付相当于 5 亿美元的赔偿款。结案后，司法部门针对该案件开展司法腐败调查，发现法官通过检察官收受贿赂几百万美元。由此，司法部门逮捕了该民事案件的几个涉案人，包括原告、法官、检察官，涉案法官、检察官被控贪污。

调查发现，在过去的十年间，有一个财务顾问一直在协助原告清洗贪污所得。在丑闻曝光后，财务顾问成立了公司和信托机构，企图虚构交易以隐匿大笔贪污款项。证据显示，财务顾问成立了一个没有什么信誉的信托公司，将原告家庭成员作为受益方，空壳公司成为信托资产的持有人，然后资金就从这些机构转入美国的银行账户和投资账户。财务顾问表面上是这些公司的持有人，掩盖资金的实际受益者。正是通过这种方式，该财务顾问为法官和检察官共清洗贪污所得几百万美元。

美国和国外调查机构合作，追踪分析了大量分布多个地区的与公司和信托基金相关联的账户，最终将贪污所得和在美国东西海岸的多个银行账户和经济公司联系起来。

最后，财务顾问被逮捕，其供述在美国开户的过程涉及美国国内某些机构的不正当行为。本案中，通过使用可疑交易报告和外国官方提供的调查信息，调查机构掌握了24个在美国开立的账户，这些账户反映了腐败资金交易的详细情况。

二、处罚案例

【案例一】美国 Wachovia 银行案

2010年3月17日，美国金融犯罪执法网络（FinCEN）宣布对Wachovia银行处以1.1亿美元罚款，这是到目前为止FinCEN对金融机构违反《银行保密法》所开出的最大罚单。该银行受此重罚的主要原因：

第一，没有制订并保持一个有效的反洗钱方案以预防、识别并报告在银行内部发生的可疑交易。

第二，没有及时上报可疑交易和现金交易报告，致使其情报价值大打折扣。

第三，没有按照《爱国者法案》的规定对任何涉及外国对手银行的可疑交易行为履行客户尽职调查程序并报告。

第四，没有对远程储蓄、个人账户的现金收入操作以及从墨西哥流入美国的大宗现金交易等银行业务进行洗钱风险管理。

FinCEN 对此表示："Wachovia 银行是美国第四大银行，也是世界上最大的银行之一，在 FinCEN 的调查中有充分证据表明，尽管该银行在国内和国际银行界拥有相当显著的地位，并且有大量的伴生资源，但该银行并没有建立与其业务范围、金融产品、服务和业务相匹配的反洗钱系统和有效的防控手段，以及其他用来进行风险管理的手段，特别是在与其境外对手银行开展的业务活动方面。"

美国金融犯罪执法网络（FinCEN）一贯注重通过罚款促使金融机构规范风险防范工作。2004 年里格斯银行被处以 2500 万美元的反洗钱罚款；2007 年美国运通公司国际银行分公司因没有按照规定建立具体的反洗钱机制和内控制度，也没有上报可疑交易而被处以 6500 万美元的罚款；纽约的百老汇国民银行因没有依法建立反洗钱制度并报告大额现金交易和可疑交易而被罚款 400 万美元；Amsouth 银行、纽约银行、Banco Popular de Puerto Rico 和阿拉伯银行集团也先后因未按照反洗钱规定履行反洗钱义务而遭到 2000 万美元以上的重罚。

【案例二】加拿大 Homelife 房地产有限责任公司案

加拿大金融情报交易分析中心（FINTRAC）2010 年 3 月 3 日公布的报告显示，1 月 12 日 FINTRAC 对位于安大略省的 Homelife 房地产有限责任公司处以 27000 加元的行政性罚款。该公司以从事房地产经纪业务为主，被处罚的原因主要是其违反加拿大《洗钱和恐怖融资犯罪收益法案（PCMLTFA）》以及相关法规的规定，没有制定、履行能随着业务发展不断更新的合规制度，并指定专人负责；没有对员工或者专门负责反洗钱的工作人员进行一定持续性递进式的培训，并对日常业务进行风险评估。

【案例三】加拿大 Bharat 货币兑换有限责任公司案

FINTRAC 2010 年 3 月 18 日公布的报告显示，2009 年 11 月 23 日 FINTRAC 对 Bharat 货币兑换有限责任公司处以 36100 加元的行政性罚款。该公司以从事货币服务业务为主，被处罚的原因除了与 Homelife 公司违反相同的四项规定外，Bharat 还违反《洗钱和恐怖融资犯罪收益法案》（PCMLTFA）以及相关法规的其他几项规定：没有按照指定的方式在 FINTRAC 进行注册登记、申请开立；没有进行客户身份识别并保留相关信息；没有报告以电汇方式汇出国的超过 1 万加元的交易及相关信息；没有在限定的期限内以指定的方式确定、识别那些存款或汇款超过 1 万加元的客户身份以及保存交易记录至少 5 年。

从 2008 年 12 月 30 日起，加拿大金融情报机构 FINTRAC 也开始对不认真履行《洗钱和恐怖融资犯罪收益法案》（PCMLTFA）和相关法规要求的金融机构进行罚款。按照规定，FINTRAC 可根据违规严重程度（分为“较小”、“严重”、“非常严重”三个级别），对金融机构分别处以最多 1000 加元、10 万加元、50 万加元的罚款。FINTRAC 表示：行政性罚款作为现行民事、刑事处罚的一个补充，仍然是一种从侧面激励报送机构的一种措施，在增加惩处手段的同时，将会一如既往地进行与报送机构的合作沟通。

编写说明

中国反洗钱监测分析中心有注重类型学研究的传统。此次出版的《反洗钱资金监测研究》集中反映了最近几年我们对金融新业务、新领域潜在洗钱风险和洗钱手法研究的初步成果，目的是为监测分析工作提供支持。

中国人民银行李东荣副行长为本书作序，对类型学研究寄予殷切希望。

为实现优势互补，中国反洗钱监测分析中心立项的部分重点研究课题，是与人民银行有关分支机构联合完成的。在此对天津分行、沈阳分行参加本书相关课题研究的同志表示感谢。

反洗钱监测分析在世界范围都是一项挑战性地工作，我们对洗钱手法和洗钱活动资金运行规律的把握还很有限，尤其是对金融创新领域潜在风险和洗钱手法的研究尚需进一步充实和深化。本书不足之处难免，欢迎批评指正。本书各篇所提出的建议和观点，只反映课题人员在研究过程中的个人认识。

编入本书的各篇课题研究报告，均以标题注释形式全面呈现相应课题组人员构成及分工情况。具体参加本书相关课题研究报告执笔的有（以姓氏笔画为序）：丁唯、丁俨、王兰、王策、邓晓卓、甘露、邓智、朱乐、刘云、孙贞、安英俭、任洪开、刘晓娜、许智飞、向路、余平、杨庆芳、李红艳、李晓明、李黎、张旭辉、张辉、陈邦来、陈钊、陈玲、陈捷、陈婕、陈霄、陈静、易晓晶、姜巍、胡蓉、原永中、唐晓雪、高靖、周小琴、钟俊华、贾科、黄海、韩光林、鲍庆雪、熊飞、潘宏晶。

中国反洗钱监测分析中心研究处陈邦来、许智飞、黄海、陈婕等同志为组织协调课题研究和本书的编辑出版做了大量工作。

编委会

2013 年 1 月